职业院校会计专业工学一体化工作页系列

税费的计税
与纳税申报

主　编　李　江
副主编　周惠仪　沈　羽　谭　馨

上海交通大学出版社
SHANGHAI JIAO TONG UNIVERSITY PRESS

内容提要

　　本书针对中小企业对会计人才在税务方面的需求,以制造业企业作为案例背景,针对税务知识按企业实际操作应用进行编写,内容涵盖各类税收基本知识、税费申报。具体为:税务初始化工作的办理,税费的计算与申报,企业所得税的汇算清缴,且每个知识点配有相关实践任务及练习题。通过该课程的学习,旨在让学生通过实际任务的操作达到课程的教学目标,掌握各个税种的基本知识,并能根据企业的实际情况进行税费的计算、申报与缴纳。

　　本书为高职高专经管专业的教材,也可作为企业财务税务培训的参考。

图书在版编目(CIP)数据

税费的计税与纳税申报/李江主编. —上海:上
海交通大学出版社,2018
ISBN 978 - 7 - 313 - 20386 - 1

Ⅰ.①税… Ⅱ.①李… Ⅲ.①税费-计算-高等职业
教育-教材②纳税-税收管理-中国-高等职业教育-教
材 Ⅳ.①F810.423②F812.423

中国版本图书馆 CIP 数据核字(2018)第 250557 号

税费的计税与纳税申报

主　　编:李　江
出版发行 上海交通大学出版社　　　　　　　　地　　址:上海市番禺路 951 号
邮政编码:200030　　　　　　　　　　　　　　电　　话:021 - 64071208
出 版 人:谈　毅
印　　制:上海春秋印刷厂　　　　　　　　　　经　　销:全国新华书店
开　　本:710 mm×1000 mm　1/16　　　　　印　　张:15.75
字　　数:301 千字
版　　次:2018 年 12 月第 1 版　　　　　　　　印　　次:2018 年 12 月第 1 次印刷
书　　号:ISBN 978 - 7 - 313 - 20386 - 1/F
定　　价:48.00 元

前　言

美国著名文学家、政治家本杰明·富兰克林曾说："人的一生有两件事是不可避免的，一是死亡，一是纳税。"人一生中的一言一行、一举一动几乎都和纳税分不开。而税务登记、发票的领购、税费的申报与缴纳是每个企业经常涉及的涉税经济业务，也是企业会计人员日常工作的重要组成部分。企业涉税业务的相关工作具有政策性强、实践性强的特点，要求会计人员既要具备基本的税收理论知识，也要具备熟练的工作技能。

编者针对中小企业对会计人才需求情况进行调研，明确企业对会计人才对税务知识、政策方面的要求，总结以往教学过程与学生学习的信息反馈，编写了这本《税费的计税与纳税申报》教材。本书的编写循序渐进，涵盖各类税收基本知识的讲解，同时提供税费申报与缴纳的实训，共分为三个子任务，分别为：税务初始化工作的办理；税费的计算与申报和企业所得税的汇算清缴。希望通过该课程的学习，让学生在完成企业实际任务的过程中达到课程的教学目标，能够掌握各个税种的基本知识，并能根据企业的实际情况进行税费的计算、申报与缴纳。

本书通过多种形式以及图文并茂的内容作为引导，以制造业企业作为案例背景，帮助学生完成对税费的计税与纳税申报的学习。在编写的过程中，力求展现两个特色：

一是基础性。本书针对税务知识进行全面介绍和准确表述，每个知识点配有相关实践任务及练习题。

　　二是实用性。编写时既遵循课程体系的内在框架要求，又注重实用性要求，为学生掌握最新税务知识与处理技能提供方法和路径，同时能够举一反三，注重学生实际应用能力的培养和提升。

　　在本书的编写过程中，得到了教学团队及许多同仁的帮助，在此一并表示感谢。由于编书经验不足，书中难免存在考虑不周、表达不妥当等错误及疏漏与不足之处，敬请读者批评指正。

编　者

2018 年 4 月

目 录

学习任务三　企业所得税的汇算清缴

《税费的计算与纳税申报》

【情景描述】

广州工贸实业有限公司(简称"工贸实业")是一家成立多年的工业企业,主营业务为生产销售电热水壶、豆浆机、电饭煲以及加工五金制品。工贸实业财务部是我校会计专业指定实习基地之一,我校商贸服务产业系安排了部分会计专业学生去工贸实业财务部顶岗实习。

财务部的税务会计张某由于个人原因需请假一个月,因此,财务部需要若干名实习生在税务会计的带领下,迅速学习、掌握企业税务相关工作,以便在税务会计请假期间,实习生能够独立处理相关工作。

税务会计对企业最常接触的税务工作进行整理,归纳为三大部分,分别是税务初始工作的办理、税费的计算与申报以及企业所得税的汇算清缴。他计划在一个月内让实习生掌握这三部分的内容,表现优秀者,考虑在其毕业时直接招聘为会计助理。

【学习目标】

(1)计算增值税、消费税、个人所得税、增值税附加费等税种的具体金额。

(2)根据企业经济业务快速判断其纳税义务及所涉及的税种、税目、税率和计税依据。

(3)根据各类税种的具体情况填写相关申报表。

(4)由期间损益计算会计利润及应纳税所得额。

(5)根据本企业实际情况,正确填写企业所得税年度申报报表并完成申报、缴纳等相关工作。

建议学时:80课时

学习任务一
税务初始工作的办理

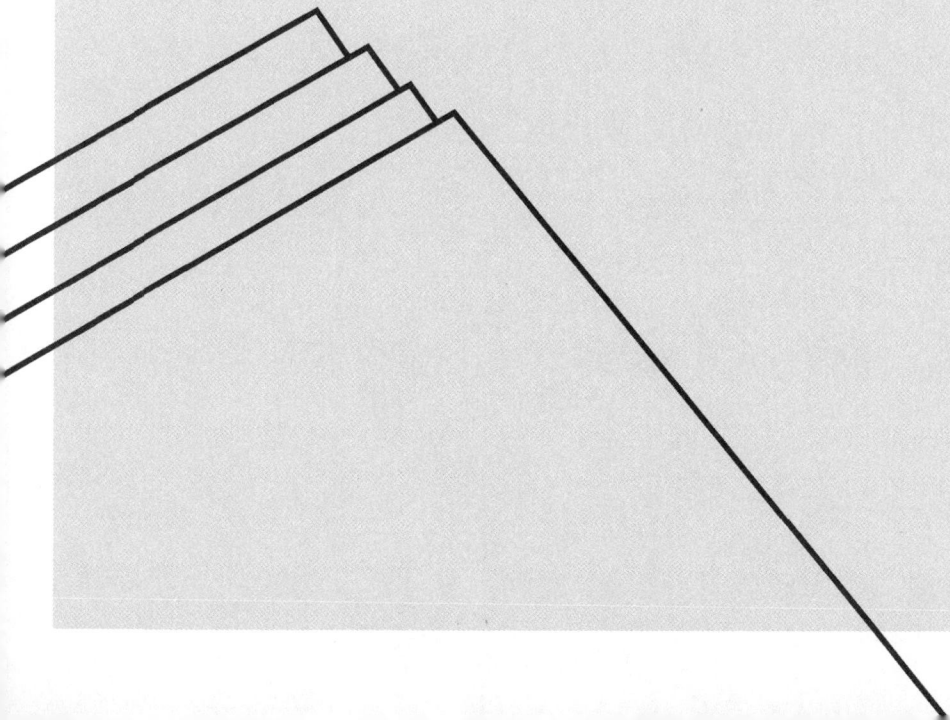

学习活动一：企业税种品目的收集

一、列出关键词

与班级同学分享列出的关键词与"税"之间的关系。

美国著名文学家、政治家富兰克林有一句名言："人的一生有两件事是不可避免的，一是死亡，一是纳税。"可见税收与企业、个人都是息息相关的。可是对于每个人而言，对于"税"的了解与体会都是不一样的。请先列三个关键词。

例如，关键词"税局"，与"税"之间的关系在于，各个企业或组织的税费缴纳及相关业务都是通过政府机构——税局完成的。

📖 练习 1 - 1

税局	·各个企业或组织的税费缴纳及相关业务都是通过税局完成的

二、认识常见与"税"有关的名词

查阅相关资料或文档，用通俗易懂的语言向小组成员解释这些名词的含义。与"税"有关的名词有：税种、税目、税率、应纳税额、纳税人、征税范围、计税依据。其含义分别如下。

（1）税种，是国家征税的种类，诸如增值税、个人所得税等。

（2）税目，是指在税法中对征税对象分类规定的具体的征税项目，反映具体的征税范围,是对课税对象质的界定。

(3) 税率,是对征税对象的征收比例或征收额度;是计算税额的尺度,也是衡量税负轻重与否的重要标志。

(4) 应纳税额是指企业按照税法的规定,经过计算得出的应向税务机关缴纳的所得税金额。

(5) 纳税人,亦称纳税义务人、"课税主体",是税法上规定的直接负有纳税义务的单位和个人。

(6) 征税范围,亦称"征收范围"或"课税范围"。税法规定的征税对象和纳税人的具体内容或范围,即课税征收的界限。凡是列入征税范围的,都应征税,不列入征税范围的不征税。征税范围一般是指征税对象的范围。

(7) 计税依据又叫税基,是指据以计算征税对象应纳税款的直接数量依据,它解决对征税对象课税的计算问题,是对课税对象的量的规定。

练习 1 - 2

请用通俗易懂的话将这些名词的含义写在表 1 - 1 中,并向班级成员读出你写出的这些语句,请老师和同学帮忙修正。

表 1 - 1　常见税务名词解释对照表

术　语	通俗易懂的语句
税　种	
税　目	
税　率	
应纳税额	
纳 税 人	
征税范围	
计税依据	

三、初步认识常见的税种

查阅资料,列出你认为生活中与这些税种相关联的事件或者活动。

常见的税种有:增值税、消费税、企业所得税、个人所得税、城市建设维护费、教育费附加、印花税、房产税、土地增值税,这些税种有我们的生活和工作息息相关,其简单概念如下。

(1) 增值税是对销售货物或者提供劳务过程中实现的增值额征收的一种税。

（2）消费税是对特定的某些消费品和消费行为征收的一种间接税。

（3）企业所得税是国家对企业生产经营所得和其他所得征收的一种所得税。

（4）个人所得税是对个人（即自然人）取得的各项应税所得征收的一种税。

（5）城市维护建设费是以纳税人实际缴纳的增值税、消费税税额为计税依据所征收的一种税，主要目的是筹集城镇设施建设和维护资金。

（6）教育费附加是以各单位和个人实际缴纳的增值税、营业税、消费税的税额为计征依据而征收的一种费用，其目的是为了加快发展地方教育事业，扩大地方教育经费资金来源。

（7）印花税是对经济活动和经济交往中书立、领受、使用的应税经济凭证征收的一种税。因纳税人主要是通过在应税凭证上粘贴印花税票来完成纳税义务，故名印花税。

（8）房产税，是以房产为征税对象，按照房产的计税价值或房产租金收入向房产所有人或经营管理人等征收的一种税。

（9）土地增值税是对转让国有土地使用权、地上建筑物及其附着物并取得收入的单位和个人，就其转让房地产所取得的增值额征收的一种税。

练习1-3

请列举出生活中与这些税种相关联的事件或者活动用文字表述填字在表1-2中，并听取老师的评价，对列表做出修改。

表1-2　生活与税种

税 种 名 称	有关实践或活动
增值税	
消费税	
企业所得税	
个人所得税	
城市建设维护费	
教育费附加	
印花税	
房产税	
土地增值税	

学习活动二：企业发票的领购

一、填写各类税务表格

学习按照工作页给出流程，完成企业创立初期需要填写的各类税务相关表格。

对于企业的销售人员而言，他们如果需要向客户催款，就会向财务部索取发票。然而发票并不是从拿到营业执照后就会有的，根据我国相关法律规定，从事生产、经营业务的纳税人应当自领取营业执照之日起 30 日内，持有关证件向税务机关申报办理开业，这个步骤在财务工作中叫作"税务登记"。请你按照下面的步骤，完成税务登记工作。

1. 明确企业的基本情况

公司名称：广州工贸实业有限公司（一般纳税人）

注册资本：5 000 万元

法人代表：彭天明

经营地址：广州市白云区机场路 2636 号

企业性质：工业企业

统一社会信用代码：91853390000010000X

电话号码：020 - 23888888

开户银行：招商银行白云支行

账号：361023011026550

经营范围：生产、销售：电热水壶，电饭煲，豆浆机，电压力锅；货物及技术进出口，电子商务，五金加工

成立日期：2008 年 05 月 07 日

经营期限：2008 年 05 月至长期

2. 准备税务登记的相关材料

(1) 企业法人营业执照或批准成立证照、文件原件、复印件。

(2) 有关章程、合同、协议书。

(3) 银行账号证明。

(4) 法定代表人或业主居民身份证、护照等合法证件。

(5) 公章、财务章及法人代表名章。

(6) 税务机关要求提供的其他有关证件、资料。

📖 **练习 2 - 1**

从税务机关领取开业税务登记的相关表格并填写(见表 2 - 1)。

表 2 - 1 税务登记表

填表日期:

纳 税 人 名 称			纳税人识别号			
登记注册类型			批准设立机关			
组织机构代码			批准设立证明或文件号			
开业〔设立〕日期		生产丝绸经营期限		证明名称		证明号码
注册地址		邮政编码			联系电话	
生产经营地址		邮政编码			联系电话	
核算方式	请选择对应项目打"√" □ 独立核算 □ 非独立核算		从业人数		其中外籍人数	
单位性质	请选择对应项目打"√" □ 企业 □ 事业单位 □ 社会团体 □ 民办非企业单位 □ 其他					
网站网址			国标行业			
适用会计	请选择对应项目打"√" □ 企业会计制度 □ 小企业会计制度 □ 金融企业会计制度 □ 行政事业单位会计制度					
经营范围 公司主营业务是棉、毛、麻、丝和人造纤纤的纯、混纺纱线和织物、针织品、服装以及印染加工			请将法定代表人(负责人)身份证复印件黏贴在此处			
	姓 名	证件种类	号 码	固定电话	移动电话	电子邮箱
法定代表人 (负责人)						
财务负责人						
办税人						
税务代理人名称		纳税人识别号		联系电话		电子邮箱

续　表

注册资本或投资总额	币种	金额	币种	金额	币种	金额
	人民币					

投资方名称	投资方经济性质	投资比例	证件种类	证件号码	国籍或地址

自然人投资比例		外资投资比例		国有投资比例	

分支机构名称	注册地址	纳税人识别号

总机构名称		纳税人识别号	
注册地址		经营范围	

法定代表人姓名		联系电话		注册地址邮政编码	

代扣代缴、代收代缴税款业务内容	代扣代缴、代收代缴税种
代扣代缴个人所得税业务	个人所得税

附报资料：		
经办人签章：	法定代表人（负责人签章）：	纳税人公章：

以下由税务机关填写

纳税人所在街乡		隶属关系	
国税主管税务局	国税主管税务所（科）	是否属于国税、地税共管户	
地税主管税务局	地税主管税务所（科）		
经办人（签章）： 国税经办人（签章）： 地税经办人（签章）：	国家税务登记机关〔税务登记专用章〕： 核准日期： 国税主管税务机关：	地方务登记机关〔税务登记专用章〕： 核准日期： 地方管税务机关：
国税核发《税务登记证副本》数量：　　本　发证日期：　　年　　月　　日		
地方核发《税务登记证副本》数量：　　本　发证日期：　　年　　月　　日		

国家税务总局监制

二、税种核定及申报

1. 税种核定

把税务登记表交予税局受理后,若干工作日后税局将出具税种核定通知书。

税种核定通知书是税务机关根据纳税人的生产经营情况对照相关的税收法律、法规进行确定应交纳的税种的说明书见图1-1。

税种核定通知书

纳税人名称:广州工贸实业有限公司

统一社会信用代码:918533900000010000X

税　种	品　目	税率	征收率	计量单位	纳税期限	申报缴款期限	申报起始日
企业所得税	企业所得税	0.25		无	季	15	2018－05－01
增值税	加　工	0.16		无	月	15	2018－05－01

注:本表内容是根据你单位当前申报的资料核定的;
　　若核定内容发生变更,以变更的内容为准。
广州市白云区国家税务局
2018－04－23

图2-1 税种核定通知书(样本)

2. 申报方式核定

纳税人、扣缴义务人可以直接到税务机关办理纳税申报(前台申报)、网页申报(网上申报)或微信申报。

小知识

当前,我国已经停用12366电话申报纳税系统,这一举措也响应了我国信息化建设的目标。

3. 办理银行自动划缴手续

税局征收税款均采用银行结算而不用现金结算。要让税局从企业的银行存款扣取税款,必须办理委托银行自动划缴手续。首先持税务登记证到银行前台领取相关表格填写完毕,再交由银行审核。一般在五个工作日后银行会签订《委托银行划缴协议书》。会计人员持《委托银行划缴协议书》到税局存档便可以从银行存款缴纳税款。

练习 2 - 2

领购发票

按照工作页中给出的内容和步骤,完成领购发票的工作。

在实际工作中,企业间合作的开始往往是以签订合同为目标性事件的,而企业间的结算往往是以发票为凭证来完成的。但是在开具发票之前又有很多关于领购发票的工作需要我们来完成。让我们一起跟着工作页完成领购发票的工作吧。

1. 企业准备相关资料

(1) 企业公章、财务章印模(原件,一份)。

(2) 税务登记证副本。

(3) 经办人身份证明。

2. 按照附 2-1 样式动手填写《税务行政许可申请表》

税务行政许可申请表

申请日期:　　　年　　月　　日　　　　编号

申请人			
申请事项	(在申请事项前划"✓") 1. 指定企业印制发票; 2. 对发票使用和管理的审批: 　(1) 申请使用经营地发票; 　(2) 拆本使用发票; 　(3) 使用计算机开具发票; 　(4) 批准携带、运输空白发票; 　(5) 印制有本单位名称的发票; 3. 对发票领购资格的审核; 4. 对增值税防伪税控系统最高开票限额的审批; 5. 建立收支凭证粘贴簿、进货销货登记簿或者使用税控装置的审批。		

受理人(审核人):　　　　　　　　　　　　　　　　　收到日期:

附 2−1

税务行政许可申请表
（示范文本）

申请日期：2007 年×月×日　　　　　　编号：

<table>
<tr><td rowspan="8">申请人</td><td>姓　名</td><td>陈××</td><td>身份证件</td><td>44010119600101××</td></tr>
<tr><td>电　话</td><td>886622××</td><td>邮政编码</td><td>5100××</td></tr>
<tr><td>住　　址</td><td colspan="3">广州市越秀区东风西路××号</td></tr>
<tr><td>单　位</td><td>×××公司</td><td>法定代表人</td><td>陈××</td></tr>
<tr><td>邮政编码</td><td>5100××</td><td>电　话</td><td>8466××××</td></tr>
<tr><td>地　址</td><td colspan="3">广州市越秀区农林下路××号</td></tr>
<tr><td>委托代理人</td><td>王××</td><td>身份证件</td><td>44010219650303×××</td></tr>
<tr><td>住　　址</td><td>广州市天河路××号</td><td>电　话</td><td>8755×××</td></tr>
<tr><td>申请事项</td><td colspan="4">（在申请事项前划"✓"）
✓　1. 指定企业印制发票；
　　2. 对发票使用和管理的审批：
　　　（1）申请使用经营地发票；
　　　（2）拆本使用发票；
　　　（3）使用计算机开具发票；
　　　（4）批准携带、运输空白发票；
✓　　（5）印制有本单位名称的发票；
　　3. 对发票领购资格的审核；
　　4. 对增值税防伪税控系统最高开票限额的审批；
　　5. 建立收支凭证粘贴薄、进货销货登记簿或者使用税控装置的审批。</td></tr>
</table>

受理人（审核人）：　　　　　　　　　　　　　　　　　收到日期：

3. 提交资料需要填写《发票领购申请审批表》以及《票事项办理表》

根据范本（附 2−2）完成填写《纳税人领购发票票种核定申请表》《领票员确认书》《发票事项办理表》等。

附2-2

纳税人领购发票票种核定申请表

（示范文本）

纳税人识别号	44010065121358××		法人代表		郭××	
纳税人名称	广州市××有限公司					
购票员名称	证件类型			证件号码		
王××	身份证			44012519650102200××		
发票名称		月用票量	发票名称			月用票量
省普通销售发票千位		壹本	省普通销售发票万位			壹本
省加工修理发票百位		壹本				
收购发票有抵扣联百位		伍本				

申请理由：业务需求。 申请人公章（盖章） 200×年××月××日	申请人财务专用章或发票专用章印模	发票专用章

以下由税务机关填写

发票名称	种类代码	操作类型	每月最高购票数量	每次购票最高数量	纳税人持票最高数量	开具最大金额	购票方式	联次屏蔽标志

办税服务厅意见： 经办人： 　　　　　　（章） 负责人：　　　年　月　日	税务分局意见： 经办人： 　　　　　　（章） 负责人：　　　年　月　日
税政部门意见： 经办人：　　　　（章） 负责人：　　　年　月　日	领导审批意见： 主管局长：　　　年　月　日

说明：1.本表系纳税人初次购票前及因经营范围变化等原因，需增减发票种类数量时填写；

　　　2.经审批同意后，将有关发票内容打印在《发票领购簿》中；

　　　3.此表不做为日常领购发票的凭证；

　　　4.操作类型分为：增加、修改、删除。

纳税人领购发票票种核定申请表

纳税人识别号			法人代表	
纳税人名称				

购票员名称	证件类型	证件号码		

发票名称	月用票量	发票名称	月用票量

申请理由： 申请人（签章） 年　月　日	申请人财务专用章或发票专用章印模	

以下由税务机关填写								
发票名称	种类代码	操作类型	每月最高购票数量	每次购票最高数量	纳税人持票最高数量	开具最大金额	购票方式	联次屏蔽标志

办税服务厅意见： 经办人： 　　　　　　（章） 负责人：　　　　年　月　日	税务分局意见： 经办人： 　　　　　　　　　（章） 负责人：　　　　　　年　月　日
税政部门意见： 经办人：　　　（章） 负责人：　　　年　月　日	领导审批意见： 主管局长：　　　　年　月　日

注：1. 本表系纳税人初次购票前及因经营范围变化等原因，需增减发票种类数量时填写；

　　2. 经审批同意后，将有关发票内容打印在《发票领购簿》中；

　　3. 此表不作为日常领购发票的凭据；

　　4. 操作类型分为：增加、修改、删除。

@#条码打印处#@

纳税人声明：本表所报送的内容准确无误，所提交的证明文件和资料真实有效。如有虚假，愿意承担相应的法律责任。

（签章）

发票事项办理表

填表日期 □□□□ 年 □□ 月 □□ 日

社会信用代码
（纳税人识别号）　□□□□□□□□□□□□□□□□□□

纳税人名称＿＿＿＿＿＿＿＿＿＿＿＿＿＿＿＿＿＿＿＿＿＿＿

税控发票名称	版别	最高开票限额	月用票量	单位	非税控发票名称	版别	月用票量	单位
增值税专用发票	三联电脑版	／		份	通用机打发票	单联 148×101.6 mm		份
	六联电脑版	／		份				
增值税电子普通发票				份		单联 210×139.7 mm		份
增值税普通发票	二联电脑版			份				
	五联电脑版			份		两联 210×139.7 mm		份
	单联卷式			卷				
机动车销售发票	电脑版	／		份	通用定额发票	5 角		本
						拾元版		本
						贰拾元版		本
						伍拾元版		本
						壹佰元版		本
					客运限额发票	1～20 元		本
						21～100 元		本
					二手车销售发票	电脑版		份
我（单位）当前实际从事经营（商品/项目）为 ＿＿＿＿＿＿＿＿＿＿＿＿＿＿＿＿＿＿＿＿ ＿＿＿＿ 等；预计全年销售额约 ＿＿＿＿＿ 万元。					发票专用章印模			

续　表

领票员确认书

　　我(单位)指派_____(身份证号码_____、
联系电话_____)到主管税务机关办理领用发票事宜。原领票员_____不
再为我(单位)指派办理领用发票事宜(仅在变更领票员时填写)。

法定代表人或个体业户负责人签名：

领票员签名：

纳税人盖章：
年　　月　　日

　　适用范围：本表适用于纳税人初次领票及因经营范围发生变化，需增减发票种类或数量时填写。

　　填表说明：(1) 经确认后,有关发票内容将打印在《发票领用簿》中,此表不作为纳税人日常领用发票的凭据。

　　　　　　　(2) 本表一式一份,由税务机关留存。

思考

　　请你查阅相关资料,分别写出增值税专用发票三联版和增值税普通发票版分别是哪些联次？

填写各类纳税表格

1. 学习填写纳税申报截止日期

　　我们相关税法规定,企业应当在税法规定的期限内进行申报纳税。如果企业逾期未对税局核对的税种进行纳税申报,企业不但要进行逾期书面申明,还需要对逾期的税款缴纳罚款。所以,作为一名合格的财务人员,应当记住各种税种的缴纳期限。

附2-3

企业涉及税种的缴纳期限(示范文本)

税　种		申报期限	缴纳期限
增值税		月后15日内	月后15日内
消费税		月后15日内	月后15日内
企业所得税	查账征收	季后15日内	季后15日内
	核定征收	月后15日内	月后15日内
	年度汇算清缴	年度终了5个月内	年度终了5个月内
关　税		在报关期限内向货物(进)出境地海关申报	海关填发税款缴纳书之日起15日内
个人所得税		月后15日内	月后15日内
房产税		按规定申报	按规定申报
资源税		月后10日内	月后10日内

续　表

税　种	申　报　期　限	缴　纳　期　限
印花税	书立或领受时	汇缴最长1个月
车船税	1月1日至2月28日	1月1日至2月28日
城镇土地使用税	按规定申报	按规定申报
城市维护建设税	月后15日内	月后15日内
教育费附加	月后15日内	月后15日内
堤围防洪费	1月15日内	7月15日内

请你根据附2-3样式将申报期限及缴纳期限填写在表2-2中。

表2-2　税种及缴纳期限

税　种		申　报　期　限	缴　纳　期　限
增值税			
消费税			
企业所得税	查账征收		
	核定征收		
	年度汇算清缴		
关　税			
个人所得税			
房产税			
资源税			
印花税			
车船税			
城镇土地使用税			
城市维护建设税			
教育费附加			
堤围防洪费			

小思考

结合纳税申报期限,请你思考,财务从业人员口中的"上个月比较忙"可能有哪些原因呢?

2. 注销税务登记

根据附件 2-4 范本学习填写《发票缴销表》。

附 2-4

发票缴销登记表
（示范文本）

纳税人识别码：44010011200123××

纳税人名称：广州市××有限公司

发票名称	发票代码	缴销类别	本数	份数	起始号码	终止号码	备注
销售发票百位	144000×××××	已填开	100本	2500份	08700001	08702500	
加工发票千位	144000×××××	已填开	100本	2500份	00350021	00352520	

缴销原因：（按实际情况填写）

办税人员： 王 ××   法定代表人（负责人）： 张 ××   （签章）

2007年×月×日

（公章）

办税服务厅意见：

经办人：   负责人：   （章）

年 月 日   年 月 日

主管税务机关税源管理环节意见：

经办人：

（章）

负责人：   年 月 日   缴销人：   监销人：

说明：本表一式二份。

@#条码打印处#@

发票缴销表

填表日期 □□□□ 年 □□ 月 □□ 日

社会信用代码
（纳税人识别号）□□□□□□□□□□□□□□□□□□

纳税人名称 _____

发票名称	发票代码	缴销类别	本数	份数	起始号码	终止号码	备注

缴销原因：

法定代表人（负责人）：   经办人：

一、适用范围：本表适用于纳税人办理缴销发票事项。

二、填表说明：

（一）缴销类别栏目是指：空白发票、发票存根联保存期满、流失空白发票、流失发票存根联。

（二）本表一式一份，由税务机关留存。

3. 准备税务机关需要的资料并填写《注销税务登记申请审批表》。

纳税人声明：本表所报送的内容准确无误，所提交的证明文件和资料真实有效。如有虚假，愿意承担相应的法律责任。 （签章）

@#条码打印处#@

注销税务登记申请表

填表日期 □□□□ 年 □□ 月 □□ 日

社会信用代码
（纳税人识别号） □□□□□□□□□□□□□□□□□□□

纳税人名称 _____

是否已办理出口退（免）税认定	□ 是　□ 否	海关代码	
注销原因（单选）	□ 依法解散 □ 依法破产 □ 依法终止纳税义务 □ 被工商行政管理机关吊销营业执照 □ 依法合并 □ 依法兼并 □ 依法分立 □ 其他注销原因 □ 变更主管税务机关（指跨省和跨市）		
	法定代表人（负责人）：		办税人员：

一、适用范围：纳税人办理注销税务登记时填写。
二、填表说明：
　　（一）是否已办理出口退（免）税认定：由企业填写“是”或“否”；
　　（二）海关代码：已办理出口退（免）税认定的企业必须填写；
　　（三）对于个体工商户、自然人，没有刻制公章的签章须签名并加盖指模；
　　（四）本表一式一份，由税务机关留存。

学习活动三：企业发票的应用

现阶段，你所能看到的增值税发票都是由一种叫作税控盘的设备开具出来的，无论是纸质发票还是电子发票，都是通过税控设备开具的，图 3-1 展示的就是税控设备的操作界面，请你根据题中给出的信息，开具增值税发票。

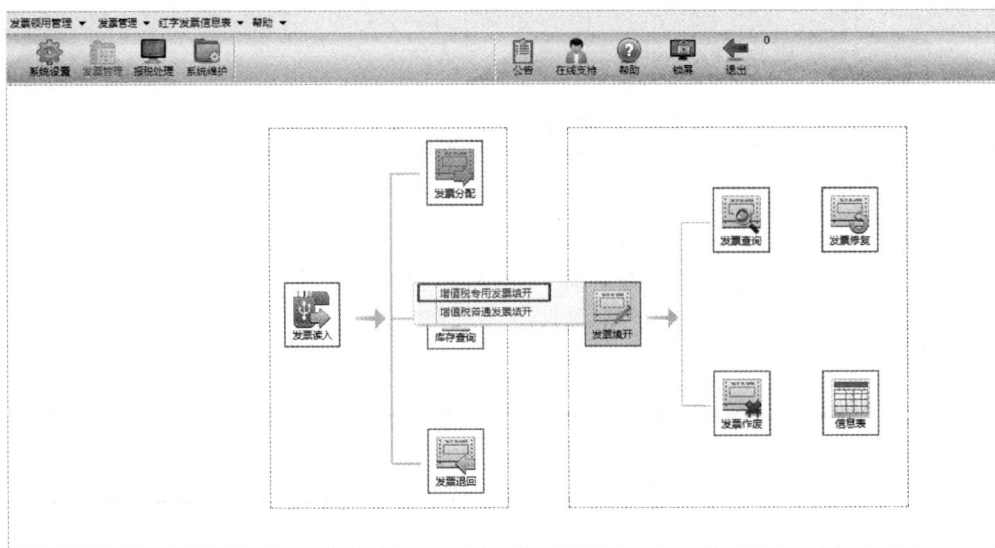

图 3-1 税控设备操作界面

一、开增值税专用发票(2018 年 12 月 08 日)

根据销货单 13126001、13126003 合并开具一张增值税专用发票，发票号 15257001。

销售发货单(1)

发货单号：13126001　　发货日期：2018－12－05　　出库类型：销售出库　　部门：销售部
客户名称：上海百睿塑料制品有限公司　　　　　仓库名称：普通库　　备注：

收款记录	编码	商品名称	型号规格	单位	数量	含税单价	价税合计
	101001	烤漆丝	φ0.1	吨	11.879	10 190.70	121 055.33
	101002	烤漆丝	φ0.2	吨	12.026	10 132.20	121 849.84
合计					23.905		242 905.17

记账：　　　　复核：陈三刚　　　　　仓库保管：李听凝　　　　销售员：付国栋

图 3－2　销售发票(1)

销售发货单(2)

发货单号：13126003　　发货日期：2018－12－08　　出库类型：销售出库　　部门：销售部
客户名称：上海百睿塑料制品有限公司　　　　　仓库名称：普通库　　备注：

收款记录	编码	商品名称	型号规格	单位	数量	含税单价	价税合计
	101005	烤漆丝	φ0.5	吨	51.738	9 956.70	515 139.74
合计					51.738		515 139.74

记账：　　　　复核：陈三刚　　　　　仓库保管：李听凝　　　　销售员：付国栋

图 3－3　销售发票(2)

图 3‑4　税控设备开票界面(1)

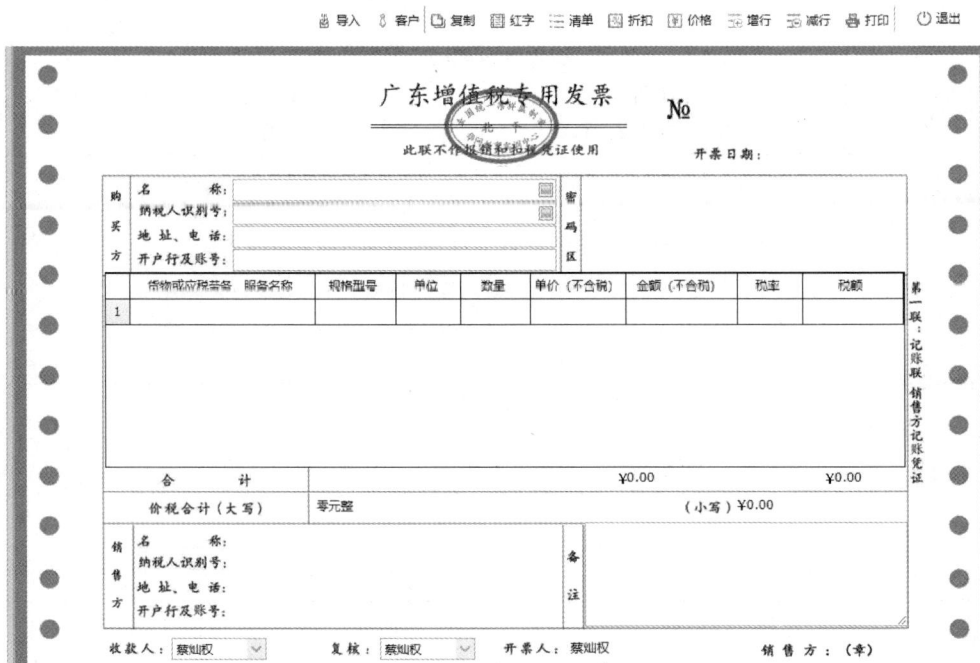

图 3‑5　增值税发票 15257001

二、开增值税专用发票(2018 年 12 月 09 日)

根据销货单 13126002、13126007 合并开具一张增值税专用发票,发票号 15257002。

销售发货单(3)

发货单号:13126002　　发货日期:2018 - 12 - 05　　出库类型:销售出库　　部门:销售部
客户名称:义乌市艺友日用品有限公司　　　　仓库名称:普通库　　备注:

收款记录	编码	商品名称	型号规格	单位	数量	含税单价	价税合计
	101002	烤漆丝	φ0.2	吨	31.304	10 132.20	317 178.39
合计					31.304		317 178.39

记账:　　　　复核:陈三刚　　　　仓库保管:李听凝　　　　销售员:付国栋

图 3 - 6　销售发票(3)

销售发货单(4)

发货单号:13126007　　发货日期:2018 - 12 - 09　　出库类型:销售出库　　部门:销售部
客户名称:义乌市艺友日用品有限公司　　　　仓库名称:普通库　　备注:

收款记录	编码	商品名称	型号规格	单位	数量	含税单价	价税合计
	101006	烤漆丝	φ0.6	吨	55.780	9 898.20	552 121.60
合计					55.780		552 121.60

记账:　　　　复核:陈三刚　　　　仓库保管:李听凝　　　　销售员:付国栋

图 3 - 7　销售发票(4)

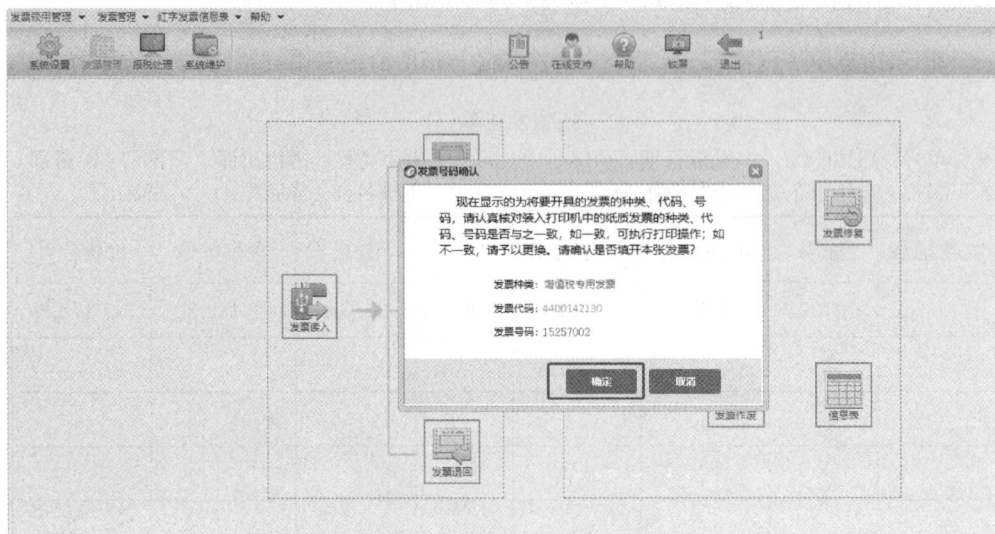

图 3‑8　税控设备开票界面(2)

图 3‑9　增值税发票 15257002

三、开增值税专用发票(2018 年 12 月 12 日)

　　根据销货单 13126004、13126010 合并开具一张增值税专用发票,发票号 15257003。

销售发货单(5)

发货单号:13126004　　发货日期:2018 - 12 - 08　　出库类型:销售出库　　部门:销售部
客户名称:深圳市亿高尔体育设施有限公司　　仓库名称:普通库　　备注:

收款记录	编码	商品名称	型号规格	单位	数量	含税单价	价税合计
	101005	烤漆丝	φ0.5	吨	52.623	9 956.70	523 951.42
合计					52.623		523 951.42

记账:　　　　复核:陈三刚　　　　仓库保管:李昕凝　　　　销售员:付国栋

图 3 - 10　销售发货单(5)

销售发货单(6)

发货单号:13126010　　发货日期:2018 - 12 - 12　　出库类型:销售出库　　部门:销售部
客户名称:深圳市亿高尔体育设施有限公司　　仓库名称:普通库　　备注:

收款记录	编码	商品名称	型号规格	单位	数量	含税单价	价税合计
	101003	烤漆丝	φ0.3	吨	51.706	10 073.70	520 870.73
合计					51.706		520 870.73

记账:　　　　复核:陈三刚　　　　仓库保管:李昕凝　　　　销售员:付国栋

图 3 - 11　销售发货单(6)

图 3-12 税控设备开票界面(3)

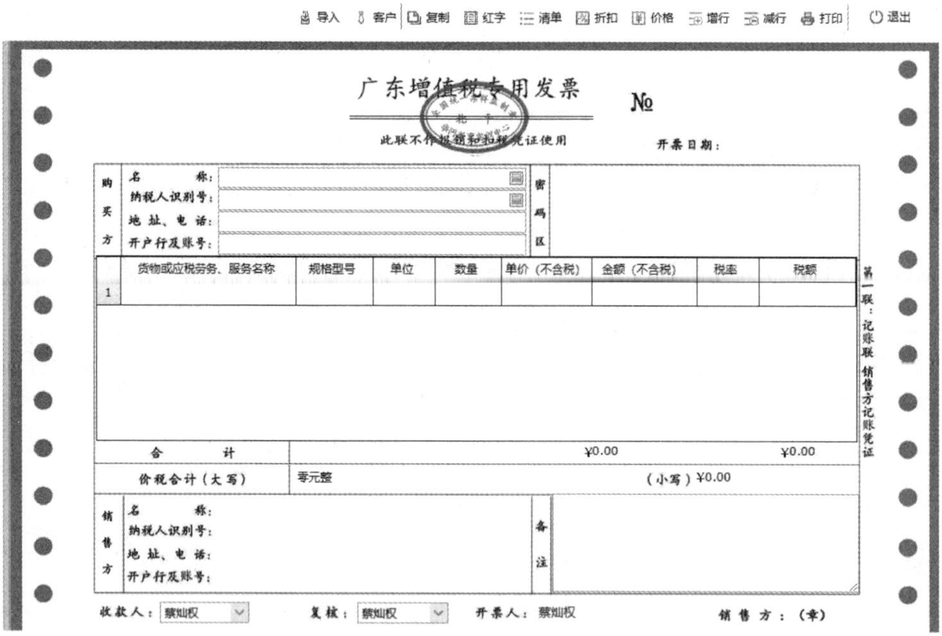

图 3-13 增值税发票 15257003

小提示

虽然这里的发票都是由同学们手工开具的,但是实际工作都是在计算机上输入完毕后,再由打印机打印出来的。最后,不要忘记盖章哟。

学习任务二
税费的计算与申报

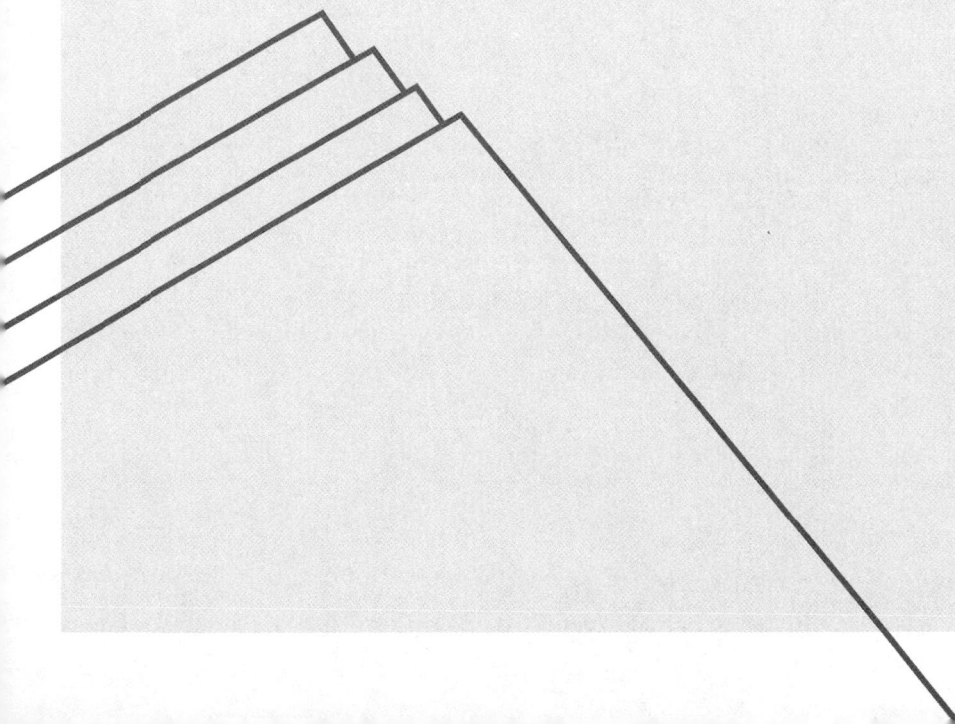

学习活动四：税种的认识

请你用笔画出下面各个税种的概念、纳税人以及其他你觉得重要的信息，并完成税种信息的填写以及后附的练习题。

各个纳税人因为社会所提供的服务不同而征收不同的税费，请你仔细阅读下面的税种知识，它对于了解税务知识具有十分重要的作用。

一、增值税

增值税是对销售货物、提供劳务或者发生应税行为过程中实现的增值额征收的一种税。增值税是我国现阶段税收收入规模最大的税种。1993 年 12 月 13 日，国务院令第 134 号发布，2008 年 11 月 10 日国务院令第 538 号修订《中华人民共和国增值税暂行条例》（简称《增值税暂行条例》），2008 年 12 月 15 日财政部、国家税务总局令第 50 号发布，2011 年 10 月 28 日财政部、国家税务总局令第 65 号修正的《中华人民共和国增值税暂行条例实施细则》（简称《增值税暂行条例实施细则》）。为了进一步完善增值税制，消除重复征税，促进经济结构优化，经国务院常务会议决定，自 2012 年 1 月 1 日起，在上海市开展交通运输业和部分现代服务业营业税改征增值税试点。2016 年 3 月 24 日，财政部、国家税务总局印发《营业税改征增值税试点实施办法》，自 2016 年 5 月 1 日起，在全国范围内全面推开营改增试点，建筑业、房地产业、金融业、生活服务业等全部营业税纳税人纳入试点范围，由缴纳营业税改为缴纳增值税。这些构成我国增值税法律制度的主要内容。

（一）增值税纳税人

根据《增值税暂行条例》及《营业税改征增值税试点实施办法》的规定，在中华人民共和国境内销售货物或者提供加工、修理修配劳务、进口货物以及销售服务、无形资产或者不动产的单位和个人，为增值税的纳税人。单位，是指企业、行政单位、事业单位、军事单位、社会团体及其他单位。个人，是指个体工商户和其他个人。

单位以承包、承租、挂靠等方式经营的，承包人、承租人、挂靠人（以下统称承包人）以发包人、出租人、被挂靠人（以下统称发包人）名义对外经营并由发包人承担相关法律责任的，以该发包人为纳税人。否则，以承包人为纳税人。

资管产品运营过程中发生的增值税应税行为，以资管产品管理人为增值税纳税人。

（二）增值税纳税人的分类

根据纳税人的经营规模以及会计核算健全程度的不同，增值税的纳税人，可划分为小规模纳税人和一般纳税人。

1. 小规模纳税人

根据《增值税暂行条例实施细则》和《营业税改征增值税试点实施办法》的规定，小规模纳税人标准主要有以下两类。

（1）从事货物生产或者提供应税劳务的纳税人，以及以从事货物生产或者提供应税劳务为主，并兼营货物批发或者零售的纳税人，年应征增值税销售额（以下简称应税销售额）在500万元以下（含本数，下同）的。以从事货物生产或者提供应税劳务为主，是指纳税人的年货物生产或者提供应税劳务的销售额占年应税销售额的比重在50%以上。

（2）营改增应税行为的年应征增值税销售额未超过500万元的纳税人为小规模纳税人。

小规模纳税人会计核算健全，能够提供准确税务资料的，可以向主管税务机关申请认定为一般纳税人，不再作为小规模纳税人。会计核算健全，是指能够按照国家统一的会计制度规定设置账簿，根据合法、有效凭证核算。

小规模纳税人实行简易征税办法，并且一般不使用增值税专用发票，但基于增值税征收管理中一般纳税人与小规模纳税人之间客观存在的经济往来的实情，小规模纳税人可以到税务机关代开增值税专用发票。

住宿业、建筑业和鉴证咨询业等行业小规模纳税人试点自行开具增值税专用发票（销售其取得的不动产除外），税务机关不再为其代开。

2. 一般纳税人

一般纳税人，是指年应税销售额超过《增值税暂行条例实施细则》或者《营业税改征增值税试点实施办法》规定的小规模纳税人标准的企业和企业性单位（以下简称企业）。

增值税一般纳税人资格实行登记制，登记事项由增值税纳税人向其主管税务机关办理。

纳税人年应税销售额超过财政部、国家税务总局规定标准，且符合有关政策规定，选择按小规模纳税人纳税的，应当向主管税务机关提交书面说明。

下列纳税人不办理一般纳税人资格等级：

（1）个体工商户以外的其他个人；

（2）选择按照小规模纳税人纳税的非企业性单位；

（3）选择按照小规模纳税人纳税的不经常发生应税行为的企业。

个体工商户以外的其他个人年应税销售额超过规定标准的，不需要向主管税务机关提交书面说明。

除财政部、国家税务总局另有规定外,纳税人自其选择的一般纳税人资格生效之日起,按照增值税一般计税方法计算应纳税额,并按照规定领用增值税专用发票。

按照《中华人民共和国增值税暂行条例实施细则》第二十八条规定,已登记为增值税一般纳税人的单位和个人自 2018 年 5 月 1 日起,在 2018 年 12 月 31 日前,可转登记为小规模纳税人,其未抵扣的进项税额作转出处理。

(三) 增值税扣缴义务人

中华人民共和国境外的单位或者个人在境内发生应税行为,在境内未设有经营机构的,以购买方为增值税扣缴义务人。财政部和国家税务总局另有规定的除外。

2018 年 4 月 4 日,财政部发布了关于增值税的最新规定:财税〔2018〕32 号、财税〔2018〕33 号(见附 4 - 1,附 4 - 2)

附 4 - 1

财政部 税务总局
关于调整增值税税率的通知

财税〔2018〕32号

【字体:大 中 小】 打印本页

各省、自治区、直辖市、计划单列市财政厅(局)、国家税务局、地方税务局,新疆生产建设兵团财政局:

为完善增值税制度,现将调整增值税税率有关政策通知如下:

一、纳税人发生增值税应税销售行为或者进口货物,原适用17%和11%税率的,税率分别调整为16%、10%。

二、纳税人购进农产品,原适用11%扣除率的,扣除率调整为10%。

三、纳税人购进用于生产销售或委托加工16%税率货物的农产品,按照12%的扣除率计算进项税额。

四、原适用17%税率且出口退税率为17%的出口货物,出口退税率调整至16%。原适用11%税率且出口退税率为11%的出口货物,跨境应税行为,出口退税率调整至10%。

五、外贸企业2018年7月31日前出口的第四条所涉货物、销售的第四条所涉跨境应税行为,购进时已按调整前税率征收增值税的,执行调整前的出口退税率;购进时已按调整后税率征收增值税的,执行调整后的出口退税率。生产企业2018年7月31日前出口的第四条所涉货物、销售的第四条所涉跨境应税行为,执行调整前的出口退税率。

调整出口货物退税率的执行时间及出口货物的时间,以出口货物报关单上注明的出口日期为准,调整跨境应税行为退税率的执行时间及销售跨境应税行为的时间,以出口发票的开具日期为准。

六、本通知自2018年5月1日起执行。此前有关规定与本通知规定的增值税税率、扣除率、出口退税率不一致的,以本通知为准。

七、各地要高度重视增值税税率调整工作,做好实施前的各项准备以及实施过程中的监测分析、宣传解释等工作,确保增值税税率调整工作平稳、有序推进。如遇问题,请及时上报财政部和税务总局。

附 4-2

国家税务总局
State Administration of Taxation

请输入关键字

本站热词：营改增 放管服 小微企业 出口退税 便民服

≡ 总局概况　　💬 信息公开　　🖥 新闻发布　　ⓘ 税收政策　　👤 纳税服务　　📹 税务视频　　🔄 互动交流

您所在的位置：首页　＞　税收政策　＞　最新文件

财政部 税务总局
关于统一增值税小规模纳税人标准的通知

财税〔2018〕33号

【字体：大 中 小】打印本页　　⌇ 🔵 🔴 ⭐

各省、自治区、直辖市、计划单列市财政厅（局）、国家税务局、地方税务局，新疆生产建设兵团财政局：

为完善增值税制度，进一步支持中小微企业发展，现将统一增值税小规模纳税人标准有关事项通知如下：

一、增值税小规模纳税人标准为年应征增值税销售额500万元及以下。

二、按照《中华人民共和国增值税暂行条例实施细则》第二十八条规定已登记为增值税一般纳税人的单位和个人，在2018年12月31日前，可转登记为小规模纳税人，其未抵扣的进项税额作转出处理。

三、本通知自2018年5月1日起执行。

财政部 税务总局
2018年4月4日

资料来源：http://www.chinatax.gov.cn/n810346/index.html

一、消费税

（一）消费税概念

消费税是对特定的某些消费品和消费行为征收的一种间接税。1993年12月13日中华人民共和国国务院令第135号发布、2008年11月10日国务院令第539号修订《中华人民共和国消费税暂行条例》（简称《消费税暂行条例》），2008年12月15日财政部、国家税务总局《中华人民共和国消费税暂行条例》令第51号发布《中华人民共和国消费税暂行条例实施细则》。为进一步完善消费税制，自2014年12月1日起，取消气缸容量250毫升（不含）以下的小排量摩托车消费税、取消汽车轮胎消费税、取消车用含铅汽油消费税、取消酒精消费税；分别在2014年11月、12月和2015年1月先后三次提高成品油消费税单位税额；自2015年2月1日起对电池、涂料征收消费税；自2015年5月10日1起，将卷烟批发环节从价税率由5％提高至11％，并按0.005元/支加征从量税；自2016年10月1日起，取消对普通美容、修饰类化妆品征收消费税，将高档化妆品的税率调整为15％；自2016年12月1日起，对每辆零售价格120万元（不含增值税）及以上的超豪华小汽车，在零售环节加征消费税,税率为 10%。这些构成了我国消费税法律制度的主要内容。

消费税与增值税、营业税(2016 年 5 月 1 日起改为增值税)、关税等相配合,构成我国流转税新体系。

(二)消费税纳税人

在中华人民共和国境内生产、委托加工和进口《消费税暂行条例》规定的消费品的单位和个人,以及在国务院确定的销售《消费税暂行条例》规定的消费品的其他单位和个人,为消费税的纳税人。其中"在中华人民共和国境内",是指生产、委托加工和进口属于应当缴纳消费税的消费品的起运地或者所在地在境内;"单位",是指企业、行政单位、事业单位、军事单位、社会的团体运及其他单位;"个人",是指个体工商户及其他个人。

由于消费税是在对所有货物普遍征收增值税的基础上选择少量消费品征收的,因此,消费税纳税人同时也是增值税纳税人。

三、所得税

(一)企业所得税

1. 企业所得税概念

企业所得税是对企业生产经营所得和其他所得征收的一种所得税。2007 年 3 月 16 日第十届全国人大第五次会议通过、2017 年 2 月 24 日第十二届全国人民代表大会常务委员会第二十六次会议修正的《中华人民共和国企业所得税法》(简称《企业所得税法》),2007 年 12 月 6 日国务院发布的《中华人民共和国企业所得税法实施条例》(简称《企业所得税法实施条例》),以及国家财政、税务主管部门制定、发布的一系列部门规章和规范性文件,构成了我国企业所得税法律制度的主要内容。

2. 企业所得税纳税人

在中华人民共和国境内,企业和其他取得收入的组织(以下统称"企业")为企业所得税的纳税人,依照《企业所得税法》的规定缴纳企业所得税。企业所得税纳税人包括各类企业、事业单位、社会团体、民办非企业单位和从事经营活动的其他组织。依照中国法律、行政法规成立的个人独资企业、合伙企业,不属于企业所得税纳税义务人,不缴纳企业所得税。

企业所得税采取收入来源地管辖权和居民管辖权相结合的双重管辖权,把企业分为居民企业和非居民企业,分别确定不同的纳税义务。

(1)居民企业,是指依法在中国境内成立,或者依照外国(地区)法律成立但实际管理机构在中国境内的企业。居民企业应当就其来源于中国境内、境外的所得缴纳企业所得税。

实际管理机构,是指对企业的生产经营、人员、账务、财产等实施实质性全面管理和控制的机构。

（2）非居民企业，是指依照外国（地区）法律成立且实际管理机构不在中国境内，但在中国境内设立机构、场所的，或者在中国境内未设立机构、场所，但有来源于中国境内所得的企业。

非居民企业委托营业代理人在中国境内从事生产经营活动的，包括委托单位或者个人经常代其签订合同，或者储存、交付货物等，该营业代理人视为非居民企业在中国境内设立的机构、场所。

（二）个人所得税

1. 个人所得税概念

个人所得税是对个人（即自然人）取得的各项应税所得征收的一种所得税。1980年9月10日第五届全国人民代表大会第三次会议通过《中华人民共和国个人所得税法》（简称《个人所得税法》）。此后全国人民代表大会常务委员会分别于1993年10月31日、1999年8月30日、2005年10月27日、2007年6月29日、2007年12月29日、2011年6月30日对《中华人民共和国个人所得税法》做出修正，1994年1月28日国务院公布《中华人民共和国个人所得税法实施条例》（简称《个人所得税法实施条例》）。此后国务院分别于2005年12月19日、2008年2月18日、2011年7月19日做出修订，国家财政、税务主管部门又制定了一系列部门规章和规范性文件。2018年8月31日，十三届全国人大常委会第五次会议表决通过修改个人所得税法，新个税法于2019年1月1日起施行，2018年10月1日起施行最新免征额和税率，这些法律法规、部门规章及规范性文件构成了我国的个人所得税法律制度。

2. 个人所得税纳税人和所得来源的确定

新《个人所得税税法》规定，个人所得税的纳税义务人包括在中国境内有住所，或者虽无住所但一个纳税年度，在中国境内居住累计满183天的个人，以及无住所又不居住或一个纳税年度内在中国境内居住累计不满183天个人但有从中国境内取得所得的个人。具体包括中国公民，个体工商户，外籍个人以及中国香港、澳门特区，以及台湾同胞等。

个人独资企业和合伙企业不缴纳企业所得税，只对投资者个人或自然人合伙人取得的生产经营所得征收个人所得税。

个人独资企业和合伙企业分别是指依照我国相关法律登记成立的个人独资、合伙质的企业以及其他相关机构或组织。个人独资企业以投资者个人为纳税义务人，合伙企业以每一个合伙人为纳税义务人。

个人独资企业投资人以其个人财产对企业债务承担无限责任。普通合伙企业合伙人对合伙企业债务承担无限连带责任。有限合伙企业由普通合伙人和有限合伙人组成，普通合伙人对合伙企业债务承担无限连带责任，有限合伙人以其认缴的出资额为限对合伙企业债务承担责任。

3. 居民纳税人和非居民纳税人

各国对个人所得税的纳税人的界定通常有两种管辖权,即来源地税收管辖权和居民税收管辖权。在界定两者管辖权的标准上,通常采用住所标准和居住时间标准。我国的个人所得税制在纳税人的界定上既行使来源地税收管辖权,又行使居民税收管辖权,即把个人所得税的纳税义务人划分为居民和非居民两类。居民纳税义务人承担无限纳税义务(即来源于境内外的全部所得都应纳税),非居民纳税义务人承担有限纳税义务(即只限来源于境内的所得纳税)。

(1) 住所标准。住所通常是指公民长期生活和活动的主要场所。我国《民法通则》规定:"公民以他的户籍所在地的居住地为住所。"

住所分为永久性住所和习惯性住所。永久性住所通常指《民法通则》上规定的住所,具有法律意义。习惯性住所则是指经常居住地,它与永久性住所有时是一致的,有时又不一致。我国个人所得税法律制度采用习惯性住所的标准,将在中国境内有住所的个人界定为:因户籍、家庭、经济利益关系而在中国境内习惯性居住的个人。这样就将中、外籍人员,以及港、澳特区,台同胞与内地公民区别开来。

所谓习惯性居住或住所,是在税收上判断居民和非居民的一个法律意义上的标准,不是指实际居住或在某一特定时期内的居住地。例如,个人因学习、工作、探亲、旅游等而在中国境外居住的,当其在境外居住的原因消除后,则必须回到中国境内居住。那么,即使该人并未居住在中国境内,仍应将其判定为在中国习惯性居住。

(2) 居住时间标准。居住时间是指个人在一国境内实际居住的时间天数。在实际生活中,有时个人在国境内并无住所,又无经常性居住地,但是却在该国内停留的时间较长,从该国取得了收入,应对其行使税收管辖权,甚至视为该国的居民征税。各国在对个人所得征税的实践中,以个人居住时间长短作为衡量居民与非居民的居住时间标准。我国《个人所得税法》也采用了这一标准。

我国《个人所得税法》规定,在一个纳税年度内在中国境内居住累计满 183 日,达到这个标准的个人即为居民纳税人。

我国税法规定的住所标准和居住时间标准,是判定居民身份的两个要件,只要符合或达到其中任何一个条件,就可以被认定为居民纳税人。因此,根据以上两个标准,可以将居民和非居民纳税人定义为:在中国境内有住所,或者无住所而一个纳税年度在境内居住累计满 183 天的个人,属于我国的居民纳税人;在中国境内无住所又不居住,或者无住所而在境内一个纳税年度累计居住不满 183 天的个人,属于我国的非居民纳税人。

4. 居民纳税人和非居民纳税人的纳税义务

(1) 居民纳税人的纳税义务。居民纳税人(即在中国境内有住所,或者无住所而在境内一个纳税年度累计居住满 183 天的个人),应就其来源于中国境内和境外的所得,依照个人所得税法律制度的规定向中国政府履行全面纳税义务,缴纳个人所得税。

对于在中国境内无住所,但居住 1 年以上而未超过 5 年的个人,其来源于中国境内的所得应全部依法缴纳个人所得税。对于其来源于中国境外的各种所得,经主管税务机关批准,可以只就由中国境内公司、企业以及其他经济组织或个人支付的部分缴纳个人所得税。如果上述个人在居住期间临时离境,在临时离境工作期间的工资、薪金所得,仅就由中国境内企业或个人雇主支付的部分纳税。对于居住超过 5 年的个人,从第 6 年起,以后的各年度中,凡在境内居住满 1 年的,就其来源于中国境内、境外的全部所得缴纳个人所得税。

个人在中国境内居住满 5 年,是指个人在中国境内连续居住满 5 年,即在连续 5 年中的每一个纳税年度内均居住满 1 年。个人从第 6 年起以后的各年度中,凡在境内居住满 1 年的,应当就其来源于境内、境外的所得申报纳税;凡在境内居住不满 1 年的,仅就其该年内来源于境内的所得申报纳税,如某一个纳税年度内在境内居住不足 90 日,其来源于中国境内的所得,由境外雇主支付并且不由该雇主在中国境内的机构、场所负担的部分,免予缴纳个人所得税,并从再次居住满 1 年的年度起计算 5 年期期限。

(2)非居民纳税人的纳税义务。非居民纳税人(即在中国境内无住所又不居住,或者无住所而在境内一个纳税年度累计居住不满 183 天的个人),仅就其来源于中国境内取得的所得,向我国政府履行有限纳税义务,缴纳个人所得税。

A. 对于在中国境内无住所而一个纳税年度内在中国境内连续或累计工作不超过 90 日,或者在税收协定规定的期间内,在中国境内连续或累计居住不超过 183 日的个人,其来源于中国境内的所得,由中国境外雇主支付并且不是由该雇主设在中国境内机构负担的工资、薪金所得,免予缴纳个人所得税,仅就其实际在中国境内工作期间由中国境内企业或个人雇主支付或者由中国境内机构负担的工资、薪金所得纳税。不过,如果该中国境内企业、机构属于采取核定利润方法计征企业所得税,在该企业、机构任职、受雇的个人实际在中国境内工作期间取得的工资、薪金,不论是否在该企业、机构会计账簿中记载,均应视为该中国境内企业、机构支付或负担的工资、薪金,应予以征税。

B. 对于在中国境内无住所,但在一个纳税年度中在中国境内连续或累计工作超过 90 日,或在税收协定规定的期间内,在中国境内连续或累计居住超过 183 日但不满 1 年的个人,其来源于中国境内的所得,无论是由中国境内企业或个人雇主支付还是由境外企业或个人雇主支付,均应缴纳个人所得税。个人在中国境外取得的工资、薪金所得,除担任中国境内企业董事或高层管理人员,并在境外履行职务而由境内企业支付董事费或工资、薪金所得之外,不缴纳个人所得税。担任中国境内企业董事或高层管理人员取得的由中国境内企业支付的董事费或工资、薪金,不论个人是否在中国境外履行职务,均应申报缴纳个人所得税。对于上述涉及的境外雇主支付并且不是由中国境内机构负担工资、薪金所得的个人，如事先可预定在一个纳税年度中连续或累计居住超过 90 日或 183 日的，其每月应纳税额按期申报缴纳。事先不能预定的，可以待达到 90 日或 183 日后的次月 15 日内，就以前月份应纳的税款一并申报纳税。

（三）扣缴义务人

我国实行个人所得税代扣代缴和个人申报纳税相结合的征收管理制度。税法规定，凡支付应纳税所得的单位或个人，都是个人所得税的扣缴义务人。扣缴义务人在向纳税人支付各项应纳税所得（个体工商户的生产、经营所得和对企事业单位的承包经营、承租经营所得除外）时，必须履行代扣代缴税款的义务。

所得来源的确定

下列所得，不论支付地点是否在中国境内，均为来源于中国境内的所得。

（1）因任职、受雇、履约等而在中国境内提供劳务取得的所得。

（2）将财产出租给承租人在中国境内使用而取得的所得。

（3）转让中国境内的建筑物、土地使用权等财产或者在中国境内转让其他财产取得的所得。

（4）许可各种特许权在中国境内使用而取得的所得。

（5）从中国境内的公司、企业以及其他经济组织或者个人取得的利息、股息、红利所得。

四、房产税和土地增值税

（一）房产税

1. 房产税概念

房产税，是以房产为征税对象。按照房产的计税价值或房产租金收入向房产所有人或经营管理人等征收的一种税。1986 年 9 月 15 日国务院颁布《中华人民共和国房产税暂行条例》（简称《房产税暂行条例》），同年 9 月 25 日财政部、国家税务总局印发《关于房产税若干具体问题的解释和暂行规定》。之后，国务院以及财政部、国家税务总局又陆续发布了一些有关房产税的规定、办法。这些构成了我国房产税法律制度。

2. 房产税纳税人

房产税的纳税人，是指在我国城市、县城、建制镇和工矿区内拥有房屋产权的单位和个人。具体包括产权所有人、承典人、房产代管人或者使用人。

房产税的征税对象是房屋。所谓房屋是指有屋面和围护结构（有墙或两边有柱）能够遮风避雨，可供人们在其中生产、工作、学习、娱乐或储藏物资的场所。

（1）产权属于国家所有的，其经营的单位为纳税人。产属于集体和个人的，集体单位和个人为纳税人。所称"单位"，包括国有企业、集体企业、私营企业、股份制企业、外商投资企业、外国企业以及其他企业和事业单位、社会团体、国家机关、军队以及其他单位；所称"个人"，包括个体工商户以及其他个人。

（2）产权出典的、承典人为纳税人。在房屋的管理和使用中，产权出典，是指产权所有人为了某种需要，将自己房屋的产权，在一定期限内转让（出典）给他人使用而取得出典价款的一种融资行为。"产权所有人"（房主）为房屋出典人；支付现金或实物取得房屋支配权的人称为房屋的承典人。承典人向出典人交付一定的典价后，在质典期内获取抵押物品的支配权，并可转典。产权的典价一般要低于卖价。出典人在规定期间内须归还典价的本金和利息，方可赎回出典房屋的产权。由于在房屋出典期间，产权所有人已无权支配房屋，对此，税法规定对房屋具有支配权的承典人为纳税人。

（3）产权所有人、承典人均不在该房产所在地的，房产代管人或者使用人为纳税人。

（4）产权未确定以及租典纠纷未解决的，房产代管人或者使用人为纳税人。租典纠纷，是指产权所有人在房产出典和租赁关系上，与承典人、租赁人发生各种争议，特别是有关权利和义务的争议悬而未决的。此外，还有一些产权归属不清的问题，也都属于租典纠纷。

（5）纳税单位和个人无租使用房产管理部、免税单位及纳税单位的房产，由使用人代为缴纳房产税。房地产开发企业建造的商品房，在出售前，不征收房产税，但对出售前房地产开发企业已使用或出租、出借的商品房应按规定征收房产税。

（二）土地增值税

1. 土地增值税概念

土地增值税是对转让国有土地使用权、地上建筑物及其附着物并取得收入的单位和个人，就其转让房地产所取得的增值额征收的一种税。1993 年 12 月 13 日国务院颁布《中华人民共和国土地增值税暂行条例》（简称《土地增值税暂行条例》），1995 年 1 月 27 日财政部印发《中华人民共和国土地增值税暂行条例实施细则》（简称《土地增值税暂行条例实施细则》）；之后，财政部、国家税务总局又陆续发布了一些有关土地增值税的规定、办法。这些构成了我国土地增值税法律制度。

2. 土地增值税纳税人

土地增值税的纳税人为转让国有土地使用权、地上建筑物及其附着物（以下简称转让房地产）并取得收入的单位和个人。这里所称"单位"包括各类企业单位、事业单位、国家机关和社会团体及其他组织；这里所称"个人"包括个体经营者和其他个人，还包括外商投资企业、外国企业、外国驻华机构及海外华侨、港澳台同胞和外国公民。

五、印花税

（一）印花税概念

印花税是对经济活动和经济交往中书立、领受、使用的应税经济凭证征收的一种税。因纳税人主要是通过在应税凭证上黏贴印花税票来完成纳税义务,故名印花税。1988 年 8 月 6 日国务院颁布《中华人民共和国印花税暂行条例》(简称《印花税暂行条例》)。同年 9 月 29 日财政部印发《印花税暂行条例实施细则》,12 月 12 日原国家税务局印发《关于印花税若干具体问题的规定》;之后,财政部、国家税务总局又陆续发布了一些有关印花税的规定、办法。这些构成了我国印花税法律制度。随着我国股票交易制度的建立,国务院决定自 1992 年 1 月 1 日起将股票交易纳入印花税的征收范围。

(二)印花税纳税人

印花税的纳税人,是指在中国境内书立、领受、使用税法所列举凭证的单位和个人。这里所说的单位和个人,是指国内各类企业、事业单位、国家机关、社会团体、部队及中外合资经营企业、中外合作经营企业、外资企业、外国企业和其他经济组织及其在华机构等单位和个人。如果份合同或应税凭证由两方或两方以上当事人共同签订,签订合同或应税凭证的各方都是纳税人,应当就其所持合同或应税凭证的计税金额履行纳税义务。

根据书立、领受、使用应税凭证的不同,纳税人可分为立合同人、立账簿人、立据人、领受人和使用人等。

(1) 立合同人。立合同人是指合同的当事人,即对凭证有直接权利义务关系的单位和个人,但不包括合同的担保人、证人、鉴定人。所谓合同,是指根据《中华人民共和国合同法》的规定订立的各类合同,包括赊销定人。所谓合同,是指根据《中华人民共和国合同法》的规定订立的各类合同,包括购销、加工承揽、建筑工程、财产租赁、货物运输、仓储保管、借款、财产保险以及具有合同性质的凭证。当事人的代理人有代理纳税义务。

(2) 立账簿人。立账簿人是指开立并使用营业账簿的单位和个人。如某企业因生产需要,设立了若干营业账簿,该企业即为印花税的纳税人。

(3) 立据人。立据人是指书立产权转移书据的单位和个人。

(4) 领受人。领受人是指领取并持有权利、许可证照的单位和个人。如领取房屋产权证的单位和个人,即为印花税的纳税人。

(5) 使用人。使用人是指在国外书立、领受,但在国内使用应税凭证的单位和个人。

(6) 各类电子应税凭证的签订人。即以电子形式签订的各类应税凭证的当事人。

练习 4-1

请仔细阅读上面的知识,填写下面的信息表,并完成表 4-1 的填空练习题。

表 4-1　税 种 信 息 表

税　种	纳　税　人	相关法律或法规
增值税		
消费税		
企业所得税		
个人所得税		
房产税		
土地增值税		
印花税		

练习 4-2

请你根据记忆完成下面的填空

1. 增值税

(1) 1993 年 12 月 13 日,国务院令第 134 号发布,2008 年 11 月 10 日国务院令第 538 号修订《中华人民共和国增值税暂行条例》(简称《＿＿＿＿＿＿＿＿》),2008 年 12 月 15 日财政部、国家税务总局令第＿＿＿＿＿＿＿＿号发布、2011 年 10 约 28 日财政部、国家税务总局令第 65 号修正的《中华人民共和国增值税暂行条例实施细则》(简称《增值税暂行条例实施细则》)。

(2) 根据《增值税暂行条例》及《营业税改征增值税试点实施办法》的规定,在中华人民共和国境内销售货物或者提供加工、修理修配劳务、进口货物以及销售服务、无形资产或者不动产的＿＿＿＿＿＿＿＿,为增值税的纳税人。单位,是指企业、行政单位、事业单位、军事单位、社会团体及其他单位。个人,是指＿＿＿＿＿＿＿＿和＿＿＿＿＿＿＿＿。

(3) 根据纳税人的经营规模以及会计核算健全程度的不同,增值税的纳税人,可划分为＿＿＿＿＿＿＿＿和＿＿＿＿＿＿＿＿。

(4) 一般纳税人,是指年应税销售额超过《增值税暂行条例实施细则》或者《营业税改征增值税试点实施办法》规定的小规模纳税人标准的＿＿＿＿＿＿＿＿和＿＿＿＿＿＿＿＿。

(5) 中华人民共和国境外的单位或者个人在境内发生应税行为,在境内未设有经营机构的,以＿＿＿＿＿＿＿＿为增值税为扣缴义务人。财政部和国家税企业务总局另有规定的除外。

2. 消费税

(1) ＿＿＿＿＿＿＿＿与＿＿＿＿＿＿、＿＿＿＿＿＿(2016 年 5 月 1 日起改为增值税)、关税等相配合,构成我国流转税新体系。

（2）自2016年10月1日起，取消对普通美容、修饰类化妆品征收消费税，将高档化妆品的税率调整为_____；自2016年12月1日起，对每辆零售价格120万元（不含增值税）及以上的超豪华小汽车，在零售环节加征消费税，税率为_____。

（3）在中华人民共和国境内_____、_____和_____《消费税暂行条例》规定的消费品的单位和个人，以及在国务院确定的_____《消费税暂行条例》规定的消费品的其他单位和个人，为消费税的纳税人。

（4）由于消费税是在对所有货物普遍征收增值税的基础上选择少量消费品征收的，因此，消费税纳税人同时也是_____纳税人。

3. 企业所得税

（1）企业所得税是对_____和其他所得征收的一种所得税。

（2）2007年3月16日第十届全国人大第五次会议通过、2017年2月24日第十二届全国人民代表大会常务委员会第二十六次会议修正的《中华人民共和国企业所得税法》（简称《_____》），2007年12月6日国务院发布的《中华人民共和国企业所得税法实施条例》（简称《_____》），以及国家财政、税务主管部门制定、发布的一系列部门规章和规范性文件，构成了我国企业所得税法律制度的主要内容。

（3）企业所得税采取收入来源地管辖权和居民管辖权相结合的双重管辖权，把企业分为_____和_____，分别确定不同的纳税义务。

（4）居民企业，是指依法在中国境内成立，或者依照外国（地区）法律成立但实际管理机构在中国境内的企业。居民企业应当就其来源于_____、_____的所得缴纳企业所得税。实际管理机构，是指对企业的生产经营、人员、账务、财产等实施实质性全面管理和控制的机构。

（5）非居民企业，是指依照_____且实际管理机构不在中国境内，但在中国境内设立机构、场所的，或者在中国境内未设立机构、场所，但有来源于中国境内所得的企业。

4. 个人所得税

（1）个人所得税是对_____（即自然人）取得的各项应税所得征收的一种所得税。

（2）个人所得税的纳税义务人包括在中国境内有住所，或者虽无住所但在中国境内居住满1年的个人，以及无住所又不居住或居住不满1年但有从中国境内_____的个人。具体包括中国公民，个体工商户，外籍个人以及中国香港、澳门地区和台湾同胞等。

（3）我国的个人所得税制在纳税人的界定上既行使来源地税收管辖权，又行使居民税收管辖权，即把个人所得税的纳税义务人划分为居民和非居民两类。居民纳税义务人承担＿＿＿＿＿＿＿（即来源于境内外的全部所得都应纳税），非居民纳税义务人承担＿＿＿＿＿＿＿（即只限来源于境内的所得纳税）。

（4）＿＿＿＿＿＿＿（即在中国境内有住所，或者无住所而在境内居住满 1 年的个人），应就其来源于中国境内和境外的所得，依照个人所得税法律制度的规定向中国政府履行全面纳税义务，缴纳个人所得税。

（5）我国实行个人所得税＿＿＿＿＿＿＿和＿＿＿＿＿＿＿相结合的征收管理制度。税法规定，凡支付应纳税所得的单位或个人，都是个人所得税的扣缴义务人。扣缴义务人在向纳税人支付各项应纳税所得（个体工商户的生产、经营所得和对企事业单位的承包经营、承租经营所得除外）时，必须履行代扣代缴税款的义务。

5. 房产税

（1）房产税，是以房产为征税对象。按照房产的＿＿＿＿＿＿＿或房产＿＿＿＿＿＿＿向房产所有人或经营管理人等征收的一种税。

（2）房产税的纳税人，是指在我国城市、县城、建制镇和工矿区内拥有房屋产权的＿＿＿＿＿＿＿。具体包括产权所有人、承典人、房产代管人或者使用人。

（3）产权属于国家所有的，其＿＿＿＿＿＿＿为纳税人；产属于集体和个人的，＿＿＿＿＿＿＿为纳税人。所称单位，包括国有企业、集体企业、私营企业、股份制企业、外商投资企业、外国企业以及其他企业和事业单位、社会团体、国家机关、军队以及其他单位；所称个人包括个体工商户以及其他个人。

（4）产权＿＿＿＿＿＿＿为纳税人。在房屋的管理和使用中，产权出典，是指产权所有人为了某种需要，将自己房屋的产权，在一定期限内转让（出典）给他人使用而取得出典价款的一种融资行为。产权所有人（房主）为房屋出典人；支付现金或实物取得房屋支配权的人称为房屋的承典人。

（5）房地产开发企业建造的商品房，在出售前，不征收房产税，但对出售前房地产开发企业已＿＿＿＿＿＿＿的商品房应按规定征收房产税。

6. 土地增值税

（1）土地增值税是对转让＿＿＿＿＿＿＿、＿＿＿＿＿＿＿及其＿＿＿＿＿＿＿并取得收入的单位和个人，就其转让房地产所取得的增值额征收的一种税。

（2）土地增值税的纳税人为转让国有土地使用权、地上建筑物及其附着物（以下简称转让房地产）并取得收入的＿＿＿＿＿＿＿。

（3）土地增值税的纳税人里所称单位包括各类＿＿＿＿＿＿＿、＿＿＿＿＿＿＿、＿＿＿＿＿＿＿和社会团体及其他组织。这里所称个人包括个体经营者和其他个人。此外，还包括外商投资企业、外国企业、外国驻华机构及海外华侨、港澳台同胞和外国公民。

7. 印花税

（1）印花税是对经济活动和经济交往中＿＿＿＿＿＿＿、＿＿＿＿＿＿＿、＿＿＿＿＿＿＿的应税经济凭证征收的一种税。因纳税人主要是通过在应税凭证上黏贴印花税票来完成纳税义务,故名印花税。

(2) 1988 年 8 月 6 日国务院颁布《中华人民共和国印花税暂行条例》(简称《_____》)。同年 9 月 29 日财政部印发《_____》,12 月 12 日原国家税务局印发《关于印花税若干具体问题的规定》。之后,财政部、国家税务总局又陆续发布了一些有关印花税的规定、办法。这些构成了我国印花税法律制度。

(3) 根据书立、领受、使用应税凭证的不同,纳税人可分为_____、_____、_____、_____和_____等。

(4) 立账簿人。立账簿人是指_____的单位和个人。如某企业因生产需要,设立了若干营业账簿,该企业即为印花税的纳税人。

学习活动五：税费的征收及应税项目

　　请用笔画出下面各个税种的征收范围或应税项目以及其他你觉得重要的信息，并向完成对于税种信息的填写以及后附的练习题。

　　通过前面的练习，我们已经知道增值税、消费税、个人所得税、企业所得税、房产税、土地增值税以及印花税的概念。那么这些税种它究竟在什么时候需要缴纳呢？让我们带着疑问一起来阅读下面的知识吧。

一、增值税应税项目

（一）增值税征税范围

　　根据《增值税暂行条例》及其实施细则和《营业税改征增值税试点实施办法》及相关规定，增值税的征税范围包括在中国境内销售货物、提供加工、修理修配劳务、进口货物，以及销售应税服务，销售无形资产和销售不动产。

　　1. 销售货物

　　在中国境内销售货物，是指销售货物的起运地或者所在地在境内。其中"销售货物"是有偿转让货物的所有权；"货物"是指有形动产，包括电力、热力、气体在内；"有偿"是指从购买方取得货币、货物或者其他经济利益。

　　2. 提供应税劳务

　　在中国境内提供加工、修理修配劳务，是指提供应税劳务发生地在境内。其中"提供应税劳务"是指有偿提供加工、修理修配劳务，单位或者个体工商户聘用的员工为本单位或者雇主提供加工、修理修配劳务不包括在内；"加工"是指受托加工货物，即委托方提供原料及主要材料，受托方按照委托方的要求，制造货物并收取加工费的业务；"修理修配"是指受托对损伤和丧失功能的货物进行修复，使其恢复原状和功能的业务。

　　3. 进口货物

　　进口货物，是指申报进入中国海关境内的货物。我国增值税法规定，只要是报关进口的应税货物，均属于增值税的征税范围，除享受免税政策外，在进口环节缴纳增值税。

　　4. 销售服务

　　销售服务，是指提供交通运输服务、邮政服务、电信服务、建筑服务、金融服务、现代服务、生活服务。

（1）交通运输服务，是指利用运输工具将货物或者旅客送达目的地，使其空间位置得到转移的业务活动。包括陆路运输服务、水路运输服务、航空运输服务和管道运输服务，具体如下。

A. 陆路运输服务，是指通过陆路（地上或者地下）运送货物或者旅客的运输业务活动，包括铁路运输服务和其他陆路运输服务。出租车公司向使用本公司自有出租车的出租车司机收取的管理费用，按照陆路运输服务缴纳增值税。

B. 水路运输服务，是指通过江、河、湖、川等天然、人工水道或者海洋航道运送货物或者旅客的运输业务活动；水路运输的程租、期租业务，属于水路运输服务。

C. 航空运输服务，是指通过空中航线运送货物或者旅客的运输业务活动；航空运输的湿租业务，属于航空运输服务；航天运输服务，按照航空运输服务缴纳增值税；航天运输服务，是指利用火箭等载体将卫星、空间探测器等空间飞行器发射到空间轨道的业务活动。

D. 管道运输服务，是指通过管道设施输送气体、液体、固体物质的运输业务活动；无运输工具承运业务，按照交通运输服务缴纳增值税。无运输工具承运业务，是指经营者以承运人身份与托运人签订运输服务合同，收取运费并承担承运人责任，然后委托实际承运人完成运输服务的经营活动。

（2）邮政服务，是指中国邮政集团公司及其所属邮政企业提供邮件寄递、邮政汇兑和机要通信等邮政基本服务的业务活动。包括邮政普遍服务、邮政特殊服务和其他邮政服务。具体为：

A. 邮政普遍服务，是指函件、包裹等邮件寄递，以及邮票发行、报刊发行和邮政汇兑等业务活动；

B. 邮政特殊服务，是指义务兵平常信函、机要通信、盲人读物和革命烈士遗物的寄递等业务活动；

C. 其他邮政服务，是指邮册等邮品销售、邮政代理等业务活动。

（3）电信服务，是指利用有线、无线的电磁系统或者光电系统等各种通信网络资源，提供语音通话服务，传送、发射、接收或者应用图像、短信等电子数据和信息的业务活动，包括基础电信服务和增值电信服务。具体如下。

A. 基础电信服务，是指利用固网、移动网、卫星、互联网，提供语音通话服务的业务活动，以及出租或者出售带宽、波长等网络元素的业务活动。

B. 增值电信服务，是指利用固网、移动网、卫星、互联网、有线电视网络，提供短信和彩信服务、电子数据和信息的传输及应用服务、互联网接入服务等业务活动，卫星电视信号落地转接服务，按照增值电信服务缴纳增值税。

（4）建筑服务，是指各类建筑物、构筑物及其附属设施的建造、修缮、装饰，线路、管道、设备、设施等的安装以及其他工程作业的业务活动。包括工程服务、安装服务、修缮服务、装饰服务和其他建筑服务。具体如下。

A. 工程服务,是指新建、改建各种建筑物、构筑物的工程作业,包括与建筑物相连的各种设备或者支柱、操作平台的安装或者装设工程作业,以及各种窑炉和金属结构工程作业。

B. 安装服务,是指生产设备、动力设备、起重设备、运输设备、传动设备、医疗实验设备以及其他各种设备、设施的装配、安置工程作业,包括与被安装设备相连的工作台、梯子、栏杆的装设工程作业,以及被安装设备的绝缘、防腐、保温、油漆等工程作业。固定电话、有线电视、宽带、水、电、燃气、暖气等经营者向用户收取的安装费、初装费、开户费、扩容费以及类似收费,按照安装服务缴纳增值税。

C. 修缮服务,是指对建筑物、构筑物进行修补、加固、养护、改善,使之恢复原来的使用价值或者延长其使用期限的工程作业。

D. 装饰服务,是指对建筑物、构筑物进行修饰装修,使之美观或者具有特定用途的工程作业。

E. 其他建筑服务,是指上列工程作业之外的各种工程作业服务,如钻井(打井)、拆除建筑物或者构筑物、平整土地、园林绿化、疏浚(不包括航道疏浚)、建筑物平移、搭脚手架、爆破、矿山穿孔、表面附着物(包括岩层、土层、沙层等)剥离和清理等工程作业。

(5) 金融服务,是指经营金融保险的业务活动。包括贷款服务、直接收费金融服务、保险服务和金融商品转让。具体如下。

A. 贷款服务。贷款,是指将资金贷与他人使用而取得利息收入的业务活动。各种占用、拆借资金取得的收入,包括金融商品持有期间(含到期)利息(保本收益、报酬、资金占用费、补偿金等)收入、信用卡透支利息收入、买入返售金融商品利息收入、融资融券收取的利息收入,以及融资性售后回租、押汇、罚息、票据贴现、转贷等业务取得的利息及利息性质的收入,按照贷款服务缴纳增值税。

融资性售后回租,是指承租方以融资为目的,将资产出售给从事融资性售后回租业务的企业后,从事融资性售后回租业务的企业将该资产出租给承租方的业务活动。以货币资金投资收取的固定利润或者保底利润,按照贷款服务缴纳增值税。

B. 直接收费金融服务,是指为货币资金融通及其他金融业务提供相关服务并且收取费用的业务活动。包括提供货币兑换、账户管理、电子银行、信用卡、信用证、财务担保、资产管理、信托管理、基金管理、金融交易场所(平台)管理、资金结算、资金清算、金融支付等服务。

C. 保险服务,是指投保人根据合同约定,向保险人支付保险费,保险人对于合同约定的可能发生的事故因其发生所造成的财产损失承担赔偿保险金责任,或者当被保险人死亡、伤残、疾病或者达到合同约定的年龄、期限等条件时承担给付保险金责任的商业保险行为。包括人身保险服务和财产保险服务。

D. 金融商品转让,是指转让外汇、有价证券、非货物期货和其他金融商品所有权的业务活动。其他金融商品转让包括基金、信托、理财产品等各类资产管理产品和各种金融衍生品的转让。

(6) 现代服务,是指围绕制造业、文化产业、现代物流产业等提供技术性、知识性服务的业务活动。包括研发和技术服务、信息技术服务、文化创意服务、物流辅助服务、租赁服务、鉴证咨询服务、广播影视服务、商务辅助服务和其他现代服务,具体如下。

A. 研发和技术服务,包括研发服务、合同能源管理服务、工程勘察勘探服务、专业技术服务。

B. 信息技术服务,是指利用计算机、通信网络等技术对信息进行生产、收集、处理、加工、存储、运输、检索和利用,并提供信息服务的业务活动。包括软件服务、电路设计及测试服务、信息系统服务、业务流程管理服务和信息系统增值服务。

C. 文化创意服务,包括设计服务、知识产权服务、广告服务和会议展览服务。

D. 物流辅助服务,包括航空服务、港口码头服务、货运客运场站服务、打捞救助服务、装卸搬运服务、仓储服务和收派服务。

E. 租赁服务,包括融资租赁服务和经营租赁服务。融资性售后回租不按照本税目缴纳增值税。

将建筑物、构筑物等不动产或者飞机、车辆等有形动产的广告位出租给其他单位或者个人用于发布广告,按照经营租赁服务缴纳增值税。

F. 车辆停放服务、道路通行服务(包括过路费、过桥费、过闸费等)等按照不动产经营租赁服务缴纳增值税。

G. 鉴证咨询服务,包括认证服务、鉴证服务和咨询服务。翻译服务和市场调查服务按照咨询服务缴纳增值税。

H. 广播影视服务,包括广播影视节目(作品)的制作服务、发行服务和播映(含放映)服务。

I. 商务辅助服务,包括企业管理服务、经纪代理服务、人力资源服务、安全保护服务。

J. 其他现代服务,是指除研发和技术服务、信息技术服务、文化创意服务、物流辅助服务、租赁服务、鉴证咨询服务、广播影视服务和商务辅助服务以外的现代服务。

(7) 生活服务,是指为满足城乡居民日常生活需求提供的各类服务活动。包括文化体育服务、教育医疗服务、旅游娱乐服务、餐饮住宿服务、居民日常服务和其他生活服务,具体如下。

A. 文化体育服务,包括文化服务和体育服务。

B. 教育医疗服务,包括教育服务和医疗服务。

C. 旅游娱乐服务,包括旅游服务和娱乐服务。

D. 餐饮住宿服务,包括餐饮服务和住宿服务。

E. 居民日常服务,是指主要为满足居民个人及其家庭日常生活自求提供的服务,包括市容市政管理、家政、婚庆、养老、殡葬、照料和护理、救助救济、美容美发、按摩、桑拿、氧吧、足疗、沐浴、洗染、摄影扩印等服务。

F. 其他生活服务,是指除文化体育服务、教育医疗服务、旅游娱乐服务、餐饮住宿服务和居民日常服务之外的生活服务。

5. 销售无形资产

销售无形资产,是指转让无形资产所有权或者使用权的业务活动。无形资产,是指不具实物形态,但能带来经济利益的资产,包括技术、商标、著作权、商誉、自然资源使用权和其他权益性无形资产。其中"技术"包括专利技术和非专利技术;"自然资源使用权"包括土地使用权、海域使用权、探矿权、采矿权、取水权和其他自然资源使用权;"其他权益性无形资产"包括基础设施资产经营权、公共事业特许权、配额、经营权(包括特许经营权、连锁经营权、其他经营权)、经销权、分销权、代理权、会员权、席位权、网络游戏虚拟道具、域名、名称权、肖像权、冠名权、转会费等。

6. 销售不动产

销售不动产,是指转让不动产所有权业务活动。不动产,是指不能移动或者移动后会引起性质、形状改变的财产,包括建筑物、构筑物等。其中"建筑物",包括住宅、商业营业用房、办公楼等可供居住、工作或者进行其他活动的建造物构筑物,包括道路、桥梁、隧道、水坝等建造物;转让建筑物有限产权或者永久使用权的,转让在建的建筑物或者构筑物所有权的,以及在转让建筑物或者构筑物时一并转让其所占土地的使用权的,按照销售不动产缴纳增值税。

7. 非经营活动的界定

(1) 销售服务、无形资产或者不动产,是指有偿提供服务、有偿转让无形资产或者不动产,但属于下列非经营活动的情形除外。具体如下。

A. 行政单位收取的同时满足以下条件的政府性基金或者行政事业性收费。包括:

● 由国务院或者财政部批准设立的政府性基金,由国务院或者省级人民政府及其财政、价格主管部门批准设立的行政事业性收费;

● 收取时开具省级以上(含省级)财政部门监(印)制的财政票据所收款项全额上缴财政。

B. 单位或者个体工商户聘用的员工为本单位或者雇主提供取得工资的服务。包括:

● 单位或者个体工商户为聘用的员工提供服务;

● 财政部和国家税务总局规定的其他情形。

(2) 在境内销售服务、无形资产或者不动产,具体如下。

A. 服务(租赁不动产除外)或者无形资产(自然资源使用权除外)的销售方或者购买方在境内。

B. 所销售或者租赁的不动产在境内。

C. 所销售自然资源使用权的自然资源在境内。

D. 财政部和国家税务总局规定的其他情形。

(3) 下列情形不属于在境内销售服务或者无形资产,具体如下。

A. 境外单位或者个人向境内单位或者个人销售完全在境外发生的服务。

B. 境外单位或者个人向境内单位或者个人销售完全在境外使用的无形资产。

C. 境外单位或者个人向境内单位或者个人出租完全在境外使用的有形动产。

D. 财政部和国家税务总局规定的其他情形。

8. 视同销售货物行为

(1) 根据《增值税暂行条例实施细则》的规定,单位或者个体工商户的下列行为,视同销售货物,征收增值税,具体如下。

A. 将货物交付其他单位或者个人代销。

B. 销售代销货物。

C. 设有两个以上机构并实行统一核算的纳税人,将货物从一个机构移送至其他机构用于销售,但相关机构设在同一县(市)的除外。

D. 将自产或者委托加工的货物用于非增值税应税项目。

E. 将自产、委托加工的货物用于集体福利或者个人消费。

F. 将自产、委托加工或者购进的货物作为投资,提供给其他单位或者个体工商户。

G. 将自产、委托加工或者购进的货物分配给股东或者投资者。

H. 将自产、委托加工或者购进的货物无偿赠送其他单位或者个人。

(2) 根据《营业税改征增值税试点实施办法》的规定,单位或者个人的下列情形视同销售服务、无形资产或者不动产,征收增值税,具体如下。

A. 单位或者个体工商户向其他单位或者个人无偿提供服务,但用于公益事业或者以社会公众为对象的除外。

B. 单位或者个人向其他单位或者个人无偿转让无形资产或者不动产,但用于公益事业或者以社会公众为对象的除外。

C. 财政部和国家税务总局规定的其他情形。

9. 混合销售

一项销售行为如果既涉及货物又涉及服务,为混合销售。从事货物的生产、批发或者零售的单位和个体工商户的混合销售行为,按照销售货物缴纳增值税;其他单位和个体工商户的混合销售行为,按照销售服务缴纳增值税。

上述从事货物的生产、批发或者零售的单位和个体工商户,包括以从事货物的生产、批发或者零售为主,并兼营销售服务的单位和个体工商户在内。

自 2017 年 5 月起,纳税人销售活动板房、机器设备、钢结构件等自产货物的同时提供建筑、安装服务,不属于混合销售,应分别核算货物和建筑服务的销售额,分别适用不同的税率或者征收率。

10. 兼营

兼营,是指纳税人的经营中包括销售货物、加工修理修配劳务以及销售服务、无形资产和不动产的行为。

纳税人发生兼营行为,应当分别核算适用不同税率或征收率的销售额,未分别核算销售额的,按照以下办法适用税率或征收率。

(1)兼有不同税率的销售货物、加工修理修配劳务、服务、无形资产或者不动产,从高适用税率。

(2)兼有不同征收率的销售货物、加工修理修配劳务、服务、无形资产或者不动产,从高适用征收率。

(3)兼有不同税率和征收率的销售货物、加工修理修配劳务、服务、无形资产或者不动产,从高适用税率。

11. 征税范围的特殊规定

(1)货物期货(包括商品期货和贵金属期货),应当征收增值税,在期货的实物交割环节纳税。其中:交割时采取由期货交易所开具发票的,以期货交易所为纳税人。期货交易所增值税按次计算,其进项税额为该货物交割时供货会员单位开具的增值税专用发票上注明的销项税额,期货交易所本身发生的各种进项税额不得抵扣。交割时采取由供货的会员单位直接将发票开给购货会员单位的,以供货会员单位为纳税人。

(2)银行销售金银的业务,应当征收增值税。

(3)典当业的死当物品销售业务和寄售业代委托人销售寄售物品的业务,均应征收增值税。

(4)缝纫业务,应征收增值税。

(5)基本建设单位和从事建筑安装业务的企业附设的工厂、车间生产的水泥预制构件、其他构件或建筑材料,用于本单位或本企业建筑工程的,在移送使用时,征收增值税。

(6)电力公司向发电企业收取的过网费,应当征收增值税。

(7)旅店业和饮食业纳税人销售非现场消费的食品应当缴增值税。

(8)纳税人提供的矿产资源开采、挖掘、切割、破碎、分拣、洗选等劳务,属于增值税应税劳务,应当缴纳增值税。

(9)不征收增值税项目,具体如下。

A. 根据国家指令无偿提供的铁路运输服务、航空运输服务,属于《营业税改增值税试点实施办法》规定的用于公益事业的服务。

B. 存款利息。

C. 被保险人获得保险赔付。

D. 房地产主管部门或者其指定机构、公积金管理中心、开发企业以及物业管理单位代收的住宅专项维修资金。

E. 在资产重组过程中,通过合并、分立、出售、置换等方式,将全部或者部分实物资产以及与其相关联的债权、负债和劳动力一并转让给其他单位和个人,其中涉及的不动产、土地使用权转让行为。

F. 纳税人在资产重组过程中,通过合并、分立、出售、置换等方式,将全部或者部分实物资产以及与其相关联的债权、负债和劳动力一并转让给其他单位和个人,不属于增值税的征税范围,其中涉及的货物转让,不征收增值税。

(二)增值税税率和征收率

增值税一般纳税人采用比例税率,分为基本税率、低税率和零税率三档。小规模纳税人采用征收率。

1. 税率

(1) 基本税率。增值税的基本税率为17%,适用范围如下。

A. 一般纳税人销售或者进口货物,除《增值税暂行条例》列举的外,税率均为17%。

B. 一般纳税人提供加工、修理修配劳务,税率为17%。

C. 一般纳税人提供有形资产租赁服务,税率为17%。

(2) 低税率的适用范围如下。

A. 自2017年7月1日起,一般纳税人销售或者进口下列货物,税率为11%。具体指:

a. 农产品。农产品,是指种植业、养殖业、林业、牧业、水产业生产的各种植物、动物的初级产品。具体征税范围暂继续按照《财政部国家税务总局关于印发〈农业产品征税范围注释〉的通知》(财税字〔1995〕52号)及现行相关规定执行,并包括挂面、干姜、姜黄、玉米胚芽、动物骨粒、按照《食品安全国家标准——巴氏杀菌乳》(GB19645—2010)生产的巴氏杀菌乳、按照《食品安全国家标准——灭菌乳》(GB25190—2010)生产的灭菌乳;

b. 食用植物油、自来水、暖气、冷气、热水、煤气、石油液化气、天然气、沼气、居民用煤炭制品、图书、报纸、杂志、化肥、农药、农机、农膜;

c. 上述货物的具体征税范围暂继续按照《国家税务总局关于印发〈增值税部分货物征税范围注释〉的通知》(国税发〔1993〕151号)及现行相关规定执行,并包括棕榈油、棉籽油、菌油、毛椰子油、核桃油、橄榄油、花椒油、杏仁油、葡萄籽油、牡丹籽油、由石油伴生气加工压缩而成的石油液化气、西气东输项目上游中外合作开采天然气、中小学课本配套产品(包括各种纸制品或图片)、国内印刷企业承印的经新闻出版主管部门批准印刷且采用国际标准书号编序的境外图书、农用水泵、农用柴油机、不带动力的手扶拖拉机、三轮农用运输车、密集型烤房设备、频振式杀虫灯、自动虫情测报灯、黏虫板、卷帘机、农用挖掘机、养鸡设备系列、养猪设备系列产品、动物尸体降解处理机、蔬菜清洗机;

d. 饲料,是指用于动物饲养的产品或其加工品。具体征税范围按照《国家税务总局关于修订"饲料"注释及加强饲料征免增值税管理问题的通知》(国税发〔1999〕39 号)执行,并包括豆粕、宠物饲料、饲用鱼油、矿物质微量元素舔砖、饲料级磷酸二氢钙产品;

e. 音像制品。音像制品,是指正式出版的录有内容的录音带、录像带、唱片、激光唱盘和激光视盘;

f. 电子出版物。电子出版物,是指以数字代码方式,使用计算机应用程序,将图文声像等内容信息编辑加工后存储在具有确定的物理形态的磁、光、电等介质上,通过内嵌在计算机、手机、电子阅读设备、电子显示设备、数字音/视频播放设备、电子游戏机、导航仪以及其他具有类似功能的设备上读取使用,具有交互功能,用以表达思想、普及知识和积累文化的大众传播媒体;

g. 二甲醚。二甲醚,是指化学分子式为 CH_3OCH_3,常温常压下为具有轻微醚香味,易燃、无毒、无腐蚀性的气体;

h. 食用盐。食用盐,是指符合《食用盐》(GB/T5461—2016)和《食用盐卫生标准》(GB2721—2003)两项国家标准的食用盐。

B. 一般纳税人提供交通运输、邮政、基础电信、建筑、不动产租赁服务,销售不动产,转让土地使用权,税率为 11%。

C. 一般纳税人提供增值电信、金融、现代(除有形动产租赁服务和不动产租赁服务外)、生活服务,销售无形资产(除转让土地使用权外),税率为 6%。

(3) 零税率的适用范围如下。

A. 纳税人出口货物,适用零税率,但是,国务院另有规定的除外。

B. 中华人民共和国境内的单位和个人销售的下列服务和无形资产,适用零税率:

a. 国际运输服务;

b. 航天运输服务。

C. 向境外单位提供的完全在境外消费的下列服务:a. 研发服务;b. 合同能源管理服务;c. 设计服务;d. 广播影视节目(作品)的制作和发行服务;e. 软件服务;f. 电路设计及测试服务;g. 信息系统服务;h. 业务流程管理服务;i. 离岸服务外包业务;j. 转让技术。

D. 财政部和国家税务总局规定的其他服务。

2. 征收率

(1) 征收率的一般规定。小规模纳税人采用简易办法征收增值税,征收率为3%。具体规定如下。

A. 一般纳税人销售自己使用过的属于《增值税暂行条例》第十条规定,不得抵扣且未抵扣进项税额的固定资产,按简易办法依3%征收率减按2%征收增值税。

B. 一般纳税人销售自己使用过的其他固定资产(以下简称已使用过的固定资产)应区分不同情形征收增值税:

a. 销售自己使用过的2009年1月1日以后购进或者自制的固定资产,按照适用税率征收增值税。

b. 2008年12月31日以前未纳入扩大增值税抵扣范围试点的纳税人,销售自己使用过的2008年12月31日以前购进或者自制的固定资产,按照简易办法依照3%征收率减按2%征收增值税。

c. 2008年12月31日以前已纳入扩大增值税抵扣范围试点的纳税人,销售自己使用过的在本地区扩大增值税抵扣范围试点以前购进或者自制的固定资产,按照简易办法依照3%征收率减按2%征收增值税;销售自己使用过的在本地区扩大增值税抵扣范围试点以后购进或者自制的固定资产,按照适用税率征收增值税。

C. 一般纳税人销售自己使用过的除固定资产以外的物品,应当按照适用税率征收增值税。

D. 小规模纳税人(除其他个人外,下同)销售自己使用过的固定资产,减按2%征收率征收增值税。

E. 小规模纳税人销售自己使用过的除固定资产以外的物品,应按3%的征收率征收增值税。

F. 纳税人销售旧货,按照简易办法依照3%征收率减按2%征收增值税。旧货,是指进入二次流通的具有部分使用价值的货物(含旧汽车、旧摩托车和旧游艇),但不包括自己使用过的物品。

G. 一般纳税人销售自产的下列货物,可选择按照简易办法依照3%征收率计算缴纳增值税。选择简易办法计算缴纳增值税后,36个月内不得变更。具体适用范围为:

a. 县级及县级以下小型水力发电单位生产的电力(小型水力发电单位,是指各类投资主体建设的装机容量为5万千瓦以下(含5万千瓦)的小型水力发电单位);

b. 建筑用和生产建筑材料所用的砂、土、石料;

c. 以自己采掘的砂、土、石料或其他矿物连续生产的砖、瓦、石灰(不含黏土实心砖、瓦);

d. 用微生物、微生物代谢产物、动物毒素、人或动物的血液或组织制成的生物制品；

e. 自来水(对属于一般纳税人的自来水公司销售自来水按简易办法依照 3%征收率征收增值税不得抵扣其购进自来水取得增值税扣税凭证上注明的增值税税款)；

f. 商品混凝土(仅限于以水泥为原料生产的水泥混凝土)。

H. 一般纳税人销售货物属于下列情形之一的,暂按简易办法依照 3%征收率计算缴纳增值税：

a. 寄售商店代销寄售物品(包括居民个人寄售的物品在内)；

b. 典当业销售死当物品。

I. 建筑企业一般纳税人提供建筑服务属于老项目的,可以选择简易办法依照 3%的征收率征收增值税。

(2) 征收率的特殊规定。适用范围如下。

A. 小规模纳税人转让其取得的不动产,按照 5%的征收率征收增值税。

B. 一般纳税人转让其 2016 年 4 月 30 日前取得的不动产,选择简易计税方法计税的,按照 5%的征收率征收增值税。

C. 小规模纳税人出租其取得的不动产(不含个人出租住房),按照 5%的征收率征收增值税。

D. 一般纳税人出租其 2016 年 4 月 30 日前取得的不动产,选择简易计税方法计税的,按照 5%的征收率征收增值税。

E. 房地产开发企业(一般纳税人)销售自行开发的房地产老项目,选择简易计税方法计税的,按照 5%的征收率征收增值税。

F. 房地产开发企业(小规模纳税人)销售自行开发的房地产项目,按照 5%的征收率征收增值税。

G. 纳税人提供劳务派遣服务,选择差额纳税的,按照 5%的征收率征收增值税。

二、消费税应税项目

(一)消费税征税范围

根据《消费税暂行条例》及其实施细则的规定,消费税的征收范围包括下列内容。

1. 生产应税消费品

纳税人生产的应税消费品。于纳税人销售时纳税。

纳税人自产自用的应税消费品,用于连续生产应税消费品的,不纳税；用于其他方面的,于转移使用时纳税。

用于连续生产应税消费品,是指纳税人将自产的自用的应税消费品作为直接材料生产最终应税消费品,自产自用应税消费品构成最终应税消费品的实体。

用于其他方面,是指纳税人将自产自用的应税消费品用于生产非应税消费品、在建工程、管理部门、非生产机构、提供劳务、馈赠、赞助、集资、广告、样品、职工福利、奖励等方面。

工业企业以外的单位和个人的下列行为视为应税消费品的生产行为,按规定享受消费税。

① 将外购的消费税非应税品产品以消费税应税产品对外销售的。

② 将外购的消费费税低税率应税产品以高税率应税产品对外销售的。

2. 委托加工应税消费品

委托加工的应税消费品,是指由委托方提供原料和主要材料,受托方只收取加工费和代垫部分辅助材料加工的应税消费品。对于由受托方提供原材料生产的应税消费品,或者受托方先将原材料卖给委托方,然后再接受加工的应税消费品,以及由受托方以委托方名义购进原材料生产的应税消费品,不论在财务上是否作为销售处理,都不得作为委托加工应税消费品,而应当按照销售自制应税消费品缴纳消费税。

委托加工的应税消费品,除受托方为个人外,由受托方在向委托方交货时代收代缴消费税。委托个人加工的应税消费品,由委托方收回后缴纳消费税。

委托加工的应税消费品,委托方用于连续生产应税消费品的,所纳税款准予按规定抵扣。

委托方将收回的应税消费品,以不高于受托方的计税价格出售的,为直接出售,不再缴纳消费税;委托方以高于受托方的计税价格出售的,不属于直接出售,需按照规定申报缴纳消费税,在计税时准予扣除受托方已代收代缴的消费税。

3. 进口应税消费品

单位和个人进口应税消费品,于报关进口时缴纳消费税。为了减少征税成本,进口环节缴纳的消费税由海关代征。

4. 零售应税消费品

(1)商业零售金银首饰。自1995年1月1日起,金银首饰消费税由生产销售环节征收改为零售环节征收。改在零售环节征收消费税的金银首饰仅限于金基、银基合金首饰以及金、银和金基、银基合金的镶嵌首饰。自2002年1月1日起,对钻石及钻石饰品消费税的纳税环节由生产环节、进口环节后移至零售环节。自2003年5月1日起,铂金首饰消费税改为零售环节征税。下列业务视同零售业,在零售环节缴纳消费税。

A. 为经营单位以外的单位和个人加工金银首饰。加工包括带料加工、翻新改制、以旧换新等业务,不包括修理和清洗。

B. 经营单位将金银首饰用于馈赠、赞助、集资、广告样品、职工福利、奖励等方面。

C. 未经中国人民银行总行批准,经营金银首饰批发业务的单位将金银首饰销售给经营单位。

(2) 零售超豪华小汽车。自 2016 年 12 月 1 日起,对超豪华小汽车,在生产(进口)环节按现行税率征收消费税基础上,在零售环节加征消费税,将超豪华小汽车销售给消费者的单位和个人为超豪华小汽车零售环节纳税人。

5. 批发销售卷烟

自 2015 年 5 月 10 日起,将卷烟批发环节从价税税率由 5% 提高至 11%,并按 0.005 元/支加征从量税。烟草批发企业将卷烟销售给其他烟草批发企业的,不缴纳消费税。卷烟消费税改为在生产和批发两个环节征收后,批发企业在计算应纳税额时不得扣除已含的生产环节的消费税税款。

纳税人兼营卷烟批发和零售业务的,应当分别核算批发和零售环节的销售额、销售数量;未分别核算批发和零售环节销售额、销售数量的,按照全部销售额、销售数量计征批发环节消费税。

(二) 消费税税目

根据《消费税暂行条例》的规定,消费税税目共有 15 个,具体内容如下。

1. 烟

凡是以烟叶为原料加工生产的产品,不论使用何种辅料,均属于本税目的征收范围。具体包括 3 个子目,分别如下。

(1) 卷烟,包括甲类卷烟和乙类卷烟。其中"甲类卷烟"是指每标准条(200 支)调拨价格在 70 元(不含增值税)以上(含 70 元)的卷烟;"乙类卷烟"是指每标准条(200 支)调拨价格在 70 元(不含增值税)以下的卷烟。

(2) 雪茄烟,具体征收范围包括各种规格、型号的雪茄烟。

(3) 烟丝,具体征收范围包括以烟叶为原料加工生产的不经卷制的散装烟。

2. 酒,包括白酒、黄酒、啤酒和其他酒。

具体征税范围包括下列四项。

(1) 白酒。包括粮食白酒和薯类白酒,具体如下。

A. 粮食白酒,是指以高粱、玉米、大米、糯米、大麦、小麦、青稞等各种粮食为原料,经过糖化、发酵后,采用蒸馏方法酿制的白酒。

B. 薯类白酒,是指以白薯(红薯、地瓜)、木薯、马铃薯、芋头、山药等各种干鲜薯类为原料,经过糖化、发酵后,采用蒸馏方法酿制的白酒。用甜菜酿制的白酒,比照薯类白酒征税。

(2) 黄酒,是指以糯米、粳米、小米、大米、黄米、玉米、小麦、薯类等为原料。经加温、糖化、发酵、压榨酿制的酒。包括各种原料酿制的黄酒和酒度超过 12 度(含 12 度)的土甜酒。

(3) 啤酒,分为甲类啤酒和乙类啤酒,是指以大麦或其他粮食为原料,加入啤酒花,经糖化、发酵、过滤酿制的含有二氧化碳的酒。对饮食业、商业、娱乐业举办的啤酒屋(啤酒坊)利用啤酒生产设备生产的啤酒,应当征收消费税。

(4) 其他酒,是指除粮食白酒、薯类白酒、黄酒、啤酒以外的各种酒,包括糠麸白酒、其他原料白酒、土甜酒、复制酒、果木酒、汽酒、药酒、葡萄酒等。

对以黄酒为酒基生产的配制或泡制酒,按其他酒征收消费税。调味料酒不征消费税。

3. 高档化妆品

该税目征收范围包括高档美容、修饰类化妆品、高档护肤类化妆品和成套化妆品。

高档美容、修饰类化妆品和高档护肤类化妆品是指生产(进口)环节销售(完税)价格(不含增值税)在 10 元毫升(克)或 15 元/片(张)及以上的美容、修饰类化妆品和护肤类化妆品。

舞台、戏剧、影视演员化妆用的上妆油、卸妆油、油彩,不属于本税目的征收范围。

4. 贵重首饰及珠宝玉石

该税目的征税范围包括各种金银珠宝首饰和经采掘、打磨、加工的各种珠宝玉石。

(1) 金银首饰、铂金首饰和钻石及钻石饰品,包括凡以金、银、白金、宝石、珍珠、钻石、翡翠、珊瑚、玛瑙等高贵稀有物质以及其他金属、人造宝石等制作的各种纯金银首饰及镶嵌首饰(含人造金银、合成金银首饰)等。

(2) 其他贵重首饰和珠宝玉石,包括钻石、珍珠、松石、青金石、欧泊石、橄榄石、长石、玉、石英、玉髓、石榴石、锆石、尖晶石、黄玉、碧玺、金禄玉、绿柱石、刚玉、琥珀、珊瑚、煤玉、龟甲、合成刚玉、合成宝石、双合石以及玻璃仿制品等。

宝石坯是经采掘、打磨、初级加工的珠宝玉石半成品,对宝石坯应按规定征收消费税。

5. 鞭炮、焰火

该税目征收范围包括各种鞭炮、焰火。具体包括喷花类、旋转类、旋转升空类、火箭类、吐珠类、线香类、小礼花类、烟雾类、造型玩具类、爆竹类、摩擦炮类、组合烟花类、礼花弹类等。

体育上用的发令纸、鞭炮药引线,不按本税目征收。

6. 成品油

该税目包括汽油、柴油、石脑油、溶剂油、航空煤油、润滑油、燃料油 7 个子目。

(1) 汽油,是指用原油或其他原料加工生产的辛烷值不小于 66 的可用作汽油发动机燃料的各种轻质油。

以汽油、汽油组分调和生产的甲醇汽油、乙醇汽油也属于本税目征收范围。

(2)柴油,是指用原油或其他原料加工生产的凝点或倾点在−50℃～30℃的可用作柴油发动机燃料的各种轻质油和以柴油组分为主、经调和精制可用作柴油发动机燃料的非标油。

以柴油、柴油组分调和生产的生物柴油也属于本税目征收范围。

(3)石脑油,又叫化工轻油,是以石油加工生产的或二次加工汽油经加氢精制而得的用于化工原料的轻质油。

石脑油的征收范围包括除汽油、柴油、航空煤油、溶剂油以外的各种轻质油。

(4)溶剂油,是以石油加工生产的用于涂料、油漆生产、食用油加工、印刷油墨、皮革、农药、橡胶、化妆品生产的轻质油。

(5)航空煤油,也叫喷气燃料,是以石油加工生产的用于喷气发动机和喷气推进系统中作为能源的石油燃料。

(6)润滑油,是用于内燃机、机械加工过程的润滑产品。润滑油分为矿物性润滑油、植物性润滑油、动物性润滑油和化工原料合成润滑油。

润滑油的征收范围包括矿物性润滑油、矿物性润滑油基础油、植物性润滑油、动物性润滑油和化工原料合成润滑油。

(7)燃料油,也称重油、渣油。燃料油征收范围包括用于电厂发电、船舶锅炉燃料、加热炉燃料、冶金和其他工业炉燃料的各类燃料油。

自 2012 年 11 月 1 日起,催化料、焦化料属于燃料油的征收范围,应当征收消费税。

7. 摩托车

该税目征税范围包括气缸容量为 250 毫升的摩托车和气缸容量在 250 毫升(不含)以上的摩托车两种。

对最大设计车速不超过 50 公里/小时,发动机气缸总工作容量不超过 50 毫升的三轮摩托车不征收消费税。

8. 小汽车

汽车是指由动力驱动,具有 4 个或 4 个以上车轮的非轨道承载的车辆,税目包括乘用车、中轻型商用客车和超豪华小汽车等 3 个子目。分别如下。

(1)乘用车,是在设计和技术特性上用于载运乘客和货物的汽车,包括含驾驶员座位在内最多不超过 9 个座位(含)。

用排气量小于 15 升(含)的乘用车底盘(车架)改装、改制的车辆属于乘用车征收范围。

(2)中轻型商用客车,是在设计和技术特性上用于载运乘客和货物的汽车,包括含驾驶员座位在内的座位数在 10～23 座(含 23 座)。

用排气量大于 15 升的乘用车底盘(车架)或用中轻型商用客车底盘(车架)改

装、改制的车辆属于中轻型商用客车征收范围。

含驾驶员人数（额定载客）为区间值的（如 8～10 人、17～26 人）小汽车，按其区间值下限人数确定征收范围。

（3）超豪华小汽车，是每辆零售价格为 130 万元（不含增值税）及以上的乘用车和中轻型商用客车，即乘用车和中轻型商用客车子税目中的超豪华小汽车。

电动汽车不属于本税目征收范围。

车身长度大于 7 米（含），并且座位在 10～23 座（含）以下的商用客车，不属于中轻型商用客车征税范围，不征收消费税。

沙滩车、雪地车、卡丁车、高尔夫车不属于消费税征收范围，不征收消费税。

对于企业购进货车或箱式货车改装生产的商务车、卫星通信车等专用汽车不属于消费税征收范围，不征收消费税。

对于购进乘用车和中轻型商用客车整车改装生产的汽车，应按规定征收消费税。

9. 高尔夫球及球具

该税目征税范围包括高尔夫球、高尔夫球杆及高尔夫球包（袋）、高尔夫球杆的杆头、杆身和握把。

10. 高档手表

高档手表是指销售价格（不含增值税）每只在 1 万元（含）以上的各类手表。本税目征收范围包括符合以上标准的各类手表。

11. 游艇

游艇是指长度大于 8 米小于 90 米，船体由玻璃钢、钢、铝合金、塑料等多种材料制作，可以在水上移动的水上浮载体。按照动力划分，游艇分为无动力艇、帆艇和机动艇。

本税目征收范围包括艇身长度大于 8 米（含）小于 90 米（含），内置发动机，可以在水上移动，一般为私人或团体购置，主要用于水上运动和休闲娱乐等非牟利活动的各类机动艇。

12. 木制一次性筷子

木制一次性筷子，又称卫生筷子，是指以木材为原料经过锯段、浸泡、旋切、刨切、烘干、筛选、打磨、倒角、包装等环节加工而成的各类一次性使用的筷子。

本税目征收范围包括各种规格的木制一次性筷子和未经打磨、倒角的木制一次性筷子。

13. 实木地板

实木地板是指以木材为原料，经锯割、干燥、刨光、截断、开榫、涂漆等工序加工而成的块状或条状的地面装饰材料。实木地板按生产工艺不同，可分为独板（块）实木地板、实木指接地板和实木复合地板三类；按表面处理状态不同，可分为未涂饰地板(白坯板、素板)和漆饰地板两类。

本税目征收范围包括各类规格的实木地板、实木指接地板、实木复合地板及用于装饰墙壁、天棚的侧端面为榫、槽的实木装饰板,以及未经涂饰的素板。

14. 电池

电池,是一种将化学能、光能等直接转换为电能的装置,一般由电极、电解质、容器、极端,通常还有隔离层组成的基本功能单元,以及用一个或多个基本功能单元装配成的电池组。范围包括:原电池、蓄电池、燃料电池、太阳能电池和其他电池。

对无汞原电池、金属氢化物镍蓄电池(又称"氢镍蓄电池"或"镍氢蓄电池")、锂原电池、锂离子蓄电池、太阳能电池、燃料电池和全钒液流电池免征消费税。

自 2016 年 1 月 1 日起,对铅蓄电池按 4%税率征收消费税。

15. 涂料

涂料是指涂于物体表面能形成具有保护、装饰或特殊性能的固态涂膜的一类液体或固体材料的总称。涂料由主要成膜物质、次要成膜物质等构成。按主要成膜物质涂料可分为油脂类、天然树脂类、酚醛树脂类、沥青类、醇酸树脂类、氨基树脂类、硝基类、过滤乙烯树脂类、烯类树脂类、丙烯酸酯类树脂类、聚酯树脂类、环氧树脂类、聚氨酯树脂类、元素有机类、橡胶类、纤维素类、其他成膜物类等。

对施工状态下挥发性有机物(Volatile Organic Compounds,VOC)含量低于420 克/升(含)的涂料免征消费税。

(三)消费税税率

消费税税率采取比例税率和定额税率两种形式,以适应不同应税消费品的实际情况。

消费税根据不同的税目或子目确定相应的税率或单位税额。一般情况下,对一种消费品只选择一种税率形式,但为了更好、更有效地保全消费税税基,对卷烟和白酒,则采取了比例税率和定额税率复合征收的形式。具体见表 5-1

表 5-1   消费税税目税率表

税 目	税 率
一、烟	
1. 卷烟	
(1)甲类卷烟	56%加 0.003 元/支(生产环节)
(2)乙类卷烟	36%加 0.003 元/支(生产环节)
(3)批发环节	11%加 0.005 元//支
2. 雪茄烟	36%
3. 烟丝	30%

续　表

税　　目	税　　率
二、酒 　1. 白酒 　2. 黄酒 　3. 啤酒 　　（1）甲类啤酒 　　（2）乙类啤酒 　4. 其他酒	 20％加 0.5 元/500 克（或者 500 毫升） 240 元/吨 250 元/吨 220 元/吨 10％
三、高档化妆品	15％
四、贵重首饰及珠宝玉石 　1. 金银首饰、铂金首饰和钻石及钻石饰品 　2. 其他贵重首饰和珠宝玉石	 5％ 10％
五、鞭炮、焰火	15％
六、成品油 　1. 汽油 　2. 柴油 　3. 航空煤油 　4. 石脑油 　5. 溶剂油 　6. 润滑油 　7. 燃料油	 1.52 元/升 1.20 元/升 1.20 元/升 1.52 元/升 1.52 元/升 1.52 元/升 1.20 元/升
七、摩托车 　1. 气缸容量（排气量，下同）250 毫升的 　2. 气缸容量在 250 毫升（不含）以上的	 3％ 10％
八、小汽车 　1. 乘用车 　　（1）气缸容量（排气量，下同）在 1.0 升（含 1.0 升）以下的 　　（2）气缸容量在 1.0 升以上至 1.5 升（含 1.5 升）的 　　（3）气缸容量在 1.5 升以上至 2.0 升（含 2.0 升）的 　　（4）气缸容量在 2.0 升以上至 2.5 升（含 2.5 升）的 　　（5）气缸容量在 2.5 升以上至 3.0 升（含 3.0 升）的 　　（6）气缸容量在 3.0 升以上至 4.0 升（含 4.0 升）的 　　（7）气缸容量在 4.0 升以上的 　2. 中轻型商用客车 　3. 超豪华小汽车	 1％ 3％ 5％ 9％ 12％ 25％ 40％ 5％ 10％（零售环节）
九、高尔夫球及球具	10％

续　表

税　目	税　率
十、高档手表	20%
十一、游艇	10%
十二、木制一次性筷子	5%
十三、实木地板	5%
十四、电池	4%
十五、涂料	4%

消费税采取列举法按具体应税消费品设置税目税率，征税界限清楚，一般不易发生错用税率的情况。但是，存在下列情况时，纳税人应按照相关规定确定适用税率。

1. 不同税率消费的所得税率

纳税人兼营不同税率的应税消费品，应当分别核算不同税率应税消费品的销售额、销售数量。未分别核算销售额、销售数量，或者将不同税率的应税消费品组成成套消费品销售的，从高适用税率。

2. 配制酒适用税率的确定

配制酒（露酒）是指以发酵酒、蒸馏酒或食用酒精为酒基，加入可食用或药食两用的辅料或食品添加剂，进行调配、混合或再加工制成的并改变了其原酒基风格的饮料酒。

（1）以蒸馏酒或食用酒精为酒基，同时符合以下条件的配制酒，按其他酒税率征收消费税：① 具有国家相关部门批准的国食健字或卫食健字文号；② 酒精度低于 38 度（含）。

（2）以发酵酒为酒基，酒精度低于 20 度（含）的配制酒，按其他酒税率征收消费税。

（3）其他配制酒，按白酒税率征收消费税。

上述蒸馏酒或食用酒精为酒基是指酒基中蒸馏酒或食用酒精的比重超过 80%（含）；发酵酒为酒基是指酒基中发酵酒的比重超过 80%（含）。

3. 卷烟适用税率

（1）纳税人自产自用的卷烟应当按照纳税人生产的同牌号规格的卷烟销售价格确定征税类别和适用税率。

（2）卷烟由于接装过滤嘴、改变包装或其他原因提高销售价格后，应按照新的销售价格确定征税类别和适用税率。

（3）委托加工的卷烟按照受托方同牌号规格卷烟的征税类别和适用税率征税。没有同牌号规格卷烟的,一律按卷烟最高税率征税。

（4）残次品卷烟应当按照同牌号规格正品卷烟的征税类别确定适用税率。

（5）下列卷烟不分征税类别一律按照 56％卷烟税率征税,并按照定额每标准箱 150 元计算征税：① 白包卷烟；② 手工卷烟；③ 未经国务院批准纳入计划的企业和个人生产的卷烟。

三、企业所得税

（一）企业所得税征税对象

1. 居民企业的征税对象

居民企业应当就其来源于中国境内、境外的所得缴纳企业所得税。包括销售货物所得、提供劳务所得、转让财产所得、股息红利等权益性投资所得、利息所得、租金所得、特许权使用费所得、接受捐赠所得和其他所得。

2. 非居民企业的征税对象

非居民企业在中国境内设立机构、场所的,应当就其所设机构、场所取得的来源于中国境内的所得,以及发生在中国境外但与其所设机构、场所有实际联系的所得,缴纳企业所得税。

非居民企业在中国境内未设立机构、场所的,或者虽设立机构、场所,但取得的所得与其所设机构、场所没有实际联系的,应当就其来源于中国境内的所得缴纳企业所得税。实际联系,是指非居民企业在中国境内设立的机构、场所拥有据以取得所得的股权、债权,以及拥有、管理、控制据以取得所得的财产等。

3. 来源于中国境内、境外所得的确定原则

来源于中国境内、境外的所得,按照以下原则确定。

（1）销售货物所得,按照交易活动发生地确定。

（2）提供劳务所得,按照劳务发生地确定。

（3）转让财产所得、不动产转让所得按照不动产所在地确定；动产转让所得按照转让动产的企业或者机构、场所所在地确定；权益性投资资产转让所得按照被投资企业所在地确定。

（4）股息、红利等权益性投资所得,按照分配所得的企业所在地确定。

（5）利息所得、租金所得、特许权使用费所得,按照负担、支付所得的企业或者机构、场所所在地确定；或者按照负担、支付所得的个人的住所地确定。

（6）其他所得,由国务院财政、税务主管部门确定。

（二）企业所得税税率

（1）企业所得税实行比例税率。

（2）居民企业以及在中国境内设立机构、场所且取得的所得与其所设机构、场

所有实际联系的非居民企业,应当就其来源于中国境内、境外的所得缴纳企业所得税,适用税率为 25%。

（3）非居民企业在中国境内未设立机构、场所的,或者虽设立机构、场所,但取得的所得与其所设机构、场所没有实际联系的,应当就其来源于中国境内的所得缴纳企业所得税,适用税率为 20%。

四、个人所得税

（一）个人所得税应税所得项目

按应纳税所得的来源划分,从 2019 年 1 月 1 日起,个人所得税共分为 9 个应税项目。

1. 工资、薪金所得

（1）关于工资、薪金所得的一般规定。工资、薪金所得,是指个人因任职或者受雇而取得的工资、薪金、奖金、年终加薪、劳动分红、津贴、补贴以及与任职或者受雇有关的其他所得。工资薪金所得属于非独立个人劳动所得。

除工资、薪金以外,奖金、年终加薪、劳动分红、津贴、补贴也被列入"工资、薪金所得"项目。其中,年终加薪、劳动分红不分种类和取得情况,一律按"工资、薪金所得"项目课税。

下列项目不属于工资、薪金性质的补贴、津贴,不予征收个人所得税。这些项目具体如下。

A. 独生子女补贴。

B. 执行公务员工资制度未纳入基本工资总额的补贴、津贴差额和家属成员的副食补贴。

C. 托儿补助费。

D. 差旅费津贴、误餐补助。误餐补助是指按照财政部规定,个人因公在城区、郊区工作,不能在工作单位或返回就餐的,根据实际误餐顿数,按规定的标准领取的误餐费。单位以误餐补助名义发给职工的补助、津贴不包括在内。

（2）关于工资、薪金所得的特殊规定。具体包括如下项目。

A. 内部退养取得一次性收入征税问题。内部退养是未办理退休手续,只是提前离开工作岗位。

企业减员增效和行政、事业单位、社会团体在机构改革过程中实行内部退养的人员,在办理内部退养手续后从原任职单位取得的一次性收入,应按办理内部退养手续至法定离退休年龄之间的所属月份进行平均,并与领取当月的工资、薪金所得合并后减除当月费用扣除标准,以余额为基数确定适用税率,再将当月工资、薪金加上取得的一次性收入,减去费用扣除标准,按适用税率计征个人所得税。

个人在办理内部退养手续后至法定退休年龄之间重新就业取得的工资、薪金所得,应与其从原任职单位取得的同一月份的工资、薪金所得合并,并依法自行向主管税务机关申报缴纳个人所得税。

B. 提前退休取得一次性补贴收入征税问题。机关、企事业单位对未达到法定退休年龄、正式办理提前退休手续的个人,按照统一标准向提前退休工作人员支付一次性补贴,不属于免税的离退休工资收入,应按照"工资、薪金所得"项目征收个人所得税。

C. 个人因与用人单位解除劳动关系而取得的一次性补偿收入征税问题。个人因与用人单位解除劳动关系而取得的一次性补偿收入(包括用人单位发放的经济补偿金、生活补助费和其他补助费用),其收入超过当地上年职工平均工资3倍数额部分的一次性补偿收入,可视为一次取得数月的工资、薪金收入,允许在一定期限内平均计算。方法为:以超过3倍数额部分的一次性补偿收入,除以个人在本企业的工作年限数(超过12年的按12年计算),以其商数作为个人的月工资、薪金收入,按照税法规定计算缴纳个人所得税。

个人领取一次性补偿收入时,按照国家和地方政府规定的比例实际缴纳的住房公积金、医疗保险费、基本养老保险费、失业保险费可以在计征其一次性补偿收入的个人所得税时予以扣除。

D. 退休人员再任职取得的收入征税问题。退休人员再任职取得的收入,符合相关条件的,在减除按税法规定的费用扣除标准后,按"工资、薪金所得"项目缴纳个人所得税。

E. 离退休人员从原任职单位取得补贴等征税问题。离退休人员除按规定领取离退休工资或养老金外,另从原任职单位取得的各类补贴、奖金、实物,不属于免税的退休工资、离休工资、离休生活补助费,应按"工资、薪金所得"项目缴纳个人所得税。

F. 个人取得公务交通、通信补贴收入征税问题。个人因公务用车和通信制度改革而取得的公务用车、通信补贴收入,扣除一定标准的公务费用后,按照"工资、薪金所得"项目计征个人所得税。按月发放的,并入当月工资、薪金所得计征个人所得税;不按月发放的,分解到所属月份并与该月份工资、薪金所得合并后计征个人所得税。

公务费用的扣除标准,由省级地方税务局根据纳税人公务交通、通信费用的实际发生情况调查测算,报经省级人民政府批准后确定,并报国家税务总局备案。

G. 公司职工取得的用于购买企业国有股权的劳动分红征税问题。公司职工取得的用于购买企业国有股权的劳动分红按"工资、薪金所得"项目计征个人所得税。

H. 个人取得股票增值权所得和限制性股票所得征税问题。个人因任职、受雇从上市公司取得的股票增值权所得和限制性股票所得,由上市公司或其境内机构按照"工资、薪金所得"项目和股票期权所得个人所得税计税方法,依法扣缴其个人所得税。

I. 关于失业保险费征税问题。城镇企业事业单位及其职工个人实际缴付的失业保险费,超过《失业保险条例》规定比例的,应将其超过规定比例缴付的部分计入职工个人当期的工资薪金收入,依法计征个人所得税。

J. 关于保险金征税问题。企业为员工支付各项免税之外的保险金,应在企业向保险公司缴付时(即该保险落到被保险人的保险账户)并入员工当期的工资收入,按"工资、薪金所得"项目计征个人所得税,税款由企业负责代扣代缴。

K. 企业年金、职业年金征税问题。企业和事业单位超过国家有关政策规定的标准,为在本单位任职或者受雇的全体职工缴付的企业年金或职业年金(以下统称年金)单位缴费部分,应并入个人当期的工资、薪金所得,依法计征个人所得税。税款由建立年金的单位代扣代缴,并向主管税务机关申报解缴。

个人根据国家有关政策规定缴付的年金个人缴费部分,超过本人缴费工资计税基数的 4% 的部分,应并入个人当期的工资、薪金所得,依法计征个人所得税。税款由建立年金的单位代扣代缴,并向主管税务机关申报解缴。

个人达到国家规定的退休年龄之后按月领取的年金,按照"工资、薪金所得"项目适用的税率,计征个人所得税;按年或按季领取的年金,平均分摊计入各月,每月领取额按照"工资、薪金所得"项目适用的税率,计征个人所得税。

L. 对在中国境内无住所的个人一次取得数月奖金或年终加薪、劳动分红(以下简称奖金,不包括应按月支付的奖金)的计算征税问题。

对在中国境内无住所的个人取得的奖金,可单独作为一个月的工资、薪金所得计算纳税。由于对每月的工资、薪金所得计税时已按月扣除了费用,因此,对奖金不再减除费用,全额作为应纳税所得额直接按适用税率计算应纳税款,并且不再按居住天数进行划分计算。上述个人应在取得奖金月份的次月 15 日内申报纳税。但有一种特殊情况,即在中国境内无住所的个人在担任境外企业职务的同时,兼任该外国企业在华机构的职务,但并不实际或不经常到华履行该在华机构职务,对其一次取得的数月奖金中属于全月未在华的月份奖金,依照劳务发生地原则,可不作为来源于中国境内的奖金收入计算纳税。

M. 特定行业职工取得的工资、薪金所得的计税问题。为了照顾采掘业、远洋运输业、远洋捕捞业因季节、产量等因素的影响,职工的工资、薪金收入呈现较大幅度波动的实际情况,对这三个特定行业的职工取得的工资、薪金所得,可按月预缴,年度终了后 30 日内,合计其全年工资、薪金所得,再按 12 个月平均,并计算实际应纳的税款,多退少补。

N. 兼职律师从律师事务所取得工资、薪金性质的所得征税问题。兼职律师是指取得律师资格和律师执业证书,不脱离本职工作从事律师职业的人员。兼职律师从律师事务所取得工资、薪金性质的所得,律师事务所在代扣代缴其个人所得税时,不再减除个人所得税法规定的费用扣除标准,以收入全额(取得分成收入的为扣除办理案件支出费用后的余额)直接确定适用税率,计算扣缴个人所得税。兼职律师应自行向主管税务机关申报两处或两处以上取得的工资、薪金所得,合并计算缴纳个人所得税。

2. 劳务报酬所得

劳务报酬所得,是指个人独立从事非雇佣的各种劳务所取得的所得。内容包括:设计、装潢、安装、制图、化验、测试、医疗、法律、会计、咨询、讲学、新闻、广播、翻译、审稿、书画、雕刻、影视、录音、录像、演出、表演、广告、展览、技术服务、介绍服务、经纪服务、代办服务、其他劳务。

区分"劳务报酬所得"和"工资、薪金所得",主要看是否存在雇佣与被雇佣的关系。"工资、薪金所得"是个人从事非独立劳动,从所在单位(雇主)领取的报酬,存在雇佣与被雇佣的关系,即在机关、团体、学校、部队、企事业单位及其他组织中任职、受雇而得到的报酬。而"劳务报酬所得"则是指个人独立从事某种技艺,独立提供某种劳务而取得的报酬,一般不存在雇佣关系。个人所得税所列各项"劳务报所得"一般属于个人独立从事自由职业取得的所得或属于独立个人劳动所得。如果从事某项劳务活动取得的报酬是以工资、薪金形式体现的,如演员从其所属单位领取工资,教师从学校领取工资,就属于"工资、薪金所得",而不属于"劳务报酬所得"。如果从事某项劳务活动取得的报酬不是来自聘用、雇佣或工作单位,如演员"走穴"演出取得的报酬,教师自行举办学习班、培训班等取得的收入,就属于"劳务报酬所得"或"个体工商户的生产、经营所得",具体如下缴纳个人所得税。

(1) 个人兼职取得的收入应按照"劳务报酬所得"项目缴纳个人所得税。

(2) 律师以个人名义再聘请其他人员为其工作而支付的报酬,应由该律师按"劳务报酬所得"项目负责代扣代缴个人所得税。为了便于操作,税款可由其任职的律师事务所代为缴入国库。

(3) 证券经纪人从证券公司取得的佣金收入,应按照"劳务报酬所得"项目缴纳个人所得税。证券经纪人佣金收入由展业成本和劳务报酬构成,对展业成本部分不征收个人所得税。根据目前实际情况,证券经纪人展业成本的比例暂定为每次收入额的40%。

(4) 个人保险代理人以其取得的佣金、奖励和劳务费等相关收入(不含增值税)减去地方税费附加及展业成本,按照规定计算个人所得税。展业成本,为佣金收入减去地方税费附加余额的40%。个人保险代理人,是指根据保险企业的委托,在保险企业授权范围国内代为办理保险业务的自然人,不包括个体工商户。

3.稿酬所得

稿酬所得，是指个人因其作品以图书、报刊形式出版、发表而取得的所得。作品包括文学作品、书画作品、摄影作品，以及其他作品。作者去世后，财产继承人取得的遗作稿酬，也应征收个人所得税。

4.特许权使用费所得

特许权使用费所得，是指个人提供专利权、商标权、著作权、非专利技术以及其他特许权的使用权取得的所得，具体如下。

（1）我国个人所得税法律制度规定，提供著作权的使用权取得的所得，不包括稿酬所得，对于作者将自己的文字作品手稿原件或复印件公开拍卖（竞价）取得的所得，属于提供著作权的使用所得，故应按"特许权使用费所得"项目征收个人所得税。

（2）个人取得特许权的经济赔偿收入，应按"特许权使用费所得"项目缴纳个人所得税，税款由支付赔偿的单位或个人代扣代缴。

（3）从2002年5月1日起，编剧从电视剧的制作单位取得的剧本使用费，不再区分剧本的使用方是否为其任职单位，统一按"特许权使用费所得"项目征收个人所得税。

5.经营所得

个体工商户的生产、经营所得包括如下项目。

（1）个体工商户从事工业、手工业、建筑业、交通运输业、商业、饮食业、服务业、修理业以及其他行业取得的所得。

（2）个人经政府有关部门批准，取得执照，从事办学、医疗、咨询以及其他有偿服务活动取得的所得。

（3）其他个人从事个体工商业生产、经营取得的所得。

（4）个体工商户和个人取得的与生产、经营有关的各项应税所得。

（5）实行查账征税办法的个人独资企业和合伙企业的个人投资者的生产经营所得比照执行。

个体工商户和从事生产经营的个人，取得与生产、经营活动无关的其他各项应税所得，应分别按照有关规定，计算征收个人所得税。

个人因从事彩票代销业务而取得所得，应按照"个体工商户的生产、经营所得"项目计征个人所得税。

对企事业单位的承包经营、承租经营所得，是指个人承包经营或承租经营以及转包、转租取得的所得，还包括个人按月或按次取得的工资、薪金性质的所得。承包经营、承租经营形式较多，分配方式各有不同，主要分为两类，具体如下。

（1）个人对企事业单位承包、承租经营后，工商登记改变为个体工商户的。这类承包、承租经营所得,实际上属于个体工商户的生产、经营所得,应按"个体工商户的生产、经营所得"项目征收个人所得税,不再征收企业所得税。

(2) 个人对企事业单位承包、承租经营后,工商登记仍为企业的,不论其分配方式如何,均应先按照企业所得税的有关规定缴纳企业所得税,然后根据承包、承租经营者按合同(协议)规定取得的所得,依照《个人所得税法》的有关规定缴纳个人所得税。具体包括以下两种情况。

A. 承包、承租人对企业经营成果不拥有所有权,仅按合同(协议)规定取得一定所得的,应按按"工资、薪金所得"项目征收个人所得税。

B. 承包、承租按合同(协议)规定只向发包方、出租方缴纳一定的费用,缴纳承包、承租费后的企业的经营成果归承包、承租人所有的,其取得的所得,按"对企事业单位的承包经营、承租经营所得"项目征收个人所得税。

6. 利息、股息、红利所得

利息、股息、红利所得,是指个人拥有债权、股权而取得的利息、股息、红利所得。其中,利息一般是指存款、贷款和债券的利息。股息、红利是指个人拥有股权取得的公司、企业分红。按照一定的比率派发的每股息金,称为股息。根据公司、企业应分配的超过股息部分的利润,按股派发的红股,称为红利,具体如下。

(1) 个人投资者收购企业股权后,将企业原有盈余积累转增股本个人所得税问题。名或多名个人投资者以股权收购方式取得被收购企业 100% 股权,股权收购前,被收购企业原账面金额中的"资本公积、盈余公积、宋分配利润"等盈余积累未转增股本,而在股权交易时将其一并计入股权转让价格并履行了所得税纳税义务。股权收购后,企业将原账面金额中的盈余积累向个人投资者(新股东,下同)转增股本,有关个人所得税问题区分以下情形处理。

新股东以不低于净资产价格收购股权的,企业原盈余积累已全部计入股权交易价格,新股东取得盈余积累转增股本的部分,不征收个人所得税。

新股东以低于净资产价格收购股权的,企业原盈余积累中,对于股权收购价格减去原股本的差额部分已经计入股权交易价格,新股东取得盈余积累转增股本的部分,不征收个人所得税;对于股权收购价格低于原所有者权益的差额部分未计计入股权交易价格,新股东取得盈余积累转增股本的部分,应按照"利息、股息、红利所得"项目征收个人所得税。

新股东以低于净资产价格收购企业股权后转增股本,应按照下列顺序进行,即:先转增应税的盈余积累部分,然后再转增免税的盈余积累部分。

(2) 个人从公开发行和转让市场取得的上市公司股票,持股期限在 1 个月以内(含 1 个月)的,其股息红利所得全额计入应纳税所得额;持股期限在 1 个月以上至 1 年(含 1 年)的,暂减按 50% 计入应纳税所得额;上述所得统一适用 20% 的税率计征个人所得税。

对个人持有的上市公司限售股,解禁后取得的股息红利按照上市公司股息红利差别化个人所得税政策规定计算纳税,持股时间自解禁日起计算;解禁前取得的股息红利继续暂减按 50% 计入应纳税所得额,适用 20% 的税率计征个人所得税。

个人从公开发行和转让市场取得的上市公司股票包括如下情形。

A. 通过证券交易所集中交易系统或大宗交易系统取得的股票。

B. 通过协议转让取得的股票。

C. 因司法扣划取得的股票。

D. 因依法继承或家庭财产分割取得的股票。

E. 通过收购取得的股票。

F. 权证行权取得的股票。

G. 使用可转换公司债券转换的股票。

H. 取得发行的股票、配股、股份股利及公积金转增股本。

I. 持有从代办股份转让系统转到主板市场(或中小板、创业板市场)的股票。

J. 上市公司合并,个人持有的被合并公司股票转换的合并后公司股票。

K. 上市公司分立,个人持有的被分立公司股票转换的分立后公司股票。

L. 其他从公开发行和转让市场取得的股票。

7. 财产租赁所得

财产租赁所得,是指个人出租建筑物、土地使用权、机器设备、车船以及其他财产取得的所得,具体如下。

① 个人取得的房屋转租收入,属于"财产租赁所得"项目。取得转租收入的个人向房屋出租方支付的租金,凭房屋租赁合同和合法支付凭证允许在计算个人所得税时,从该项转租收入中扣除。

② 房地产开发企业与商店购买者个人签订协议,以优惠价格出售其商店给购买者个人,购买者个人在一定期限内必须将购买的商店无偿提供给房地产开发企业对外出租使用。该行为实质上是购买者个人以所购商店交由房地产开发企业出租而取得的房屋租赁收入支付了部分购房价款。对购买者个人少支出的购房价款,应视同个人财产租赁所得,按照"财产租赁所得"项目收个人所得税。每次财产租赁所得的收入额,按照少支出的购房价款和协议规定的租赁月份数平均计算确定。

8. 财产转让所得

财产转让所得,是指个人转让有价证券、股权、建筑物、土地使用权、机器设备、车船以及其他财产取得的所得,具体如下。

(1) 个人将投资于在中国境内成立的企业或组织(不包括个人独资企业和合

伙企业)的股权或股份,转让给其他个人或法人的行为,按照"财产转让所得"项目,依法计算缴纳个人所得税,具体包括以下情形。

A. 出售股权。

B. 公司回购股权。

C. 发行人首次公开发行新股时,被投资企业股东将其持有的股份以公开发行方式并向投资者发售。

D. 股权被司法或行政机关强制过户。

E. 以股权对外投资或进行其他非货币性交易。

F. 以股权抵偿债务。

G. 其他股权转移行为。

(2)个人因各种原因终止投资、联营、经营合作等行为,从被投资企业或合作项目、被投资企业的其他投资者以及合作项目的经营合作人取得股权转让收入、违约金、补偿金、赔偿金及以其他名目收回的款项等,均属于个人所得税应税收入,应按照"财产转让所得"项目适用的规定计算缴纳个人所得税。

(3)个人以非货币性资产投资,属于个人转让非货币性资产和投资同时发生。对个人转让非货币性资产的所得,应按照"财产转让所得"项目,依法计算缴纳个人所得税。

(4)纳税人收回转让的股权征收个人所得税的方法,具体包括如下情形。

A. 股权转让合同履行完毕、股权已作变更登记,且所得已经实现的,转让人取得的股权转让收入应当依法缴纳个人所得税。转让行为结束后,当事人双方签订并执行解除原股权转让合同、退回股权的协议,是另一次股权转让行为,对前次转让行为征收的个人所得税款不予退回。

B. 股权转让合同未履行完毕,因执行仲裁委员会做出的解除股权转让合同及补充协议的裁决、停止执行原股权转让合同,并原价收回已转让股权的,由于其股权转让行为尚未完成、收入未完全实现,随着股权转让关系的解除,股权收益不复存在,纳税人不应缴纳个人所得税。

(5)自2010年1月1日起,对个人转让限售股取得的所得,按照"财产转让所得"项目征收个人所得税。

个人转让限售股,以每次限售股转让收入,减除股票原值和合理税费后的余额,为应纳税所得额。即:

$$应纳税所得额=限售股转让收入-(限售股原值+合理税费)$$
$$应纳税额=应纳税所得额\times20\%$$

其中,限售股转让收入,是指转让限售股股票实际取得的收入;限售股原值,是指限售股买入时的买入价及按照规定缴纳的有关费用;合理税费,是指转让限售股过程中发生的印花税、佣金、过户费等与交易相关的税费。

（6）个人通过招标、竞拍拍或其他方式购置债权以后，通过相关司法或行政程序主张债权而取得的所得，应按照"财产转让所得"项目缴纳个人所得税。

（7）个人通过网络收购玩家的虚拟货币，加价后向他人出售取得的收入，应按照"财产转让所得"项目计算缴纳个人所得税。

9.偶然所得

偶然所得，是指个人得奖、中奖、中彩以及其他偶然性质的所得。得奖是指参加各种有奖竞赛活动，取得名次得到的奖金；中奖、中彩是指参加各种有奖活动，如有奖储蓄，或者购买彩票，经过规定程序，抽中、摇中号码而取得的奖金。具体操作如下。

（1）企业对累积消费达到一定额度的顾客，给予额外抽奖机会，个人的获奖所得，按照"偶然所得"项目，全额缴纳个人所得税。

（2）个人取得单张有奖发票奖金所得超过 800 元的，应全额按照"偶然所得"项目征收个人所得税。税务机关或其指定的有奖发票兑奖机构，是有奖发票奖金所得个人所得税的扣缴义务人。

个人取得的所得，难以界定应纳税所得项目的，由主管税务机关确定。

（二）个人所得税税率

1.综合所得税率

从 2019 年 1 月 1 日起，个人所得税税目的第一项至第四项，即工资、薪金所得、劳务报酬所得、稿酬所得、特许权使用费所得为综合所得，适用百分之三至百分之四十五的超额累进税率（见表 5-2）。

表 5-2　个人所得税税率表
（综合所得适用）

级　数	全年应纳税所得额	税　率	速算扣除数
1	每年 36 000 元	3%	0
2	每年 36 000 元到 144 000 元部分	10%	210
3	每年 144 000 元到 300 000 元部分	20%	1 410
4	每年 300 000 元到 420 000 元部分	25%	2 660
5	每年 420 000 元到 660 000 元部分	30%	4 410
6	每年 660 000 元到 960 000 元部分	35%	7 160
7	每年超过 960 000 元部分	45%	15 160

2. 经营所得适用税率

2019 年 1 月 1 日起实施的《个人所得税法》中经营所得包括个体工商户的生产、经营所得和对企事业单位的承包经营、承租经营所得,适用 5％～35％的超额累进税率计算缴纳个人所得税(见表 5 - 3)。

表 5 - 3 个人所得税税率表

(经营所得适用)

级 数	全年应纳税所得额	税 率	速算扣除数
1	不超过 30 000 元的	5％	0
2	超过 30 000 元至 90 000 元的部分	10％	1 500
3	超过 90 000 元至 300 000 元的部分	20％	10 500
4	超过 300 000 元至 500 000 元的部分	30％	40 500
5	超过 500 000 元的部分	35％	65 500

3. 利息、股息、红利所得,财产租赁所得,财产转让所得,偶然所得税率

2019 年 1 月 1 日起实施的《个人所得税法》中,利息、股息、红利所得,财产租赁所得,财产转让所得,偶然所得,适用比例税率,税率为 20％。

自 2001 年 1 月 1 日起,对个人出租住房取得的所得暂减按 10％的税率征收个人所得税。

五、房产税应税项目

(一)房产税征税范围

房产税的征税园为城市、县城、建制镇和工矿区的房屋。其中,城市是国务院批准设立的市,其征税范围为市区、郊区和市辖县城,不包括农村;县城是指未设立建制镇的县人民政府所在地的地区;建制镇是指省、自治区、直辖市人民政府批准设立的建制镇;工矿区是指工商业比较发达,人口比较集中,符合国务院规定的建制镇的标准,但尚未设立建制镇的大中型工矿企业所在地。在工矿区开征房产税必须经省、自治区、直辖市人民政府批准。

独立于房屋之外的建筑物,如围墙、烟囱、水塔、菜窖、室外游泳池等不属于房产税的征税范围。

(二)房产税税率

我国现行房产税采用比例税率。从价计征和从租计征实行不同标准的比例税率。

（1）从价计征的,税率为 1.2%。

（2）从租计征的,税率为 12%。

六、土地增值税应税项目

(一) 征税范围

1. 征税范围的一般规定

（1）土地增值税只对转让国有土地使用权的行为征税,对出让国有土地的行为不征税。

所谓国有土地使用权,是指土地使用人根据国家法律、合同等规定,对国家所有的土地享有的使用权利。土地增值税只对企业、单位和个人转让国有土地使用权的行为征税。根据《中华人民共和国土地管理法》规定,国家为了公共利益,可以依照法律规定征用集体土地,依法被征用后的土地属于国家所有。未经国家征用的集体土地不得转让,自行转让集体土地是一种违法行为,应由有关部门依照相关法律来处理,而不应纳入土地增值税的征税范围。

国有土地出让,是指国家以土地所有者的身份将土地使用权在一定年限内让与土地使用者,并由土地使用者向国家支付土地出让金的行为。由于土地使用权的出让方是国家,出让收入在性质上属于政府凭借所有权在土地一级市场上收取的租金,所以,政府出让土地的行为及取得的收入也不在土地增值税的征税之列。

（2）土地增值税既对转让国有土地使用权的行为征税,也对转让地上建筑物及其他附着物产权的行为征税。

所谓地上建筑物,是指建于土地上的一切建筑物,包括地上地下的各种附属设施。如厂房、仓库、商店、医院、住宅、地下室、围墙、烟囱、电梯、中央空调、管道等。所谓附着物是指附着于土地上、不能移动,一经移动即遭损坏的种植物、养植物及其他物品。上述建筑物和附着物的所有者对自己的财产依法享有占有、使用、收益和处置的权利,即拥有排他性的全部产权。

税法规定,纳税人转让地上建筑物和其他附着物的产权,取得的增值性收入,也应计算缴纳土地增值税。换言之,纳入土地增值税征税范围的增值额,是纳税人转让房地产所取得的全部增值额,而非仅仅是土地使用权转让的收入。

（3）土地增值税只对有偿转让的房地产征税,对以继承、赠予等方式无偿转让的房地产不予征税。

不征土地增值税的房地产赠予行为包括以下两种情况:一是房产所有人、土地使用权所有人将房屋产权、土地使用权赠予直系亲属或承担直接赡养义务人的行为;二是房产所有人、土地使用权所有人通过中国境内非营利的社会团体、国家机关将房屋产权、土地使用权赠予教育、民政和其他社会福利、公益事业的行为。社会团体是指中国青少年发展基金会、希望工程基金会、宋庆龄基金会、破灾委员会、中国红十字会、中国残疾人联合会、全国老年基金会、老区促进会，以及经民政部门批准成立的其他非营利的公益性组织。

2. 征税范围的特殊规定

（1）企业改制重组。具体包括如下情况。

A. 按照《中华人民共和国公司法》的规定，非公司制企业整体改建为有限责任公司或者股份有限公司，有限责任公司（股份有限公司）整体改建为股份有限公司（有限责任公司）。对改建前的企业将国有土地、房屋权属转移、变更到改建后的企业，暂不征土地增值税。整体改建是指不改变原企业的投资主体，并承继原企业权利、义务的行为。

B. 按照法律规定或者合同约定，两个或两个以上企业合并为一个企业，且原企业投资主体存续的，对原企业将国有土地、房屋权属转移、变更到合并后的企业，暂不征土地增值税。

C. 按照法律规定或者合同约定，企业分设为两个或两个以上与原企业投资主体相同的企业，对原企业将国有土地、房屋权属转移、变更到分立后的企业，暂不征土地增值税。

D. 单位、个人在改制重组时以国有土地、房屋进行投资，对其将国有土地、房屋权属转移、变更到被投资的企业，暂不征土地增值税。

E. 上述改制重组有关土地增值税政策不适用于房地产开发企业。

（2）房地产开发企业将开发的部分房地产转为企业自用或用于出租等商业用途时，如果产权未发生转移，不征收土地增值税。

（3）房地产的交换。房地产交换，是指一方以房地产与另一方的房地产进行交换的行为。由于这种行为既发生了房产产权、土地使用权的转移，交换双方又取得了实物形态的收入，属于土地增值税的征税范围。但对个人之间互换自有居住用房地产的，经当地税务机关核实，可以免征土地增值税。

（4）合作建房。对于一方出地，另一方出资金，双方合作建房，建成后按比例分房自用的，暂免征收土地增值税；建成后转让的，应征收土地增值税。

（5）房地产的出租。房地产出租，是指房产所有者或土地使用者，将房产或土地使用权租赁给承租人使用，由承租人向出租人支付租金的行为。房地产出租，出租人虽取得了收入，但没有发生房产产权、土地使用权的转让，因此，不属于土地增值税的征税范围。

（6）房地产的抵押。房地产抵押，是指房产所有者或土地使用者作为债务人或第三人向债权人提供不动产作为清偿债务的担保而不转移权属的法律行为。这种情况下房产的产权、土地使用权在抵押期间并没有发生权属的变更，因此，对房地产的抵押,在抵押期间不征收土地增值税。待抵押期满后,视该房地产是否转移占有而确定是否征收土地增值税。对于以房地产抵债而发生房地产权属转让的,应列入土地增值税的征税范围。

(7)房地产的代建行为。代建行为,是指房地产开发公司代客户进行房地产的开发,开发完成后向客户收取代建收入的行为。对于房地产开发公司而言,虽然取得了收入,但没有发生房地产权属的转移,其收入属于劳务收入性质,故不属于土地增值税的征税范围。

(8)房地产的重新评估。国有企业在清产核资时对房地产进行重新评估而产生的评估增值,因其既没有发生房地产权属的转移,房产产权、土地使用权人也未取得收入,所以不属于土地增值税的征税范围。

(9)土地使用者处置土地使用权。土地使用者转让、抵押或置换土地,无论其是否取得了该土地的使用权属证书,无论其在转让、抵押或置换土地过程中是否与对方当事人办理了土地使用权属证书变更登记手续,只要土地使用者享有占有、使用、收益或处分该土地的权利,且有合同等证据表明其实质转让、抵押或置换了土地并取得了相应的经济利益,土地使用者及其对方当事人就应当依照税法规定缴纳增值税、土地增值税和契税等。

(二)土地增值税税率

土地增值税实行四级超率累进税率,具体如下。

(1)增值额未超过扣除项目金额50%的部分,税率为30%。

(2)增值额超过扣除项目金额50%、未超过扣除项目金额100%的部分,税率为40%。

(3)增值额超过扣除项目金额100%、未超过扣除项目金额200%的部分,税率为50%。

(4)增值额超过扣除项目金额200%的部分,税率为60%。

上述所列四级超率累进税率,每级"增值额未超过扣除项目金额"的比例,均包括本比例数(见表5-4)。

表5-4　土地增值税税率计算

级　数	增值额与扣除项目金额的比率	税率(%)	速算扣除系数(%)
1	不超过50%的部分	30	0
2	超过50%至100%的部分	40	5
3	超过100%至200%的部分	50	10
4	超过200%的部分	60	15

七、印花税应税项目

(一)印花税征税范围

我国经济活动中发生的经济凭证种类繁多,数量巨大,现行印花税采取正列举形式,只对《印花税暂行条例》列举的凭证征收,没有列举的凭证不征税。列举的凭证分为五类,即经济合同、产权转移书据、营业账簿、权利、许可证照和经财政部门确定征税的其他凭证。具体征税范围如下:

1. 经济合同

合同是指当事人之间为实现一定目的,经协商一致,明确当事人各方权利、义务关系的协议。以经济业务活动作为内容的合同,通常称为经济合同。经济合同应按照管理的要求,依照《合同法》和其他有关合同法规订立。经济合同的依法订立,是在经济交往中为了确定、变更或终止当事人之间的权利和义务关系的合同法律行为,其书面形式即经济合同书。我国印花税只对依法订立的经济合同书征收。印花税税目中的合同比照我国原《经济合同法》对经济合同的分类,在税目税率表中列举了十大类合同,具体如下。

(1)购销合同,包括供应、预购、采购、购销结合及协作、调剂、补偿、易货等合同;还包括各出版单位与发行单位(不包括订阅单位和个人)之间订立的图书、报刊、音像征订凭证。对纳税人以电子形式签订的各类应税凭证按规定征收印花税。对发电厂与电网之间、电网与电网之间(国家电网公司系统、南方电网公司系统内部各级电网互供电量除外)签订的购售电合同,按购销合同征收印花税。电网与用户之间签订的供用电合同不征印花税。

(2)加工承揽合同,包括加工、定做、修缮、修理、印刷、广告、测绘、测试等合同。

(3)建设工程勘察设计合同,包括勘察、设计合同的总包合同、分包合同和转包合同。

(4)建筑安装工程承包合同,包括建筑、安装工程承包合同的总包合同、分包合同和转包合同。

(5)财产租赁合同,包括租赁房屋、船舶、飞机、机动车辆、机械、器具、设备等合同;还包括企业、个人出租门店、柜台等所签订的合同,但不包括企业与主管部门签订的租赁承包合同。

(6)货物运输合同,包括民用航空运输、铁路运输、海上运输、内河运输、公路运输和联运合同。

(7)仓储保管合同,包括仓储、保管合同或作为合同使用的仓单、战单(或称入库单)。对某些使用不规范的凭证不便计税的,可就其结算单据作为计税贴花的传证。

(8) 借款合同,包括银行及其他金融组织和借款人(不包括银行同业拆借)所签订的借款合同。

(9) 财产保险合同,包括财产、责任、保证、信用等保险合同。

(10) 技术合同,包括技术开发、转让、咨询、服务等合同。其中:技术转让合同包括专利申请转让、非专利技术转让所书立的合同,但不包括专利权转让、专利实施许可所书立的合同。后者适用于"产权转移书据"合同。其中"技术咨询合同"是合同当事人就有关项目的分析、论证、评价、预测和调查订立的技术合同,而一般的法律、会计、审计等方面的咨询不属于技术咨询,其所立合同不贴印花税;"技术服务合同"的征税范围包括技术服务合同、技术培训合同和技术中介合同。

此外,在确定应税经济合同的范围时,特别需要注意以下三个问题。

A. 具有合同性质的凭证应视同合同征税。所谓具有合同性质的凭证,是指具有合同效力的协议、契约、合约、单据、确认书及其他各种名称的凭证。它们从属于以上 10 个合同税目的分类,而非独立列举的征税类别。这类凭证具有上述 10 类合同大致相同的内容、形式和作用,虽未采用规范的合同名称,但对当事人各方仍具有特定的民事法律约束力。因为这些凭证一经凭证当事人书立,双方(或多方)信守,付诸实施(履行),就发挥着规范合同的作用,而不一定具有合同法规要求的完备条款和规范的行为约定。但是,就其书立行为和实施行为而言,显然属于具有民事法律意义、发生法律后果并以涉及权利义务关系为目的的行为。因此,鉴于这类凭证的上述性质和特点,印花税除对依法成立的具有规范内容和名称的十类合同书征税外,还规定具有合同性质的凭证也应纳税。

B. 未按期兑现合同也应贴花。印花税既是凭证税,又具有行为税性质。纳税人签订应税合同,就发生了应税经济行为,必须依法贴花,履行完税手续。所以,不论合同是否兑现或能否按期兑现,都应当缴纳印花税。

C. 同时书立合同和开立单据的贴花方法。办理一项业务(如货物运输、仓储保管、财产保险、银行借款等),如果既书立合同,又开立单据,只就合同贴花;凡不书立合同,只开立单据,以单据作为合同适用的,其使用的单据应按规定贴花。

2. 产权转移书据

产权转移即财产权利关系的变更行为,表现为产权主体发生变更。产权转移书据是在产权的买卖、交换、继承、赠予、分割等产权主体变更过程中,由产权出让人与受让人之间所订立的民事法律文书。

我国印花税税目中的产权转移书据包括财产所有权、版权、商标专用权、专利权、专有技术使用权共 5 项产权的转移书据。其中,财产所有权转移书据,是指经政府管理机关登记注册的不动产、动产的所有权转移所书立的书据,包括股份制企业向社会公开发行的股票,因购买、继承、赠予所书立的产权转移书据。其他 4 项则属于无形资产的产权转移书据。

另外,土地使用权出让合同、土地使用权转让合同、商品房销售合同按照产权转移书据征收印花税。

3. 营业账簿

印花税税目中的营业账簿归属于财务会计账簿,是按照财务会计制度的要求设置的,反映生产经营活动的账册。按照营业账簿反映的内容不同,在税目中分为记载资金的账簿(简称资金账簿)和其他营业账簿两类,以便于分别采用按金额计税和按件计税两种计税方法,具体如下。

(1)资金账簿。资金账簿是反映生产经营单位"实收资本"和"资本公积"金额增减变化的账簿。

(2)其他营业账簿。其他营业账簿是反映除资金资产以外的其他生产经营活动内容的账簿,即除资金账簿以外的,归属于财务会计体系的其他生产经营用账册。

(3)有关"营业账簿"征免范围应明确的若干问题具体如下。

A. 纳入征税范围的营业账簿,不按立账簿人是否属于经济组织(工商企业单位、工商业户)来划定范围,而是按账簿的经济用途来确定征免界限。例如,一些事业单位实行企业化管理,从事生产经营活动,其账簿就视同于企业账簿,应纳印花税;而一些企业单位内的职工食堂、工会组织以及自办的学校、托儿所、幼儿园设置的经费收支账簿,不反映生产经营活动,就不属于"营业账簿"税目的适用范围。

B. 对采用一级核算形式的单位,只就财会部门设置的账簿贴花;采用分级核算形式的,除财会部门的账簿应贴花之外,财会部门设置在其他部门和车间的明细分类账,也应按规定贴花。

C. 车间、门市部、仓库设置的不属于会计核算范围或虽属会计核算范围,但不记载金额的登记簿、统计簿、台账等,不贴花。

D. 对会计核算采用单页表式记载资金活动情况,以表代账的,在未形成账簿(账册)前,暂不贴花,待装订成册时,按册贴花。

E. 对有经营收入的事业单位,凡属由国家财政部门拨付事业经费,实行差额预算管理的单位,其记载经营业务的账簿,按其他账簿定额贴花,不记载经营业务的账簿不贴花;凡属经费来源实行自收自支的单位,对其营业账簿,应就记载资金的账簿和其他账簿分别按规定贴花。

F. 跨地区经营的分支机构使用的营业账簿,应由各分支机构在其所在地缴纳印花税。对上级单位核拨资金的分支机构,其记载资金的账簿按核拨的账面资金数额计税贴花;对上级单位不核拨资金的分支机构,只就其他账簿按定额贴花。

G. 实行公司制改造并经县级以上政府和有关部门批准的企业在改制过程中成立的新企业(重新办理法人登记的),其新启用的资金账簿记载的资金或因企业建立资本纽带关系而增加的资金,凡原已贴花的部分可不再贴花,未贴花的部分和以后新增加的资金按规定贴花。

公司制改造包括国有企业依《公司法》整体改造成国有独资有限责任公司;企业通过增资扩股或者转让部分产权,实现他人对企业的参股,将企业改造成有限责任公司或股份有限公司;企业以其部分财产和相应债务与他人组建新公司;企业将债务留在原企业,而以其优质财产与他人组建的新公司。

H. 以合并或分立方式成立的新企业,其新启用的资金账簿记载的资金,凡原已贴花的部分可不再贴花,未贴花的部分和以后新增加的资金按规定贴花。合并包括吸收合并和新设合并,分立包括存续分立和新设分立。

I. 企业债权转股权新增加的资金按规定贴花;企业改制中经评估增加的资金按规定贴花。

J. 企业其他会计科目记载的资金转为实收资本或资本公积的资金按规定贴花。

4. 权利、许可证照

权利、许可证照是政府授予单位、个人某种法定权利和准予从事特定经济活动的各种证照的统称。包括政府部门发给的房屋产权证、工商营业执照、商标注册证、专利证、土地使用证等。

5. 经财政部门确定征税的其他凭证

除了税法列举的以上五大类应税经济凭证之外,在确定经济凭证的征免税范围时,需要注意以下三点。

(1)由于目前同一性质的凭证名称各异,不够统一,因此各类凭证不论以何种形式或名称书立,只要其性质属于条例中列举征税范围内的凭证,均应照章纳税。

(2)应税凭证均是指在中国境内具有法律效力,受中国法律保护的凭证。

(3)适用于中国境内,并在中国境内具备法律效力的应税凭证,无论在中国境内或者境外书立,均应依照印花税的规定贴花。

(二)印花税税率

印花税的税率有比例税率和定额税率两种形式。

1. 比例税率

对载有金额的凭证,如各类合同以及具有合同性质的凭证(包括电子形式)、产权转移书据、资金账簿等,采用比例税率。按照凭证所标明的确定的金额按比例计算应纳税额,既能保证财政收入,又能体现合理负担的原则。在印花税 13 个税目中,各类合同以及具有合同性质的凭证、产权转移书据、营业账簿中记载资金的账簿,适用比例税率,具体如下。

(1)借款合同,适用税率为 0.05‰。

（2）购销合同、建筑安装工程承包合同、技术合同等，适用税率为0.3‰。

（3）加工承揽合同、建设工程勘察设计合同、货物运输合同、产权转移书据合同、记载资金数额的营业账簿等，适用税率为0.5‰。

（4）财产租赁合同、仓储保管合同、财产保险合同等，适用税率为1‰。

（5）因股票买卖、继承、赠予而书立"股权转让书据"（包括A股和B股），适用税率为1‰。此税率系后增补税率，《印花税暂行条例》中的《印花税税目税率表》未列此档税率。

2. 定额税率

为了简化征管手续，便于操作，对无法计算金额的凭证，或虽载有金额，但作为计税依据不合理的凭证，采用定额税率，以件为单位缴纳一定数额的税款。权利、许可证照、营业账簿中的其他账簿，均为按件贴花，单位税额为每件5元。具体见表5-5。

表5-5　足额税率税项及范围

税　目	范　围	税　率	纳税人	说　明
1. 购销合同	包括供应、预购、采购、购销结合及协作、调剂、补偿、易货等合	按购销金额3‰贴花	立合同人	
2. 加工承揽合同	包括加工、定做、修缮、修理、印刷、广告、测绘、测试等合同	按加工或承揽收入5‰贴花	立合同人	
3. 建设工程勘察设计合同	包括勘察、设计合同	按收取费用5‰贴花	立合同人	
4. 建筑安装工程承包合	包括建筑、安装工程承包合同	按承包金额3‰贴花	立合同人	
5. 财产租赁合同	包括租赁房屋、船舶、飞机、机动车辆、机械、器具、设备等	按租赁金额1‰贴花。税额不足1元的按1元贴花	立合同人	
6. 货物运输合同	包括民用航空、铁路运输、海上运输、内河运输、公路运输和联运合同	按运输收取的费用5‰贴花	立合同人	单据作为合同使用的，按合同贴花
7. 仓储保管合同	包括仓储、保管合同	按仓储收取的保管费用1‰贴花	立合同人	仓单或栈单作为合同使用的，按合同贴花
8. 借款合同	银行及其他金融组织和借款人（不包括银行同业拆借）所签订的借款	按借款金额0.5‰贴花	立合同人	单据作为合同使用的，按合同贴花

税　目	范　围	税　率	纳税人	说　明
9. 财产保险合同	包括财产、责任、保证、信用等保险合同	按保险费收入1‰贴花	立合同人	单据作为合同使用的,按合同贴花
10. 技术合同	包括技术开发、转让、咨询、服务等合同	按所载金额 3‰贴花	立合同人	
11. 产权转移书据	包括财产所有权和版权、商标专用权、专利权、专有技术使用权等转移书据、土地使用权出让、土地使用权转让、商品房销售合同	按所载金额 5‰贴花	立据人	
12. 营业账簿	生产经营用账册	记载资金的账簿,按实收资本和资本公积合计金额0.5‰,贴花;其他账簿按件贴花5元	立账簿人	
13. 权利、许可证照	包括政府部门发给的房屋产权证、工商营业执照、商标注册证、专利证、土地使用证	按件贴花5元	领受人	

练习 5-1

请仔细阅读上面的知识,填写下面的信息表,并完成后附的填空练习题。

填写信息表 5-6

表 5-6　税种信息表-2

税　种	征　收　范　围	税　目
增值税		
消费税		
企业所得税		
个人所得税		
房产税		
土地增值税		
印花税		

📖 **练习 5－2**

请根据记忆完成下面的填空。

1. 增值税

(1) 根据《增值税暂行条例》及其实施细则和《营业税改征增值税试点实施办法》及相关规定,增值税的征税范围包括在中国境内＿＿＿＿＿、＿＿＿＿＿、＿＿＿＿＿、进口货物,以及销售应税服务,销售无形资产和销售不动产。

(2) 在中国境内销售货物,是指销售货物的起运地或者所在地在＿＿＿＿＿。销售货物是有偿转让货物的＿＿＿＿＿。货物,是指有形动产,包括电力、热力、气体在内。有偿,是指从购买方取得货币、货物或者其他经济利益。

(3) 销售服务,是指提供＿＿＿＿＿、邮政服务、＿＿＿＿＿、建筑服务、金融服务、现代服务、＿＿＿＿＿。

(4) 一项销售行为如果既涉及＿＿＿＿＿又涉及＿＿＿＿＿,为混合销售。从事货物的生产、批发或者零售的单位和个体工商户的混合销售行为,按照销售货物缴纳增值税;其他单位和个体工商户的混合销售行为,按照销售服务缴纳增值税。

(5) 增值税一般纳税人采用＿＿＿＿＿,分为基本税率、低税率和零税率三档。小规模纳税人采用征收率。

(6) 小规模纳税人采用简易办法征收增值税,征收率为＿＿＿＿＿。

2. 消费税

(1) 消费税的征收范围包括下列内容:＿＿＿＿＿、＿＿＿＿＿、＿＿＿＿＿、零售应税消费品、批发销售卷烟。

(2) 根据《消费税暂行条例》的规定,消费税税目共有＿＿＿＿＿个。

(3) 消费税税率＿＿＿＿＿和＿＿＿＿＿两种形式,以适应不同应税消费品的实际情况。

(4) 消费税根据不同的税目或子目确定相应的税率或单位税额。一般情况下,对一种消费品只选择一种税率形式,但为了更好、更有效地保全消费税税基,对＿＿＿＿＿和＿＿＿＿＿,则采取了比例税率和定额税率复合征收的形式。

3. 企业所得税

(1) 居民企业应当就其来源于中国境内、境外的所得缴纳＿＿＿＿＿。包括销售货物所得、提供劳务所得、转让财产所得、股息红利等权益性投资所得、利息所得、租金所得、特许权使用费所得、接受捐赠所得和其他所得。

(2) ＿＿＿＿＿在中国境内设立机构、场所的,应当就其所设机构、场所取得的来源于中国境内的所得,以及发生在中国境外但与其所设机构、场所有实际联系的所得,缴纳企业所得税。

(3) 企业所得税实行＿＿＿＿＿税率。

(4) 居民企业以及在中国境内设立机构、场所且取得的所得与其所设机构、场所有实际联系的非居民企业,应当就其来源于中国境内、境外的所得缴纳企业所得税,适用税率为_____。

(5) 非居民企业在中国境内未设立机构、场所的,或者虽设立机构、场所但取得的所得与其所设机构、场所没有实际联系的,应当就其来源于中国境内的所得缴纳企业所得税,适用税率为_____。

4. 个人所得税

(1) 按应纳税所得的来源划分,现行个人所得税共分为_____个应税项目。

(2) 工资、薪金所得,是指个人因_____而取得的工资、薪金、奖金、年终加薪、劳动分红、津贴、补贴以及与任职或者受雇有关的其他所得。工资薪金所得属于非独立个人劳动所得。

(3) 工资、薪金所得适用_____的超额累进税率,计算缴纳个人所得税。

(4) 个体工商户的生产、经营所得和对企事业单位的承包经营、承租经营所得,适用_____的超额累进税率,计算缴纳个人所得税。

(5) 稿酬所得,适用比例税率,税率为20%,并按应纳税额减征30%,即只征收70%的税额,其实际税率为_____。

5. 房产税

(1) 房产税的征税范围为_____、_____、_____和_____的房屋。

(2) 独立于房屋之外的建筑物,如围墙、烟囱、水塔、菜窖、室外游泳池等_____房产税的征税范围。

(3) 我国现行房产税采用比例税率。从价计征和从租计征实行不同标准的比例税率:

① 从价计征的,税率为_____;② 从租计征的,税率为_____。

6. 土地增值税

(1) 土地增值税只对转让国有土地使用权的行为征税,对出让国有土地的行为不征税。所谓国有土地使用权,是指土地使用人根据国家法律、合同等规定,对国家所有的土地享有的_____。土地增值税只对企业、单位和个人转让国有土地_____的行为征税。

(2) 土地增值税既对转让国有土地使用权的行为征税,也对转让地上_____及其他_____产权的行为征税。

(3) 土地增值税只对有偿转让的房地产征税,对以继承、赠予等方式_____的房地产不予征税。

(4) 土地增值税实行四级超率累进税率:① 增值额未超过扣除项目金额50%的部分,税率为_____;② 增值额超过扣除项目金额50%、未超过扣除项目金额100%的部分,税率为_____;③ 增值额超过扣除项目金额100%、未超过扣除项目金额200%的部分,税率为50%;④增值额超过扣除项目金额200%的部分,税率为_____。

7. 印花税

(1) 现行印花税采取正列举形式,只对《印花税暂行条例》列举的凭证征收,没有列举的凭证不征税。列举的凭证分为五类,即_____、产权转移书据、_____、权利、许可证照和经财政部门确定征税的其他凭证。

(2) 合同是指当事人之间为实现一定目的,经协商一致,明确当事人各方权利、义务关系的协议。以_____作为内容的合同,通常称为经济合同。经济合同应按照管理的要求,依照《合同法》和其他有关合同法规订立。经济合同的依法订立,是在经济交往中为了确定、变更或终止当事人之间的权利和义务关系的合同法律行为,其书面形式即经济合同书。我国印花税只对依法订立的经济合同书征收。

(3) 印花税的税率有_____和_____两种形式。

(4) 在印花税13个税目中,各类合同以及具有合同性质的凭证、产权转移书据、营业账簿中记载资金的账簿,适用比例税率:

① 借款合同,适用税率为_____;

② 购销合同、建筑安装工程承包合同、技术合同等,适用税率为0.3‰;

③ 加工承揽合同、建设工程勘察设计合同、货物运输合同、产权转移书据合同、记载资金数额的营业账簿等,适用税率为_____;

④ 财产租赁合同、仓储保管合同、财产保险合同等,适用税率为1‰;

⑤ 因股票买卖、继承、赠予而书立"股权转让书据"(包括A股和B股),适用税率为1‰。此税率系后增补税率,《印花税暂行条例》中的《印花税税目税率表》未列此档税率。

(5) 为了简化征管手续,便于操作,对无法计算金额的凭证,或虽载有金额,但作为计税依据不合理的凭证,采用_____,以件为单位缴纳一定数额的税款。权利、许可证照、营业账簿中的其他账簿,均为按件贴花,单位税额为每件_____元。

📖 **练习5-3**

请根据给出的场景,判断场景中应当缴纳什么税种,并在空白处写出该税种所对应的税率。

(1) 根据《财务专家聘用协议书》(见附5-1)请判断,谁应当缴纳什么税,所对应的税率应该是多少,由谁来代缴呢?

附 5 - 1

财务专家聘用协议书

甲方： 广州工贸实业有限公司

乙方： 林薇薇 （身份证号码）442510198202173040

就聘用财务专家的有关事宜签订协议如下：

一、为了提升财务部员工能力、规范财务工作流程、规避税务风险，甲方聘用乙方 林薇薇 作为公司财务部的培训老师，聘用期为自 2017 年 03 月 17 日至 2018 年 03 月 16 日。聘用期间，乙方应履行岗位职责，承担财务部培训和指导工作。

二、聘用期间，甲方向乙方提供指导工作所需的工作条件；乙方享受甲方支付的报酬每月 人民币玖仟伍佰元整（￥95,000.00）。

三、聘用期间，甲方的人力资源部对乙方进行考核，如发现乙方未完成规定的工作任务、未履行规定的岗位职责（如迟到、旷工、早退等），甲方有权终止协议，或根据具体情况适当扣减报酬。

四、聘用期间，乙方因自身能力不能满足财务工作指导要求，培训内容被财务部员工投诉且自身不做出调整，甲方有权终止协议。

五、乙方在聘用期内提出辞职，需提前 一个月 向甲方提出申请，经甲方同意后方可辞去岗位聘任，并视具体情况承担相应的违约责任。

六、聘任期间如发生双方无法预见、无法防范，致使本协议无法正常履行的事由，需要变更协议可由双方协商解决。

七、本协议由双方签字后生效。

八、本协议书一式两份，由甲、乙双方各执一份，自签订之日起生效。

甲方代表签字： 李文霞 　　　　　　　　　　乙方签字： 林薇薇

甲方单位盖章：

2017 年 03 月 17 日 　　　　　　　　　　　　2017 年 03 月 17 日

(2) 根据《广告合同》(附 5－2)请判断,谁应当缴纳什么税,所对应的税率应该是多少?

附 5－2

广告合同

合同编号:HT-GG-17030008

广告投放单位(甲方): **广州工贸实业有限公司**

广告经营单位(乙方): **广东联盟畅想广告有限公司**

　　根据《中华人民共和国合同法》、《中华人民共和国广告法》的有关规定,甲、乙双方在平等自愿、互惠互利、协商一致的基础上,就广告代理发布事宜,达成如下协议,共同遵照执行。

一、项目范围

甲方委托乙方代理发布针对以下市场和产品的广告策划及投放(用√标注)。

产品　　市场	华北	华南	华东	华中		
轻巧型不锈钢电热水壶	√	√	√	√		
经典型不锈钢电热水壶	√	√	√	√		
豪华型不锈钢电热水壶	√	√	√	√		

二、项目时间

自 **2017** 年 **3** 月 **5** 日始至 **2018** 年 **3** 月 **4** 日止。

三、发布内容

采用甲方签字认可之样稿,未经甲方同意,乙方不得擅自改动广告样稿。

四、价格及付款方式

1. 价格:广告费合计¥**600,000.00**元, 大写: **人民币陆拾万元整**
2. 付款方式: **一次性转账**

五、双方的责任与义务

1. 乙方应确保本广告发布审批手续的齐全、合法,如因乙方审批手续不全而给甲方造成的经济损失及法律责任,责任全部由乙方承担。
2. 甲方保证委托乙方代理的广告活动的合法性,如因甲方提供样稿侵犯第三方权利,甲方承担由此产生的一切法律责任。

3. 甲方应在接到乙方通知之日起 **7** 日内组织验收，验收依据为甲方前期签字确认的样稿；如甲方在 **14** 日内未对广告策划案提出异议，则视为甲方对广告策划无异议可以投放。

4. 乙方应严格按照合同约定履行广告发布义务，履行不当应向甲方承担违约责任。

5. 甲方应严格按照履行合同约定的付款义务，逾期付款应向乙方承担违约责任。

6. 乙方有权审查广告内容和表现形式，对不符合法律、法规的广告内容和表现形式，乙方有权要求甲方做出修改，甲方做出修改前，乙方有权拒绝发布。

7. 乙方应在广告发布后及时向甲方提供广告发布的实景照片作为发布证明。

8. 因不可抗力，或者国家法律、法规、政策的变化，造成广告不能正常发布的，双方均不承担违约责任；广告费按照实际发布时间计算，或由双方另行签订补充合同。

9. 如任何一方违约而给对方造成的经济损失及法律责任，由违约方承担。

六、争议的解决方式

合作期间如发生争议，双方应本着友好合作的态度，协商解决。协商不成，双方均应向当地仲裁委员会申请仲裁。

七、本合同一式 **肆** 份，甲、乙双方各执 **贰** 份，具有同等法律效力。

八、本合同自甲、乙双方签字、盖章之日起生效。

甲　　　方：（盖章）广州工贸实业有限公司　　　乙　　　方：（盖章）

法定代表人：（签字）明彭印大　　　法定代表人：（签字同方子良）

签约日期：**2017**年 **3** 月 **5** 日　　　签约日期：**2017**年 **3** 月 **5** 日

（3）根据《劳动合同》(附 5 - 3），请判断谁应当缴纳什么税，所对应的税率应该是多少，又由谁来代缴?

附 5 - 3

编　　　号：ＳＹ—００１０３１

广　东　省

劳

动

合

同

广东省劳动和社会保障厅编制

劳动保障热线电话：12333

甲方（用人单位）：　　　　　　　　　乙方（劳动者）：

名称：广州工贸实业有限公司　　　　　姓名：张伟

法定代表人（主要负责人）：　　　　　身份证号码：440183199092134XX

彭天明　　　　　　　　　　　　　　　户籍地址：广东省广州市白云区工贸路

通讯地址：广州市白云区机场路　　　　122号

2636号　　　　　　　　　　　　　　　通讯地址：广东省广州市白云区工贸路

经济类型：有限责任公司　　　　　　　122号

联系电话：020-23888888　　　　　　 联系电话：1353315254X

　　根据《中华人民共和国劳动法》、《中华人民共和国劳动合同法》和国家及省的有关规定，甲乙双方按照合法、公平、平等自愿、协商一致、诚实信用的原则订立本合同。

**　　一、劳动合同期限**

　　（一）合同期

　　双方同意按以下第　1　种方式确定本合同期限：

　　1. 固定期限：从 2017 年 01 月 22 日起至 2020 年 01 月 21 日止。

　　2. 无固定期限：从　/　年　/　月　/　日起至法定终止条件出现时止。

　　3. 以完成一定工作任务为期限：从 / 起至 / 工作任务完成时止，该工作任务完成的标志为 / 。

　　（二）试用期

　　双方同意按以下第　2　种方式确定试用期（试用期包含在合同期内）：

　　1. 无试用期。

　　2. 试用期从从 2017 年 01 月 22 日起至 2017 年 04 月 21 日止。

　　（劳动合同期限三个月以上不满一年的，试用期不得超过一个月；劳动合同期限在一年以上不满三年的，试用期不得超过二个月；三年以上固定期限和无固定期限的劳动合同，试用期不得超过六个月。）

**　　二、工作内容和工作地点**

　　（一）乙方的工作部门为 财务部—数据核算部　　　　　　　　　　　　　　　 ，

岗位（管理技术岗位或生产操作岗位）为 财务会计　　　　　　　　　　　　　　 ，

职务（或工种）为 会计员　　　　　　　　　　　　　　　　　　　　　　　　 。

　　（二）乙方的工作任务或职责是 记账凭证的复核工作、报表编制工作　　　　 。

　　（三）乙方的工作地点为 广州市白云区机场路2636号

　　（四）甲方在合同期内因生产经营需要或其他原因调整乙方的工作岗位，或派乙方到本合同约定以外的地点、单位工作的，应协商一致并按变更本合同办理，双方签章确认的协议书作为本合同的附件。

**　　三、工作时间和休息休假**

　　（一）甲、乙双方同意按以下第 1 种方式确定乙方的工作时间：

　　. 标准工时工作制，即每日工作 8 小时，每周工作 5 天，每周至少休息一天。

　　2. 不定时工作制，即经劳动保障部门审批，乙方所在岗位实行不定时工作制。

甲方（盖章）
法定代表人　赵天明
（或委托代理人）
2017年01月22日

乙方（签名）张伟

本人已清楚上述条款

2017年01月22日

(4) 根据《销售合同》(附 5－4),请判断,谁应当缴纳什么税,所对应的税率应该是多少?

附 5－4

销售合同

合同编号：HT-XS-17030007

购货单位（甲方）：广州市仟盈商贸有限公司

销货单位（乙方）：广州工贸实业有限公司

为了保护买卖双方的合法权益，买卖双方根据《中华人民共和国合同法》的有关规定，经友好协商，一致同意签订本合同，共同遵守。

第一条 购销明细：双方就以下产品达成购销合同。

序号	产品名称	规格型号	含税单价	数量	金额（元）	交货日期	付款日期
1	轻巧型不锈钢电热水壶	HW-0001	99.45	2000	198,900.00	3月16日	3月16日
2	经典型不锈钢电热水壶	HW-0002	140.40	1000	140,400.00	3月16日	3月16日
3	豪华型不锈钢电热水壶	HW-0003	298.35	300	89,505.00	3月16日	3月16日
4	经典型电饭煲	P2001	179.01	1000	179,010.00	3月16日	3月16日
5	智能型电饭煲	P2002	307.71	400	123,084.00	3月16日	3月16日
6	精磨型豆浆机	P3001	380.25	300	114,075.00	3月16日	3月16日
7	时尚型豆浆机	P3002	257.40	1000	257,400.00	3月16日	3月16日
8							
9							
10							
11							
12							
13							
14							
15							
合计					1,102,374.00		

合同总金额大写人民币：壹佰壹拾万贰仟叁佰柒拾肆元整

第二条 交货时间与付款时间：交货时间：2017年3月16日 付款时间：2017年3月16日

第三条 交货地点：广州市白云区机场路2636号

第四条 付款方式：一次性付款，电汇

第五条 开票要求：增值税专用发票

1/3

第六条　运输方式与运输费用：__甲方自提。__

第七条　甲方要求乙方通过以下资质认证(选择对应选项)。

☑ 不作要求　　　□ ISO9000　　　　　□ ISO14000　　　□ 3C

第八条　经济责任：

1、产品品种、质量不符合本合同规定时，甲方拒绝接受，乙方承担相应费用。

2、乙方未按本合同规定的产品数量交货时，发生延期交货的当期，扣除该张订单总额的10%作为违约罚款。对于未能按期交货的部分，可以在三个月之内补齐。如果在三个月之内未能全部交货，未能交货部分甲方不再收货。

第九条　甲、乙任何一方如要求全部或部分注销合同，必须提出充分理由，经双方协商提出注销合同一方须向对方偿付注销合同部分总额10％的补偿金。

第十条　本合同所订一切条款，甲、乙任何一方不得擅自变更或修改。如一方单独变更、修改本合同，对方有权拒绝生产或收货，并要求单独变更、修改合同一方赔偿一切损失。

第十一条　乙任何一方如确因不可抗力的原因，不能履行本合同时，应及时向对方通知不能履行或须延期履行，部分履行合同的理由。在取得有关机构证明后，本合同可以不履行或延期履行或部分履行，并全部或者部分免予承担违约责任。

第十二条　本合同在执行中如发生争议或纠纷，甲、乙双方应协商解决，解决不了时，双方可向仲裁机构申请仲裁或向人民法院提起诉讼（两者选一）。

第十三条　本合同自双方签章之日起生效，到乙方将全部订货送齐经甲方验收无误，并按本合同规定将货款结算以后终止。

第十四条　本合同在执行期间，如有未尽事宜，由甲乙双方协商，另订附则附于本合同之内，所有附则在法律上均与本合同同等效力。

第十五条 本合同一式两份，由甲、乙双方各执正本一份。

甲方:广州市仟盈商贸有限公司（盖章）

法定代表人：之林印颖

委托代理人：刘倩

地址：广州市天河区聚粤路7号

电话：020-236666666

签订日期：2017年3月1日

乙方:广州工贸实业有限公司（盖章）

法定代表人：明彭印天

委托代理人：朱西晨

地址：广州市白云区机场路2636号

电话：020-23888888

签订日期：2017年3月1日

（5）根据"增值税发票"（附 5 - 5），请判断，谁应当缴纳什么税，所对应的税率应该是多少？

附 5 - 5

广东增值税普通发票

4400120320　　No 04252452

机器编号：499919065690

开票日期：2018年6月13日

购买方	名　称：	广州工贸实业有限公司				密码区	03+-68116868608>966+<<83<0/9 61>*91+2449<312+-08-0/>49540 4<+-68180801608>96/6>21<9/> 13>*/02>0901440+06256<>9482		
	纳税人识别号：	9185339000010000X							
	地址、电话：	广州市白云区机场路2636号 020-23888888							
	开户行及账号：	招商银行白云支行 361023011026550							

货物或应税劳务、服务名称	规格型号	单位	数 量	单 价	金　额	税率	税　额
餐费					418.87	5%	20.94
					¥418.87		¥20.94
合　计							

价税合计（大写）　⊗ 肆佰叁拾玖元捌角壹分　　　（小写）¥439.81

销售方	名　称：	广州市食尚居饮食管理有限公司	校验码 00080 19196 15840 15840
	纳税人识别号：	91440105247527481D	备注
	地址、电话：	广州市海珠区新港中路552号之二306铺202-381511885	
	开户行及账号：	中国工商银行股份有限公司广州黄石西路支行3218184509191099084	

收款人：黎宇露　　复核：刘清　　开票人：戴芳芳　　销售方：（章）

（6）根据"增值税发票"（附 5 - 6），请判断，谁应当缴纳什么税，所对应的税率应该是多少？

附 5 - 6

广东增值税电子普通发票

发票代码：012001600001

发票号码：85051516

开票日期：2018年06月05日

校 验 码：54253 05514 41888 28888

机器编号：

购买方	名　称：	广州工贸实业有限公司	密码区	略
	纳税人识别号：	9185339000010000X		
	地址、电话：	广州市白云区机场路2636号 020-23888888		
	开户行及账号：	招商银行白云支行 361023011026550		

货物或应税劳务、服务名称	规格型号	单位	数 量	单 价	金　额	税率	税　额
代订房费			1	152.83	152.83	6%	9.17
合　计					¥152.83		¥9.17

价税合计（大写）　⊗ 壹佰陆拾贰圆整　　　（小写）¥162.00

销售方	名　称：	广州国际旅行社有限公司	备注
	纳税人识别号：	91120020MA05JNEN5Q	
	地址、电话：	广州市天河区经济开发区西区120号	
	开户行及账号：	建设银行 440181234567234	

收款人：刘洋　　复核：鲁妍　　开票人：毛慧　　销售方：（章）

（7）根据"增值税发票"（附件 5－7），请判断，谁应当缴纳什么税，所对应的税率应该是多少？

附 5－7

货物或应税劳务、服务名称	规格型号	单位	数量	单价	金 额	税率	税 额

广东增值税电子普通发票

发票代码: 012001701111
发票号码: 05871809
开票日期: 2018年06月17日
校 验 码: 16303 37368 08246 27916

机器编号:

购买方	名 称: 李晓亮 纳税人识别号: 440182198802283415 地 址、电 话: 开户行及账号:	密码区	略

货物或应税劳务、服务名称	规格型号	单位	数量	单价	金 额	税率	税 额
客运服务费			1	23.01	23.01	3%	0.69
合 计					¥23.01		¥0.69

价税合计(大写)	⊗ 贰拾叁元柒角整	(小写) ¥23.70

销售方	名 称: 广东滴滴出行科技有限公司 纳税人识别号: 911201163409833330 地 址、电 话: 广州市天河区天河南二路20号 开户行及账号: 建行银行 440181234123542	备注	

收款人: 李文莉   复核: 王磊   开票人: 牛蕊   销售方: (章)

除了税种和税率，你还能得到其他什么信息吗？请将它们写在下方的空白处。

学习活动六：税费的计算

对于财务当中的部分税务工作而言，除了能够判断各个税种和掌握税率之外，还要能够熟练各个税种的计算方法。请以小组为单位，向班级同学朗读下面的知识点。

一、增值税应纳税额的计算

（一）一般计税方法应纳税额的计算

一般纳税人销售货物、提供应税劳务或者发生应税行为，采取一般计税方法计算应纳增值税额。其计算公式为

$$应纳税额＝当期销项税额－当期进项税额$$

当期销项税额小于当期进项税额不足抵扣时，其不足部分可以结转下期继续抵扣。销项税额是指纳税人销售货物、提供应税劳务或者发生应税行为，按照销售额和适用税率计算并向购买方收取的增值税税款，其计算公式为

$$销项税额＝销售额×适用税率$$

可见，一般计税方法计算增值税应纳税额时，主要有两个因素：一是销售额；二是进项税额。

1. 销售额的确定

（1）销售额的概念。销售额是指纳税人销售货物、提供应税劳务或者发生应税行为向购买方收取的全部价款和价外费用，但是不包括收取的销项税额。价外费用，包括价外向购买方收取的手续费、补贴、基金、集资费、返还利润、奖励费、违约金、滞纳金、延期付款利息、赔偿金、代收款项、代垫款项、包装费、包装物租金、储备费、优质费、运输装卸费以及其他各种性质的价外收费。上述价外费用无论其会计制度如何核算，均应并入销售额计算销项税额。但下列项目不包括在销售额内。

A. 受托加工应征消费税的消费品所代收代缴的消费税。

B. 同时符合以下条件代为收取的政府性基金或者行政事业性收费：由国务院或者财政部批准设立的政府性基金，由国务院或者省级人民政府及其财政、价格主管部门批准设立的行政事业性收费；收取时开具省级以上财政部门印制的财政票

据；所收款项全额上缴财政。

C. 销售货物的同时代办保险等而向购买方收取的保险费，以及向购买方收取的代购买方缴纳的车辆购置税、车辆牌照费。

D. 以委托方名义开具发票代委托方收取的款项。

（2）含税销售额的换算。增值税实行价外税，计算销项税额时，销售额中不应含有增值税款。如果销售额中包含了增值税款即销项税额，则应将含税销售额换算成不含税销售额。其计算公式为

$$不含税销售额 = 含税销售额 \div (1 + 增值税税率)$$

（3）视同销售货物的销售额的确定。《增值税暂行条例实施细则》规定了8种视同销售货物行为，这8种视同销售行为一般不以资金的形式反映出来，因而会出现无销售额的情况。在此情况下，主管税务机关有权按照下列顺序核定其销售额。

A. 按纳税人最近时期同类货物的平均销售价格确定。

B. 按其他纳税人最近时期同类货物的平均销售价格确定。

C. 按组成计税价格确定。其计算公式为。

$$组成计税价格 = 成本 \times (1 + 成本利润率)$$

征收增值税的货物，同时又征收消费税的，其组成计税价格中应包含消费税税额。其计算公式为

$$组成计税价格 = 成本 \times (1 + 成本利润率) + 消费税税额$$

或

$$组成计税价格 = 成本 \times (1 + 成本利润率) \div (1 - 消费税税率)$$

式中的成本分两种情况：一是销售自产货物的为实际生产成本；二是销售外购货物的为实际采购成本；成本利润率为10%。但属于应从价定率征收消费税的货物，其组成计税价格公式中的成本利润率，为《消费税若干具体问题的规定》中规定的成本利润率（详见消费税学习活动四）。

纳税人销售货物或者提供应税劳务的价格明显偏低并无正当理由的，由主管税务机关按照上述方法核定其销售额。

《营业税改征增值税试点实施办法》规定，纳税人发生应税行为价格明显偏低或者偏高且不具有合理商业目的的，或者发生无销售额的，主管税务机关有权按照下列顺序确定销售额：

第一，按照纳税人最近时期销售同类服务、无形资产或者不动产的平均价格确定。

第二，按照其他纳税人最近时期销售同类服务、无形资产或者不动产的平均价

格确定。

第三,按照组成计税价格确定。组成计税价格的公式为

$$组成计税价格 = 成本 \times (1 + 成本利润率)$$

式中,成本利润率由国家税务总局确定。

不具有合理商业目的,是指以谋取税收利益为主要目的,通过人为安排,减少、免除、推迟缴纳增值税税款,或者增加退还增值税税款。

（4）混合销售的销售额的确定。依照《营业税改征增值税试点实施办法》及相关规定,混合销售的销售额为货物的销售额与服务销售额的合计。

（5）兼营的销售额的确定。依照《营业税改征增值税试点实施办法》及相关规定,纳税人兼营不同税率的货物、劳务、服务、无形资产或者不动产,应当分别核算不同税率或者征收率的销售额;未分别核算销售额的,从高适用税率。

（6）特殊销售方式下销售额的确定。

A. 折扣方式销售。折扣销售是指销货方在销售货物、应税劳务或发生应税行为时,因购货方购货数量较大等原因而给予购货方的价格优惠。纳税人采取折扣方式销售货物,如果销售额和折扣额在同一张发票上分别注明,可以按折扣后的销售额征收增值税;如果将折扣额另开发票,不论其在财务上如何处理,均不得从销售额中减除折扣额。

B. 以旧换新方式销售。以旧换新销售是指纳税人在销售货物时,折价收回同类旧货物,并以折价款部分冲减新货物价款的一种销售方式。纳税人采取以旧换新方式销售货物的,应按新货物的同期销售价格确定销售额,不得扣减旧货物的收购价格。

但是对金银首饰以旧换新业务,可以按销售方实际收取的不含增值税的全部价款征收增值税。

C. 还本销售方式销售。还本销售是指纳税人在销售货物后,到一定期限将货款一次或分次退还给购货方全部或部分价款的一种销售方式。这种方式实际上是一种筹资,是以货物换取资金的使用价值,到期还本不付息的方法。纳税人采取还本销售方式销售货物,其销售额就是货物的销售价格,不得从销售额中减除还本支出。

D. 以物易物方式销售。以物易物是指购销双方不是以货币结算,而是以同等价款的货物相互结算,实现货物购销的一种方式。以物易物双方都应作购销处理,以各自发出的货物核算销售额并计算销项税额,以各自收到的货物按规定核算购货额并计算进项税额。在以物易物活动中,应分别开具合法的票据,如收到的货物不能取得相应的增值税专用发票或其他合法票据的,不能抵扣进项税额。

E. 直销方式销售。直销企业先将货物销售给直销员,直销员再将货物销售给消费者的,直销企业的销售额为其向直销员收取的全部价款和价外费用。直销员

将货物销售给消费者时,应按照现行规定缴纳增值税。

直销企业通过直销员向消费者销售货物,直接向消费者收取货款,直销企业的销售额为其向消费者收取的全部价款和价外费用。

(7) 包装物押金。包装物是指纳税人包装本单位货物的各种物品。一般情况下,销货方向购货方收取包装物押金,购货方在规定时间内返还包装物,销货方再将收取的包装物押金返还。纳税人为销售货物而出租、出借包装物收取的押金,单独记账核算的,且时间在 1 年以内,又未过期的,不并入销售额征税;但对因逾期未收回包装物不再退还的押金,应按所包装货物的适用税率计算增值税款。实践中,应注意以下具体规定。

A. "逾期"是指按合同约定实际逾期或以 1 年为期限,对收取 1 年以上的押金,无论是否退还均并入销售额征税。

B. 包装物押金是含税收入,在并入销售额征税时,需要先将该押金换算为不含税收入再计算应纳增值税款。

C. 包装物押金不同于包装物租金,包装物租金属于价外费用,在销售货物时随同货款一并计算增值税款。

D. 从 1995 年 6 月 1 日起,对销售除啤酒、黄酒外的其他酒类产品而收取的包装物押金,无论是否返还以及会计上如何核算,均应并入当期销售额征收增值税。

(8) 营改增行业销售额的规定,具体如下。

A. 贷款服务,以提供贷款服务取得的全部利息及利息性质的收入为销售额。

B. 直接收费金融服务,以提供直接收费金融服务收取的手续费、佣金、酬金、管理费、服务费、经手费、开户费、过户费、结算费、转托管费等各类费用为销售额。

C. 金融商品转让,按照卖出价扣除买入价后的余额为销售额。

转让金融商品出现的正负差,按盈亏相抵后的余额为销售额。若相抵后出现负差,可结转下一纳税期与下期转让金融商品销售额相抵,但年末时仍出现负差的,不得转入下一个会计年度。

金融商品的买入价,可以选择按照加权平均法或者移动加权平均法进行核算,选择后 36 个月内不得变更。

金融商品转让,不得开具增值税专用发票。

D. 经纪代理服务,以取得的全部价款和价外费用,扣除向委托方收取并代为支付的政府性基金或者行政事业性收费后的余额为销售额。向委托方收取的政府性基金或者行政事业性收费,不得开具增值税专用发票。

E. 航空运输企业的销售额,不包括代收的机场建设费和代售其他航空运输企业客票而代收转付的价款。

F. 试点纳税人中的一般纳税人提供客运场站服务,以其取得的全部价款和价外费用,扣除支付给承运方运费后的余额为销售额。

G. 试点纳税人提供旅游服务,可以选择以取得的全部价款和价外费用,扣除向旅游服务购买方收取并支付给其他单位或者个人的住宿费、餐饮费、交通费、签证费、门票费和支付给其他接团旅游企业的旅游费用后的余额为销售额。

选择上述办法计算销售额的试点纳税人,向旅游服务购买方收取并支付的上述费用,不得开具增值税专用发票,可以开具普通发票。

H. 试点纳税人提供建筑服务适用简易计税方法的,以取得的全部价款和价外费用扣除支付的分包款后的余额为销售额。

I. 房地产开发企业中的一般纳税人销售其开发的房地产项目(选择简易计税方法的房地产老项目除外),以取得的全部价款和价外费用,扣除受让土地时向政府部门支付的土地价款后的余额为销售额。

房地产老项目,是指《建筑工程施工许可证》注明的合同开工日期在 2016 年 4 月 30 日前的房地产项目。

(9) 销售额确定的特殊规定,具体如下。

A. 纳税人兼营免税、减税项目的,应当分别核算免税、减税项目的销售额;未分别核算的,不得免税、减税。

B. 纳税人销售货物、提供应税劳务或者发生应税行为,开具增值税专用发票后,发生开票有误或者销售折让、中止、退回等情形的,应当按照国家税务总局的规定开具红字增值税专用发票;未按照规定开具红字增值税专用发票的,不得扣减销项税额或者销售额。

C. 纳税人销售货物、提供应税劳务或者发生应税行为,将价款和折扣额在同一张发票上分别注明的,以折扣后的价款为销售额;未在同一张发票上分别注明的,以价款为销售额,不得扣减折扣额。

(10) 外币销售额的折算。纳税人按人民币以外的货币结算销售额的,其销售额的人民币折合率可以选择销售额发生的当天或者当月 1 日的人民币外汇中间价。纳税人应在事先确定采用何种折合率,确定后在 1 年内不得变更。

2. 进项税额的确定

进项税额,是指纳税人购进货物、加工修理修配劳务、服务、无形资产或者不动产,支付或者负担的增值税额。

(1) 准予从销项税额中抵扣的进项税额,具体如下。

A. 从增值税额销售方取得的增值税专用发票(含税控机动车销售统一发票,下同)上注明的增值税额。

B. 从海关取得的海关进口增值税专用缴款书上注明的增值税额。

C. 购进农产品,自 2017 年 7 月 1 日起,按照以下办法扣除。

a. 取得一般纳税人开具的增值税专用发票或海关进口增值税专用缴款书的,以增值税专用发票或海关进口增值税专用缴款书上注明的增值税额为进项税额。

b. 从按照简易计税方法依照 3% 征收率计算缴纳增值税的小规模纳税人取得增值税专用发票的,以增值税专用发票上注明的金额和 10% 的扣除率计算进项税额。

c. 取得(开具)农产品销售发票或收购发票的,以农产品销售发票或收购发票上注明的农产品买价和 11% 的扣除率计算进项税额。

d. 营改增试点期间,纳税人购进用于生产销售或委托受托加工 17% 税率货物的农产品维持原扣除力度不变。

e. 纳税人从批发、零售环节购进适用免征增值税政策的蔬菜、部分鲜活肉蛋而取得的普通发票,不得作为计算抵扣进项税额的凭证。

f. 纳税人购进农产品既用于生产销售或委托受托加工 16% 税率货物又用于生产销售其他货物服务的,应当分别核算用于生产销售或委托受托加工 16% 税率货物和其他货物服务的农产品进项税额。未分别核算的,统一以增值税专用发票或海关进口增值税专用缴款书上注明的增值税额为进项税额,或以农产品收购发票或销售发票上注明的农产品买价和 10% 的扣除率计算进项税额。

g. 购进农产品增值税进项税额核定扣除的,按照《农产品增值税进项税额核定扣除试点实施办法》等规定执行。

D. 从境外单位或者个人购进服务、无形资产或者不动产,自税务机关或者扣缴义务人取得的解缴税款的完税凭证上注明的增值税额。

E. 原增值税一般纳税人购进货物或者接受加工、修理修配劳务,用于《销售服务、无形资产或者不动产注释》所列项目的,不属于《增值税暂行条例》第十条所称的用于非增值税应税项目,其进项税额准予从销项税额中抵扣。

F. 原增值税一般纳税人购进服务、无形资产或者不动产,取得的增值税专用发票上注明的增值税额为进项税额,准予从销项税额中抵扣。

G. 原增值税一般纳税人自用的应征消费税的摩托车、汽车、游艇,其进项税额准予从销项税额中抵扣。

纳税人取得的增值税扣税凭证不符合法律、行政法规或者国家税务总局有关规定的,其进项税额不得从销项税额中抵扣。

增值税扣税凭证,是指增值税专用发票、海关进口增值税专用缴款书、农产品收购发票、农产品销售发票和完税凭证。

纳税人凭完税凭证抵扣进项税额的,应当具备书面合同、付款证明和境外单位的对账单或者发票。资料不全的,其进项税额不得从销项税额中抵扣。

(2) 不得从销项税额中抵扣的进项税额,具体如下。

A. 用于简易计税方法计税项目、免征增值税项目、集体福利或者个人消费的购进货物、加工修理修配劳务、服务、无形资产和不动产。其中涉及的固定资产、无形资产、不动产,仅指专用于上述项目的固定资产、无形资产(不包括其他权益性无形资产)、不动产。

纳税人的交际应酬消费属于个人消费。

B. 非正常损失的购进货物,以及相关的加工修理修配劳务和交通运输服务。

C. 非正常损失的在产品、产成品所耗用的购进货物(不包括固定资产)、加工修理修配劳务或者交通运输服务。

D. 非正常损失的不动产,以及该不动产所耗用的购进货物、设计服务和建筑服务。

E. 非正常损失的不动产在建工程所耗用的购进货物、设计服务和建筑服务。

纳税人新建、改建、扩建、修缮、装饰不动产,均属于不动产在建工程。

F. 购进的旅客运输服务、贷款服务、餐饮服务、居民日常服务和娱乐服务,不得抵扣增值税销项税额。

G. 纳税人接受贷款服务向贷款方支付的与该笔贷款直接相关的投融资顾问费、手续费、咨询费等费用,其进项税额不得从销项税额中抵扣。

H. 财政部和国家税务总局规定的其他情形。

上述第 D 项、第 E 项所称货物,是指构成不动产实体的材料和设备,包括建筑装饰材料和给排水、采暖、卫生、通风、照明、通信、煤气、消防、中央空调、电梯、电气、智能化楼宇设备及配套设施。

不动产、无形资产的具体范围,按照《销售服务、无形资产或者不动产注释》执行。

固定资产,是指使用期限超过 12 个月的机器、机械、运输工具以及其他与生产经营有关的设备、工具、器具等有形动产。

非正常损失,是指因管理不善造成货物被盗、丢失、霉烂变质,以及因违反法律法规造成货物或者不动产被依法没收、销毁、拆除的情形。

(3) 适用一般计税方法的纳税人,兼营简易计税方法计税项目、免征增值税项目而无法划分不得抵扣的进项税额,按照下列公式计算不得抵扣的进项税额

$$\begin{matrix} 不得抵扣的 \\ 进项税额 \end{matrix} = \begin{matrix} 当期无法划分的 \\ 全部进项税额 \end{matrix} \times \left(\begin{matrix} 当期简易计税方法 \\ 计税项目销售额 \end{matrix} + \begin{matrix} 免征增值税 \\ 项目销售额 \end{matrix} \right) \div \begin{matrix} 当期全部 \\ 销售额 \end{matrix}$$

主管税务机关可以按照上述公式依据年度数据对不得抵扣的进项税额进行清算。

(4) 根据《增值税暂行条例实施细则》的规定,一般纳税人当期购进的货物或应税劳务用于生产经营,其进项税额在当期销项税额中予以抵扣。但已抵扣进项税额的购进货物或应税劳务如果事后改变用途,用于集体福利或者个人消费、购进货物发生非正常损失、在产品或产成品发生非正常损失等,应当将该项购进货物或者应税劳务的进项税额从当期的进项税额中扣减;无法确定该项进项税额的,按当

期外购项目的实际成本计算应扣减的进项税额。

（5）已抵扣进项税额的购进服务，发生《营业税改征增值税试点实施办法》规定的不得从销项税额中抵扣情形（简易计税方法计税项目、免征增值税项目除外）的，应当将该进项税额从当期进项税额中扣减；无法确定该进项税额的，按照当期实际成本计算应扣减的进项税额。

（6）已抵扣进项税额的无形资产或者不动产，发生《营业税改征增值税试点实施办法》规定的不得从销项税额中抵扣情形的，按照下列公式计算不得抵扣的进项税额

$$不得抵扣的进项税额＝无形资产或者不动产净值×适用税率$$

式中，无形资产或者不动产净值，是指纳税人根据财务会计制度计提折旧或摊销后的余额。

（7）纳税人适用一般计税方法计税的，因销售折让、中止或者退回而退还给购买方的增值税额，应当从当期的销项税额中扣减；因销售折让、中止或者退回而收回的增值税额应当从当期的进项税额中扣减。

（8）有下列情形之一者，应当按照销售额和增值税税率计算应纳税额，不得抵扣进项税额，也不得使用增值税专用发票。

A. 一般纳税人会计核算不健全，或者不能够提供准确税务资料的。

B. 应当办理一般纳税人资格登记而未办理的。

（9）适用一般计税方法的试点纳税人，2016 年 5 月 1 日后取得并在会计制度上按固定资产核算的不动产或者 2016 年 5 月 1 日后取得的不动产在建工程，其进项税额应自取得之日起分 2 年从销项税额中抵扣，第一年抵扣比例为 60％，第二年抵扣比例为 40％。

取得不动产，包括以直接购买、接受捐赠、接受投资入股、自建以及抵债等各种形式取得不动产，不包括房地产开发企业自行开发的房地产项目。

融资租入的不动产以及在施工现场修建的临时建筑物、构筑物，其进项税额不适用上述分 2 年抵扣的规定。

（10）按照《增值税暂行条例》和《营业税改征增值税试点实施办法》及相关规定，不得抵扣且未抵扣进项税额的固定资产、无形资产、不动产，发生用途改变，用于允许抵扣进项税额的应税项目，可在用途改变的次月按照下列公式，计算可以抵扣的进项税额

$$可以抵扣的进项税额＝固定资产、无形资产、不动产净值/（1＋适用税率）×适用税率$$

上述可以抵扣的进项税额应取得合法有效的增值税扣税凭证。

（11）一般纳税人发生下列应税行为可以选择适用简易计税方法计税，不允许

抵扣进项税额。

A. 公共交通运输服务,包括轮客渡、公交客运、地铁、城市轻轨、出租车、长途客运、班车。

B. 经认定的动漫企业为开发动漫产品提供的动漫脚本编撰、形象设计、背景设计、动画设计、分镜、动画制作、摄制、描线、上色、画面合成、配音、配乐、音效合成、剪辑、字幕制作、压缩转码(面向网络动漫、手机动漫格式适配)服务,以及在境内转让动漫版权(包括动漫品牌、形象或者内容的授权及再授权)。

C. 电影放映服务、仓储服务、装卸搬运服务、收派服务和文化体育服务。

D. 以纳入营改增试点之日前取得的有形动产为标的物提供的经营租赁服务。

E. 在纳入营改增试点之日前签订的尚未执行完毕的有形动产租赁合同。

3. 进项税额抵扣期限的规定

(1) 自 2017 年 7 月 1 日起,增值税一般纳税人取得的 2017 年 7 月 1 日及以后开具的增值税专用发票和机动车销售统一发票,应自开具之日起 360 日内认证或登录增值税发票选择确认平台进行确认,并在规定的纳税申报期内,向主管国税机关申报抵扣进项税额。

(2) 增值税一般纳税人取得的 2017 年 7 月 1 日及以后开具的海关进口增值税专用缴款书,应自开具之日起 360 日内向主管国税机关报送《海关完税凭证抵扣清单》,申请稽核比对。

(二)简易计税方法应纳税额的计算

小规模纳税人销售货物、提供应税劳务或者发生应税行为采用简易计税方法计税,应按照销售额和征收率计算应纳增值税税额,不得抵扣进项税额。其计算公式为

$$应纳税额 = 销售额 \times 征收率$$

简易计税方法的销售额不包括其应纳税额,纳税人采用销售额和应纳税额合并定价方法的,按照下列公式计算销售额

$$销售额 = 含税销售额 \div (1 + 征收率)$$

纳税人适用简易计税方法计税的,因销售折让、中止或者退回而退还给购买方的销售额,应当从当期销售额中扣减。扣减当期销售额后仍有余额造成多缴的税款,可以从以后的应纳税额中扣减。

一般纳税人发生财政部和国家税务总局规定的特定应税行为,可以选择适用简易计税方法计税,但一经选择,36 个月内不得变更。

(三)进口货物应纳税额的计算

纳税人进口货物,无论是一般纳税人还是小规模纳税人,均应按照组成计税价

格和规定的税率计算应纳税额,不允许抵扣发生在境外的任何税金。其计算公式为

$$应纳税额 = 组成计税价格 \times 税率$$

组成计税价格的构成分两种情况:

(1) 如果进口货物不征收消费税,则上述公式中组成计税价格的计算公式为

$$组成计税价格 = 关税完税价格 + 关税$$

(2) 如果进口货物征收消费税,则上述公式中组成计税价格的计算公式为

$$组成计税价格 = 关税完税价格 + 关税 + 消费税$$

根据《海关法》和《进出口关税条例》的规定,一般贸易下进口货物的关税完税价格以海关审定的成交价格为基础的到岸价格作为完税价格。所谓成交价格是一般贸易项下进口货物的买方为购买该项货物向卖方实际支付或应当支付的价格;到岸价格,包括货价,加上货物运抵我国关境内输入地点起卸前的包装费、运费、保险费和其他劳务费等费用构成的一种价格。

特殊贸易下进口的货物,由于进口时没有"成交价格"可作依据,为此,《进出口关税条例》对这些进口货物制定了确定其完税价格的具体办法。

关于消费税和关税的计算方法参照消费税法律制度和关税法律制度有关内容。

(四) 扣缴计税方法

境外单位或者个人在境内发生应税行为,在境内未设有经营机构的,扣缴义务人按照下列公式计算应扣缴税额

$$应扣缴税额 = 购买方支付的价款 \div (1 + 税率) \times 税率$$

📖 练习 6-1

学习了增值税的知识点后,通过几道简单的练习,检测是否已经掌握了增值税的计算方法。

1. 工贸实业某月发生的经济业务如下。

(1) 购进一批原材料,取得增值税专用发票注明的金额为 50 万元,增值税为 8 万元。支付运费,取得增值税普通发票注明的金额为 2 万元,增值税为 0.2 万元。

(2) 接受其他企业投资转入材料一批,取得增值税专用发票注明的金额为 100 万元,增值税为 16 万元。

(3) 购进低值易耗品,取得增值税专用发票注明的金额 6 万元,增值税为 0.96 万元。

(4) 销售产品一批,取得不含税销售额 200 万元,另外收取包装物租金 1.16 万元。

已知工贸实业该批购进的材料和销售产品适用的增值税税率为 16%。请在下面的方框内计算工贸实业当月应纳增值税税额。

请将计算过程写在这里:

2. 生益电子有限公司为增值税小规模纳税人,专门从事商业咨询服务。2018 年 7 月发生以下业务。

(1) 15 日,向某一般纳税人企业提供资讯信息服务,取得含增值税销售额 3.09 万元。

(2) 20 日,向某小规模纳税人提供注册信息服务,取得含增值税销售额 1.03 万元。

(3) 25 日,购进办公用品,支付价款 2.06 万元,并取得增值税普通发票。

已知生益电子有限公司增值税征收率为 3%。计算生益电子有限公司当月应纳增值税税额。

请将计算过程写在这里:

练习 6-2

掌握增值税的计算方法,但是在实际工作中,我们的业务内容不会以文字的形式出现。请根据下面的单据,判断是否需要缴纳增值税,并填写每一张单据对应的分录。

(1) 按照增值税发票(附 6-1)的内容,填写记账凭证(6-1)。

附 6-1

广东增值税专用发票 No 30138131

4374371437

机器编号: 437000000721

开票日期: 2018年06月21日

| 购买方 | 名称: 广州工贸实业有限公司
纳税人识别号: 91853390000010000X
地址、电话: 广州市白云区机场路2636号 020-23888888
开户行及账号: 招商银行白云支行 36102301102655 0 | | 密码区 | 略 |

货物或应税劳务、服务名称	规格型号	单位	数量	单价	金额	税率	税额
壶盖	HF-0001	件	330	6.00	1980.00	16%	316.80
经典型壶体	HB-0001	件	330	69.50	22935.00	16%	3669.60
合计					¥24915.00		¥3986.40

价税合计(大写) ⊗ 贰万捌仟玖佰零壹元肆角整　　　　　(小写)¥28901.40

| 销售方 | 名称: 泰雅五金塑料制品公司
纳税人识别号: 96510000420000 1656
地址、电话: 广州市南沙区沙白商贸街122号 020-80049468
开户行及账号: 招商银行股份有限公司南沙分行 5094000020000439 | | 备注 | 校验码 82820 43925 57056 42300 |

收款人: 惠雅洁　　复核: 胡俊逸　　开票人: 李斯宁　　销售方(章)

第二联: 抵扣联 购买方扣税凭证

记账凭证(6-1)

年　　月　　日　　　　　　　　　　　　　　　字第　　　号

摘要	总账科目	明细科目	借方金额										贷方金额										记账√
			亿	千	百	十	万	千	百	十	元	角	分	亿	千	百	十	万	千	百	十	元	角	分	
附件　张	合计																							

会计主管　　　　　记账　　　　　　出纳　　　　　　审核　　　　　制证

(2) 按照增值税发票(附6-2)的内容,填写记账凭证(6-2)。

附 6-2

广东增值税专用发票　№ 00800030

4477172130

机器编号：488000000441

此联不作增值税进项税额抵扣凭证使用

开票日期：2018年06月20日

| 购买方 | 名　　称：广州伍佰神力百货有限公司 纳税人识别号：918588800002020000X 地址、电话：广州市天河区伍佰路36号 020-25888666 开户行及账号：招商银行伍佰支行 361023011026880 | 密码区 | 略 |

货物或应税劳务、服务名称	规格型号	单位	数量	单价	金额	税率	税额
轻巧型热水壶	HW-0001	件	120	75.00	9000.00	16%	1440.00
经典型热水壶	HW-0002	件	50	90.00	4500.00	16%	720.00
豪华型热水壶	HW-0003	件	30	130.00	3900.00	16%	624.00
合　　计					¥17400.00		¥2784.00

价税合计（大写）　⊗ 贰万零壹佰捌拾肆圆整　　（小写）¥20184.00

| 销售方 | 名　　称：广州工贸实业有限公司 纳税人识别号：918533900000010000X 地址、电话：广州市白云区机场路2636号 020-23888888 开户行及账号：招商银行白云支行 361023011026550 | 备注 | 校验码　12324 79734 08132 78801 |

收款人：张纯琪　　　复核：谭惠文　　　开票人：　　　　销售方：

记 账 凭 证(6-2)

年　　月　　日　　　　　　　　字第　　号

摘要	总账科目	明细科目	借方金额											贷方金额											记账√
			亿	千	百	十	万	千	百	十	元	角	分	亿	千	百	十	万	千	百	十	元	角	分	
附件　张	合　计																								

会计主管　　　　记账　　　　　　出纳　　　　　审核　　　　　制证

（3）按照增值税发票（附6-3）的内容，填写记账凭证（6-3）

附6-3

广东增值税电子普通发票		发票代码：012001600001
		发票号码：85051516
		开票日期：2018年06月05日
机器编号：		校验码：54253 05514 41888 28888

购买方	名　称：广州工贸实业有限公司 纳税人识别号：91853390000010000X 地址、电话：广州市白云区机场路2636号　020-23888888 开户行及账号：招商银行白云支行 361023011026550	密码区	略

货物或应税劳务、服务名称	规格型号	单位	数量	单价	金额	税率	税额
代订房费			1	152.83	152.83	6%	9.17
合　计					￥152.83		￥9.17

价税合计（大写）	⊗ 壹佰陆拾贰圆整	（小写）￥162.00

销售方	名　称：广州国际旅行社有限公司 纳税人识别号：91120020MA05JNEN5Q 地址、电话：广州市天河区经济开发区西区120号 开户行及账号：建设银行 440181234567234	备注	

收款人：刘洋　　　复核：鲁妍　　　开票人：毛慧　　　销售方：（章）

记　账　凭　证（6-3）

　年　　月　　日　　　　　　　　　　　　字第　　号

摘　要	总账科目	明细科目	借方金额										贷方金额										记账√
			亿	千	百	十	万	千	百	十	元	角	分	亿	千	百	十	万	千	百	十	元	角	分	
附件　张	合　计																								

会计主管　　　　记账　　　　　　出纳　　　　　　审核　　　　　　制证

（4）按照增值税发票(附6-4)的内容,填写记账凭证(6-4)。

附6-4

广东增值税普通发票　　№ 04252452

4400120320
机器编号：
499919065690

开票日期：2018年6月13日

购买方	名　称：广州工贸实业有限公司	密码区	03+-68116868608>966+<<83<0/9
	纳税人识别号：91853390000010000X		61>*91+2449<312+-08-0/>49540
	地址、电话：广州市白云区机场路2636号 020-23888888		4<+-68180801608>96/6>21<9/>>
	开户行及账号：招商银行白云支行 361023011026550		13>*/02>0901440+06256<><9482

餐费 货物或应税劳务、服务名称	规格型号	单位	数量	单价	金额 418.87	税率 5%	税额 20.94
合　计					￥418.87		￥20.94
价税合计（大写）	⊗ 肆佰叁拾玖元捌角壹分				（小写）￥439.81		

销售方	名　称：广州市食尚居饮食管理有限公司	备注	校验码 00080 19196 15840 15840
	纳税人识别号：91440105247527481D		
	地址、电话：广州市海珠区新港中路552号之二306铺202-381511885		
	开户行及账号：中国工商银行股份有限公司广州黄石西路支行32181845091910990084		

收款人：黎宇露　　复核：刘清　　开票人：戴芳芳　　销售方：

第二联：发票联 购买方记账凭证

记 账 凭 证(6-4)

年　　月　　日　　　　　　　　　　　　字第　　号

摘　要	总账科目	明细科目	借方金额											贷方金额											记账√
			亿	千	百	十	万	千	百	十	元	角	分	亿	千	百	十	万	千	百	十	元	角	分	
附件　张	合　计																								

会计主管　　　　　记账　　　　　　出纳　　　　　　审核　　　　　　制证

（5）按照增值税发票(附 6-5)的内容，填写记账凭证(6-5)。

附 6-5

发票代码：044001500111								

广东增值税电子普通发票

发票号码：76992534

开票日期：2018-06-17

校验码：11344 72179 22133 84834

机器编号：499916029423

购买方	名　称：生益电子股份有限公司	密码区	03*9+245+//78-2-411317470-11 *<153>*9*15350>*/*+*6/1306<3 7**9+245+//78-2-41--37219258 0*5+-34459014804195+5692/>16
	纳税人识别号：9141231400000000J7		
	地　址、电话：		
	开户行及账号：		

货物或应税劳务、服务名称	规格型号	单位	数量	单价	金额	税率	税额
餐费					455.66	6%	27.34
合　计					¥455.66		¥27.34

价税合计(大写)	⊗ 肆佰捌拾叁圆整	(小写) ¥483.00

销售方	名　称：广州凤园椰珍餐饮管理有限公司	备注	（发票专用章）
	纳税人识别号：91440101061116891L		91440101061116891L
	地　址、电话：广州市天河区天河南二路34号之二二二、三楼85264175		发票专用章
	开户行及账号：中国建设银行广州粤电支行44001382201053004917		

收款人：江慧艳　　　　复核：黄秋萍　　　开票人：江慧艳　　　销售方(章)

记 账 凭 证(6-5)

年　　月　　日　　　　　　　　　　　　字第　　号

摘　要	总账科目	明细科目	借方金额										贷方金额										记账√
			亿	千	百	十	万	千	百	十	元	角	分	亿	千	百	十	万	千	百	十	元	角	分	
附件　张	合　计																								

会计主管　　　　记账　　　　　　出纳　　　　　　审核　　　　　　制证

请思考,生益电子的这名员工能够要求餐厅开具增值税专用发票?

二、消费税应纳税额的计算

(一)销售额的确定

根据《消费税暂行条例》的规定,消费税应纳税额的计算分为从价计征、从量计征和从价从量复合计征三种方法。以下分三种情况介绍销售额的确定。

1. 从价计征销售额的确定

(1)销售额,是指为纳税人销售应税消费品向购买方收取的全部价款和价外费用,不包括应向购买方收取的增值税税款。价外费用,是指价外向购买方收取的手续费、补贴、基金、集资费、返还利润、奖励费、违约金、滞纳金、延期付款利息、赔偿金、代收款项、代垫款项、包装费、包装物租金、储备费、优质费、运输装卸费以及其他各种性质的价外收费。但下列项目不包括在销售额内:

A. 同时符合以下条件的代垫运输费用:承运部门的运输费用发票开具给购买方的;纳税人将该项发票转交给购买方的。

B. 同时符合以下条件代为收取的政府性基金或者行政事业性收费:由国务院或者财政部批准设立的政府性基金,由国务院或者省级人民政府及其财政、价格主管部门批准设立的行政事业性收费;收取时开具省级以上财政部门印制的财政票据;所收款项全额上缴财政。

(2)含增值税销售额的换算。应税消费品在缴纳消费税的同时,与一般货物一样,还应缴纳增值税。按照《消费税暂行条例实施细则》的规定,应税消费品的销售额,不包括应向购货方收取的增值税税款。如果纳税人应税消费品的销售额中未扣除增值税税款或者因不得开具增值税专用发票而发生价款和增值税税款合并收取的,在计算消费税时,应将含增值税的销售额换算为不含增值税税款的销售额。其换算公式为

应税消费品的销售额=含增值税的销售额÷(1+增值税税率或征收率)

在使用换算公式时,应根据纳税人的具体情况分别使用增值税税率或征收率。如果消费税的纳税人同时又是增值税一般纳税人的,应适用17%的增值税税率;

如果消费税的纳税人是增值税小规模纳税人的,应适用3%的征收率。

2. 从量计征销售数量的确定

(1)销售数量,是指纳税人生产、加工和进口应税消费品的数量。具体规定如下。

A. 销售应税消费品的,为应税消费品的销售数量。

B. 自产自用应税消费品的,为应税消费品的移送使用数量。

C. 委托加工应税消费品的,为纳税人收回的应税消费品数量。

D. 进口应税消费品的,为海关核定的应税消费品进口征税数量。

(2)从量定额的换算标准。为了规范不同产品的计量单位,以准确计算应纳税额,《消费税暂行条例实施细则》规定了吨与升两个计量单位的换算标准(见表6-1)。

表6-1　计量单位换算表

序　　号	物　　品	换 算 标 准
1	黄　酒	1吨=962升
2	啤　酒	1吨=988升
3	汽　油	1吨=1 388升
4	柴　油	1吨=1 176升
5	航空煤油	1吨=1 246升
6	石脑油	1吨=1 385升
7	溶剂油	1吨=1 282升
8	润滑油	1吨=1 126升
9	燃料油	1吨=1 015升

3. 复合计征销售额和销售数量的确定

根据消费税法的规定,卷烟和白酒实行从价定率和从量定额相结合的复合计征办法征收消费税。

销售额为纳税人生产销售卷烟、白酒向购买方收取的全部价款和价外费用。销售数量为纳税人生产销售、进口、委托加工、自产自用卷烟、白酒的销售数量、海关核定数量、委托方收回数量和移送使用数量。

4. 特殊情形下销售额和销售数量的确定

(1)纳税人应税消费品的计税价格明显偏低并无正当理由的,由主管税务机关核定计税价格。其核定权限规定如下。

A. 卷烟、白酒和小汽车的计税价格由国家税务总局核定,送财政部备案。

B. 其他应税消费品的计税价格由省、自治区和直辖市国家税务局核定。

C. 进口的应税消费品的计税价格由海关核定。

（2）纳税人通过自设非独立核算门市部销售的自产应税消费品，应当按照门市部对外销售额或者销售数量征收消费税。

（3）纳税人用于换取生产资料和消费资料、投资入股和抵偿债务等方面的应税消费品，应当以纳税人同类应税消费品的最高销售价格作为计税依据计算消费税。

（4）白酒生产企业向商业销售单位收取的"品牌使用费"是随着应税白酒的销售而向购货方收取的，属于应税白酒销售价款的组成部分，因此，不论企业采取何种方式或以何种名义收取价款，均应并入白酒的销售额中缴纳消费税。

（5）实行从价计征办法征收消费税的应税消费品连同包装销售的，无论包装物是否单独计价以及在会计上如何核算，均应并入应税消费品的销售额中缴纳消费税。

如果包装物不作价随同产品销售，而是收取押金，此项押金则不应并入应税消费品的销售额中征税。但对因逾期未收回的包装物不再退还的或者已收取的时间超过 12 个月的押金，应并入应税消费品的销售额，缴纳消费税。

对包装物既作价随同应税消费品销售，又另外收取押金的包装物的押金，凡纳税人在规定的期限内没有退还的，均应并入应税消费品的销售额，按照应税消费品的适用税率缴纳消费税。

对酒类生产企业销售酒类产品而收取的包装物押金，无论押金是否返还及会计上如何核算，均应并入酒类产品销售额，征收消费税。

（6）纳税人采用以旧换新（含翻新改制）方式销售的金银首饰，应按实际收取的不含增值税的全部价款确定计税依据征收消费税。

对既销售金银首饰，又销售非金银首饰的生产、经营单位，应将两类商品划分清楚，分别核算销售额。凡划分不清楚或不能分别核算的并在生产环节销售的，一律从高适用税率征收消费税；在零售环节销售的，一律按金银首饰征收消费税。

金银首饰与其他产品组成成套消费品销售的，应按销售额全额征收消费税。

金银首饰连同包装物销售的，无论包装是否单独计价，也无论会计上如何核算，均应并入金银首饰的销售额计征消费税。

带料加工的金银首饰，应按受托方销售同类金银首饰的销售价格确定计税依据征收消费税。没有同类金银首饰销售价格的，按照组成计税价格计算纳税。

（7）纳税人销售的应税消费品，以人民币以外的货币结算销售额的，其销售额的人民币折合率可以选择销售额发生的当天或者当月 1 日的人民币汇率中间价。纳税人应在事先确定采取何种折合率，确定后 1 年内不得变更。

（二）应纳税额的计算

1. 生产销售应纳消费税的计算

（1）实行从价定率计征消费税的，其计算公式为

$$应纳税额＝销售额\times比例税率$$

（2）实行从量定额计征消费税的，其计算公式为

$$应纳税额＝销售数量\times定额税率$$

（3）实行从价定率和从量定额复合方法计征消费税的，其计算公式为

$$应纳税额＝销售额\times比例税率＋销售数量\times定额税率$$

现行消费税的征税范围中，只有卷烟、白酒采用复合计算方法。

2. 自产自用应纳消费税的计算

纳税人自产自用的应税消费品，用于连续生产应税消费品的，不纳税；凡用于其他方面的，于移送使用时，按照纳税人生产的同类消费品的销售价格计算纳税；没有同类消费品销售价格的，按照组成计税价格计算纳税。

（1）实行从价定率办法计征消费税的，其计算公式为

$$组成计税价格＝（成本＋利润）\div（1－比例税率）$$
$$应纳税额＝组成计税价格\times比例税率$$

（2）实行复合计税办法计征消费税的，其计算公式为

$$组成计税价格＝（成本＋利润＋自产自用数量\times定额税率）\div（1－比例税率）$$
$$应纳税额－组成计税价格\times比例税率＋自产自用数量\times定额税率$$

其中"成本"，是指应税消费品的产品生产成本；"利润"，是指根据应税消费品的全国平均成本利润率计算的利润。应税消费品全国平均成本利润率由国家税务总局确定。具体标准见表6-2。

表6-2　平均成本利润率

货 物 名 称	利润率	货 物 名 称	利润率
1. 甲类卷烟	10%	7. 其他酒	5%
2. 乙类卷烟	5%	8. 化妆品	5%
3. 雪茄烟	5%	9. 鞭炮、焰火	5%
4. 烟丝	5%	10. 贵重首饰及珠宝玉石	6%
5. 粮食白酒	10%	11. 摩托车	6%
6. 薯类白酒	5%	12. 高尔夫球及球具	10%

货 物 名 称	利润率	货 物 名 称	利润率
13. 高档手表	20%	17. 乘用车	8%
14. 游艇	10%	18. 中轻型商用客车	5%
15. 木制一次性筷子	5%	19. 电池	4%
16. 实木地板	5%	20. 涂料	7%

同类消费品的销售价格是指纳税人或者代收代缴义务人当月销售的同类消费品的销售价格,如果当月同类消费品各期销售价格高低不同,应按销售数量加权平均计算。但销售的应税消费品有下列情况之一的,不得列入加权平均计算。

A. 销售价格明显偏低又无正当理由的。

B. 无销售价格的。

如果当月无销售或者当月未完结,应按照同类消费品上月或者最近月份的销售价格计算纳税。

3. 委托加工应纳消费税的计算

委托加工的应税消费品,按照受托方的同类消费品的销售价格计算纳税,没有同类消费品销售价格的,按照组成计税价格计算纳税。

(1) 实行从价定率办法计征消费税的,其计算公式为

$$组成计税价格 = (材料成本 + 加工费) \div (1 - 比例税率)$$
$$应纳税额 = 组成计税价格 \times 比例税率$$

(2) 实行复合计税办法计征消费税的,其计算公式为

$$组成计税价格 = (材料成本 + 加工费 + 委托加工数量 \times 定额税率) \div$$
$$(1 - 比例税率) 应纳税额 = 组成计税价格 \times 比例税率$$
$$+ 委托加工数量 \times 定额税率$$

式中,材料成本,是指委托方所提供加工材料的实际成本。委托加工应税消费品的纳税人,必须在委托加工合同上如实注明(或以其他方式提供)材料成本,凡未提供材料成本的,受托方主管税务机关有权核定其材料成本。

加工费,是指受托方加工应税消费品向委托方所收取的全部费用(包括代垫辅助材料的实际成本),不包括增值税税款。

4. 进口环节应纳消费税的计算

纳税人进口应税消费品,按照组成计税价格和规定的税率计算应纳税额。

(1) 从价定率计征消费税的,其计算公式为

$$组成计税价格 = (关税完税价格 + 关税) \div (1 - 消费税比例税率)$$
$$应纳税额 = 组成计税价格 \times 消费税比例税率$$

式中所称"关税完税价格",是指海关核定的关税计税价格。

(2) 实行复合计税办法计征消费税的,其计算公式为

$$组成计税价格 = (关税完税价格 + 关税 + 进口数量 \times 定额税率) \div$$
$$(1 - 消费税比例税率)$$
$$应纳税额 = 组成计税价格 \times 消费税比例税率 + 进口数量 \times 定额税率$$

进口环节消费税除国务院另有规定外,一律不得给予减税、免税。

三、已纳消费税的扣除

为了避免重复征税,现行消费税规定,将外购应税消费品和委托加工收回的应税消费品继续生产应税消费品销售的,可以将外购应税消费品和委托加工收回应税消费品已缴纳的消费税给予扣除。

(一) 外购应税消费品已纳税款的扣除

由于某些应税消费品是用外购已缴纳消费税的应税消费品连续生产出来的,在对这些连续生产出来的应税消费品计算征税时,税法规定应按当期生产领用数量计算准予扣除外购的应税消费品已纳的消费税税款。扣除范围包括如下。

(1) 外购已税烟丝生产的卷烟。

(2) 外购已税高档化妆品原料生产的高档化妆品。

(3) 外购已税珠宝、玉石原料生产的贵重首饰及珠宝、玉石。

(4) 外购已税鞭炮、焰火原料生产的鞭炮、焰火。

(5) 外购已税杆头、杆身和握把为原料生产的高尔夫球杆。

(6) 外购已税木制一次性筷子原料生产的木制一次性筷子。

(7) 外购已税实木地板原料生产的实木地板。

(8) 外购已税石脑油、润滑油、燃料油为原料生产的成品油。

(9) 外购已税汽油、柴油为原料生产的汽油、柴油。

上述当期准予扣除外购应税消费品已纳消费税税款的计算公式为

$$\frac{当期准予扣除的外购应税}{消费品已纳税款} = \frac{当期准予扣除的外购}{应税消费品买价} \times \frac{外购应税消费品}{适用税率}$$

$$\frac{当期准予扣除的外购}{应税消费品买价} = \frac{期初库存的外购应税}{消费品的买价} + \frac{当期购进的应税}{消费品的买价} - \frac{期末库存的外购}{应税消费品的买价}$$

其中,外购已税消费品的买价是指购货发票上注明的销售额(不包括增值税税款)。

纳税人用外购的已税珠宝、玉石原料生产的改在零售环节征收消费税的金银首饰(镶嵌首饰),在计税时一律不得扣除外购珠宝、玉石的已纳税款。

对自己不生产应税消费品,而只是购进后再销售应税消费品的工业企业,其销售的高档化妆品、鞭炮、焰火和珠宝、玉石,凡不能构成最终消费品直接进入消费品市场,而需进一步生产加工的,应当征收消费税,同时允许扣除上述外购应税消费品的已纳税款。

允许扣除已纳税款的应税消费品只限于从工业企业购进的应税消费品和进口环节已缴纳消费税的应税消费品,对从境内商业企业购进应税消费品的已纳税款一律不得扣除。

(二)委托加工收回的应税消费品已纳税款的扣除

委托加工的应税消费品因为已由受托方代收代缴消费税,因此,委托方收回货物后用于连续生产应税消费品的,其已纳税款准予按照规定从连续生产的应税消费品应纳消费税税额中抵扣。按照消费税法的规定,下列连续生产的应税消费品准予从应纳消费税税额中按当期生产领用数量计算扣除委托加工收回的应税消费品已纳消费税税款。

(1)以委托加工收回的已税烟丝为原料生产的卷烟。

(2)以委托加工收回的已税高档化妆品原料生产的高档化妆品。

(3)以委托加工收回的已税珠宝、玉石原料生产的贵重首饰及珠宝、玉石。

(4)以委托加工收回的已税鞭炮、焰火原料生产的鞭炮、焰火。

(5)以委托加工收回的已税杆头、杆身和握把为原料生产的高尔夫球杆。

(6)以委托加工收回的已税木制一次性筷子原料生产的木制一次性筷子。

(7)以委托加工收回的已税实木地板原料生产的实木地板。

(8)以委托加工收回的已税石脑油、润滑油、燃料油为原料生产的成品油。

(9)以委托加工收回的已税汽油、柴油为原料生产的汽油、柴油。

上述当期准予扣除委托加工收回的应税消费品已纳消费税税款的计算公式是:

$$
\begin{array}{c}
\text{当期准予扣除的} \\
\text{委托加工应税} \\
\text{消费品已纳税款}
\end{array}
=
\begin{array}{c}
\text{期初库存的} \\
\text{委托加工应税} \\
\text{消费品已纳税款}
\end{array}
+
\begin{array}{c}
\text{当期收回的} \\
\text{委托加工应税} \\
\text{消费品已纳税款}
\end{array}
-
\begin{array}{c}
\text{期末库存的} \\
\text{委托加工应税} \\
\text{消费品已纳税款}
\end{array}
$$

纳税人用委托加工收回的已税珠宝、玉石原料生产的改在零售环节征收消费税的金银首饰,在计税时一律不得扣除委托加工收回的珠宝、玉石原料的已纳消费税税款。

练习 6-3

消费税计算

看完了消费税的知识点,先通过几道简单的练习,检测是否已经掌握了消费税的计算方法。

已知工贸实业入股投资了一家酒厂——广州工贸米酒有限公司,工贸米酒 2016 年 10 月生产以白酒和酒精为酒基,加入果汁、香料等配制的酒共计 200 吨全部用于销售,当月取得不含税销售额 680 万元,同时收取品牌使用费 40 万元;当期月初库存外购粮食酒精余额 90 万元,当月购进粮食酒精 130 万元,月末库存外购粮食酒精 30 万元。请计算出 10 月工贸米酒应纳消费税多少万元。

请将计算过程写在这里:

练习 6-4

实际工作中,业务内容不会以文字的形式出现。请根据下面的单据,判断是否需要缴纳消费税,并填写每一张单据对应的分录。

(1) 根据增值税发票(附 6-6)的数据,请计算工贸实业受托加工化妆品应代收代缴消费税为多少? 并填写记账凭证(6-6)。

附 6-6

广东增值税专用发票

4400052352　　　　此联不作为销售和抵扣凭证使用　　　NO 02444231

开票日期:2018年06月08日

购买方	名　称:广州百佳日化有限公司 纳税人识别号:440181234532158 地　址、电话:广州市白云区同和路58号 开户行及账号:建行银行 440153140205036521					密码区		略		
货物或应税劳务、服务名称	规格型号	单位	数量	单价	金额		税率	税额	
化妆品代加工费		批	1	80000.00	80000.00		16%	12800.00	
合　计					￥80000.00			￥12800.00	
价税合计(大写)		⊗玖万贰仟捌佰圆整					(小写)￥92800.00		
销售方	名　称:广州工贸实业有限公司 纳税人识别号:918533900000100000X 地　址、电话:广州市天河区经济开发区东区8号 开户行及账号:建行银行 440181234567891					备注	由百佳提供原料20万元整			

收款人:黄仪　　　复核:苏绾　　　开票人:黄绮梦　　　销货单位:

请将计算过程写在这里：

附 6-7

<h2 style="text-align:center">记 账 凭 证(6-7)</h2>

年　　月　　日　　　　　　　　　　　　字第　　号

摘　要	总账科目	明细科目	借方金额											贷方金额											记账√
			亿	千	百	十	万	千	百	十	元	角	分	亿	千	百	十	万	千	百	十	元	角	分	
附件　张		合　计																								

会计主管　　　　　记账　　　　　　出纳　　　　　　审核　　　　　制证

（2）根据增值税发票（6-8）的数据，计算消费税，写出计算过程，并填入记账凭证（6-8）

附 6-8

```
┌┈┈┈┈┈┈┈┈┈┈┈┈┈┈┈┈┈┈┈┈┈┈┈┈┈┈┈┈┈┈┈┈┈┈┐
┊       请将计算过程写在这里：                    ┊
┊                                           ┊
┊                                           ┊
┊                                           ┊
┊                                           ┊
└┈┈┈┈┈┈┈┈┈┈┈┈┈┈┈┈┈┈┈┈┈┈┈┈┈┈┈┈┈┈┈┈┈┈┘
```

记 账 凭 证(6-8)

年　　月　　日　　　　　　　　　　字第　　号

摘　要	总账科目	明细科目	借方金额												贷方金额												记账√
			亿	千	百	十	万	千	百	十	元	角	分	亿	千	百	十	万	千	百	十	元	角	分	
附件　张	合　计																									

会计主管　　　　　记账　　　　　　出纳　　　　　审核　　　　　制证

练习6-5

工贸实业将自主新研发的"水嫩倍"口红免费赠予客户试用,成本为1.4万元整。请计算工贸实业应缴纳的消费税为多少? 并填入记账凭证(6-9)

```
┌┈┈┈┈┈┈┈┈┈┈┈┈┈┈┈┈┈┈┈┈┈┈┈┈┈┈┈┈┈┈┈┈┈┈┐
┊       请将计算过程写在这里：                    ┊
┊                                           ┊
┊                                           ┊
┊                                           ┊
┊                                           ┊
└┈┈┈┈┈┈┈┈┈┈┈┈┈┈┈┈┈┈┈┈┈┈┈┈┈┈┈┈┈┈┈┈┈┈┘
```

附 6 - 9

记 账 凭 证(6 - 9)

年　　月　　日　　　　　　　　　　字第　　号

摘　要	总账科目	明细科目	借方金额											贷方金额											记账√
			亿	千	百	十	万	千	百	十	元	角	分	亿	千	百	十	万	千	百	十	元	角	分	
附件　　张	合　计																								

会计主管　　　　　　记账　　　　　　出纳　　　　　　审核　　　　　　制证

四、个人所得税应纳税所得额的确定

(一) 计税依据

个人所得税的计税依据是纳税人取得的应纳税所得额。应纳税所得额为个人取得的各项收入减去税法规定的费用扣除金额和减免税收入后的余额。由于个人所得税的应税项目不同,扣除费用标准也各不相同,需要按不同应税项目分项计算。

1. 收入的形式

个人取得的应纳税所得形式,包括现金、实物、有价证券和其他形式的经济利益。纳税人所得为实物的,应按照取得的凭证上的价格计算应纳税所得额;无凭证的实物或者凭证上所注明的价格明显偏低的,由主管税务机关参照当地的市场价格核定应纳税所得额;纳税人所得为有价证券的,根据票面价格和市场价格核定应纳税所得额;纳税人所得为其他形式经济利益的,参照市场价格核定应纳税所得额。

2. 费用扣除的方法

在计算应纳税所得额时,一般允许从个人的应税收入中减去税法规定的费用扣除金额,仅就扣除费用后的余额征税。

我国的个人所得税采取分项确定、分类扣除,根据其所得的不同情况分别实行定额、定率和限额内据实扣除三种扣除办法。

（二）个人所得项目的具体扣除标准

根据 2019 年 1 月 1 日实施的个人所得税法所得项目的扣除标准如下：

综合所得

依据国家税务总局公告 2018 年第 51 号工资、薪金所得自 2018 年 10 月 1 日起，以每月收入额减除费用 5 000 元后的余额，为应纳税所得额。

（1）居民个人的综合所得，以每一纳税年度的收入额减除费用六万元以及专项扣除、专项附加扣除和依法确定的其他扣除后的余额，为应纳税所得额。

（2）非居民个人的工资、薪金所得，以每月收入额减除费用五千元后的余额为应纳税所得额；劳务报酬所得、稿酬所得、特许权使用费所得，以每次收入额为应纳税所得额。

（3）经营所得，以每一纳税年度的收入总额减除成本、费用以及损失后的余额，为应纳税所得额。

（4）财产租赁所得，每次收入不超过四千元的，减除费用八百元；四千元以上的，减除百分之二十的费用，其余额为应纳税所得额。

（5）财产转让所得，以转让财产的收入额减除财产原值和合理费用后的余额，为应纳税所得额。

（6）利息、股息、红利所得和偶然所得，以每次收入额为应纳税所得额。

劳务报酬所得、稿酬所得、特许权使用费所得以收入减除百分之二十的费用后的余额为收入额。稿酬所得的收入额减按百分之七十计算。

个人将其所得对教育、扶贫、济困等公益慈善事业进行捐赠，捐赠额未超过纳税人申报的应纳税所得额百分之三十的部分，可以从其应纳税所得额中扣除；国务院规定对公益慈善事业捐赠实行全额税前扣除的，从其规定。

本条第一款第一项规定的专项扣除，包括居民个人按照国家规定的范围和标准缴纳的基本养老保险、基本医疗保险、失业保险等社会保险费和住房公积金等；专项附加扣除，包括子女教育、继续教育、大病医疗、住房贷款利息或者住房租金、赡养老人等支出，具体范围、标准和实施步骤由国务院确定，并报全国人民代表大会常务委员会备案。

投资者兴办两个或两个以上企业的，其投资者个人费用扣除标准由投资者选择在其中一个企业的生产经营所得中扣除。

计提的各种准备金不得扣除。

企业与其关联企业之间的业务往来，应当按照独立企业之间的业务往来收取或者支付价款、费用。不按照独立企业之间的业务往来收取或者支付价款、费用，而减少其应纳税所得额的，主管税务机关有权进行合理调整。

国家对下列情形的个人独资企业和合伙企业实行核定征收个人所得税，具体包括：依照国家有关规定应当设置但未设置账簿的；虽设置账簿，但账目混乱或者成本资料、收入凭证、费用凭证残缺不全,难以查账的;纳税人发生纳税义务,未按照规定的期限办理纳税申报,经税务机关责令限期申报,逾期仍不申报的。

核定征收方式包括定额征收、核定应税所得率征收以及其他合理的征收方式。

(三) 每次收入的确定

《个人所得税法》对纳税义务人取得的劳务报酬所得,稿酬所得,特许权使用费所得,利息、股股息、红利所得,财产租赁所得,偶然所得和经国务院财政部门确定征税的其他所得等 7 项所得,都按每次取得的收入计算征税。《个人所得税法实施条例》对"每次"的界定做了明确规定,具体如下。

1. 劳务报酬所得

劳务报酬所得,根据不同劳务项目的特点,分别规定如下。

(1) 只有一次性收入的,以取得该项收入为一次。例如,从事设计、安装、装潢、制图、化验、测试等劳务,往往是接受客户的委托,按照客户的要求,完成一次劳务后取得收入。因此,属于只有一次性的收入,应以每次提供劳务取得的收入为一次。

(2) 属于同一事项连续取得收入的,以 1 个月内取得的收入为一次。例如,某歌手与一卡拉 OK 厅签约,在 2014 年 1 年内每天到卡拉 OK 厅演唱一次,每次演出后付酬 300 元。在计算其劳务报酬所得时,应视为同一事项的连续性收入,以其 1 个月内取得的收入为一次计征个人所得税,而不能以每天取得的收入为一次。

2. 稿酬所得

稿酬所得,以每次出版、发表取得的收入为一次。具体又可细分如下。

(1) 同一作品再版取得的所得,应视作另一次稿酬所得计征个人所得税。

(2) 同一作品先在报刊上连载,然后再出版,或先出版,再在报刊上连载的,应视为两次稿酬所得征税。即连载作为一次,出版作为另一次。

(3) 同一作品在报刊上连载取得收入的,以连载完成后取得的所有收入合并为一次,计征个人所得税。

(4) 同一作品在出版和发表时,以预付稿酬或分次支付稿酬等形式取得的稿酬收入,应合并计算为一次。

(5) 同一作品出版、发表后,因添加印数而追加稿酬的,应与以前出版、发表时取得的稿酬合并计算为一次,计征个人所得税。

3. 特许权使用费所得

特许权使用费所得,以一项特许权的一次许可使用所取得的收入为一次。一个纳税义务人可能不仅拥有一项特许权利,每一项特许权的使用权也可能不止一次地向他人提供。因此,对特许权使用费所得的"次"的界定,明确为每一项使用权的每次转让所取得的收入为一次。如果该次转让取得的收入是分笔支付的,则应将各笔收入相加为一次的收入,计征个人所得税。

4. 其他

(1) 财产租赁所得,以一个月内取得的收入为一次。

(2) 利息、股息、红利所得,以支付利息、股息、红利日时取得的收入为一次。

(3) 偶然所得,以每次收入为一次。

(4) 经国务院财政部门确定征税的其他所得,以每次收入为一次。

📑 练习 6 - 6

1. 个人所得税计算

看完了个人所得税的知识点,先来通过几道简单的练习,检测是否已经掌握了个人所得税的计算方法。

根据工贸实业股东彭天明的叙述,可以得知 2017 年 12 月彭总取得了以下收入:

(1) 为贝乐印实业公司设计产品营销方案,取得一次性设计收入 9 000 元。

(2) 购买福利彩票支出 50 元,取得一次性中奖收入 500 元。

(3) 股票转让所得 20 000 元。

(4) 转让自用住房一套,取得转让收入 200 万元,支付转让税费 17 万元,该套住房购买价 80 万元,购买时间为 2003 年 4 月并且是唯一的家庭生活用房。

请根据自己的判断,与小组成员讨论彭天明当月各项收入是否应缴纳个人所得税。此外,请你计算彭天明当月应缴纳的个人所得税税额。

请将计算过程写在这里:

2. 根据单据材料判断个人所得税的缴纳

实际工作中，业务内容不会以文字的形式出现。请根据下面的单据（附6-10），判断是否需要缴纳个人税，并填写每一张单据对应的分录。

附6-10

财务专家聘用协议书

甲方：　广州工贸实业有限公司

乙方：　林薇薇　（身份证号码）442510198202173040

就聘用财务专家的有关事宜签订协议如下：

一、为了提升财务部员工能力、规范财务工作流程、规避税务风险，甲方聘用乙方 林薇薇 作为公司财务部的培训老师，聘用期为自 2017 年 03 月 17 日至 2018 年 03 月 16 日。聘用期间，乙方应履行岗位职责，承担财务部培训和指导工作。

二、聘用期间，甲方向乙方提供指导工作所需的工作条件；乙方享受甲方支付的报酬每月　人民币玖仟伍佰元整（￥95,000.00）。

三、聘用期间，甲方的人力资源部对乙方进行考核，如发现乙方未完成规定的工作任务、未履行规定的岗位职责（如迟到、旷工、早退等），甲方有权终止协议，或根据具体情况适当扣减报酬。

四、聘用期间，乙方因自身能力不能满足财务工作指导要求，培训内容被财务部员工投诉且自身不做出调整，甲方有权终止协议。

五、乙方在聘用期内提出辞职，需提前 一个月 向甲方提出申请，经甲方同意后方可辞去岗位聘任，并视具体情况承担相应的违约责任。

六、聘任期间如发生双方无法预见、无法防范，致使本协议无法正常履行的事由，需要变更协议可由双方协商解决。

七、本协议由双方签字后生效。

八、本协议书一式两份，由甲、乙双方各执一份，自签订之日起生效。

甲方代表签字：李文霞　　　　　　　　　乙方签字：林薇薇

甲方单位盖章：

2017 年 03 月 17 日　　　　　　　　　2017 年 03 月 17 日

（1）工贸实业每个月都会在上旬向林薇薇支付劳务费（附6-10），请问，工贸实业需要代扣代缴多少个人所得税呢？请填入记账凭证。

请将计算过程写在这里：

① 代扣时

记 账 凭 证

年　　月　　日　　　　　　　　　　　　字第　　号

摘　要	总账科目	明细科目	借方金额											贷方金额											记账√
			亿	千	百	十	万	千	百	十	元	角	分	亿	千	百	十	万	千	百	十	元	角	分	
附件　张	合　计																								

会计主管　　　　　　记账　　　　　　　　出纳　　　　　　　审核　　　　　　制证

② 代缴时

记 账 凭 证

年　　月　　日　　　　　　　　　　　　字第　　号

摘　要	总账科目	明细科目	借方金额											贷方金额											记账√
			亿	千	百	十	万	千	百	十	元	角	分	亿	千	百	十	万	千	百	十	元	角	分	
附件　张	合　计																								

会计主管　　　　　　记账　　　　　　　　出纳　　　　　　　审核　　　　　　制证

（2）根据表 6-3 计算个人所得税。请问需要代扣代缴个人税是多少？请填入记账凭证。

表 6-3 应付职工薪酬科目明细表

编制部门：财务部

部门名称	部门人数	应付职工薪酬—工资					应付职工薪酬—五险一金			应付职工薪酬总额
		实发工资	社会保险（个人）	住房公积金（个人）	代缴个人所得税	合计	五险	公积金	合计	
企业管理部	2	18 395.95	1 485.00	1 740.00	1 779.05	23 400.00	4 756.00	1 740.00	6 496.00	29 896.00
人力资源部	2	13 980.20	1 077.00	1 260.00	582.80	16 900.00	3 444.00	1 260.00	4 704.00	21 604.00
财务部	5	32 079.80	2 463.00	2 880.00	1 077.20	38 500.00	7 872.00	2 880.00	10 752.00	49 252.00
采购部	2	13 980.3	1 077.00	1 260.00	582.80	16 900.00	3 444.00	1 260.00	4 704.00	21 604.00
仓储部	2	13 980.20	1 077.00	1 260.00	582.80	16 900.00	3 444.00	1 260.00	4 704.00	21 604.00
计入管理费用的工资		92 416.35			4 604.65					
营销部	3	26 746.60	1 233.00	1 440.00	1 980.40	31 400.00	3 936.00	1 440.00	5 376.00	36 776.00
计入销售费用的工资		26 746.60			1 980.40					
生产部	2	15 555.20	1 077.00	1 260.00	757.80	18 650.00	3 444.00	1 260.00	4 704.00	23 354.00
计入制造费用的工资		15 555.20			757.80					
壶体生产车间	75	226 733.70	13 780.80	15 948.00	335.50	256 798.00	43 591.20	15 948.00	59 539.20	316 337.20
组装车间	85	321 399.92	15 096.00	17 460.00	1 537.38	355 493.30	47 724.00	17 460.00	65 184.00	420 677.30
计入生产成本的工资		548 133.62			1 872.88					
总　计	178	682 851.77	38 365.80	44 508.00	9 215.73	774 941.30	121 655.20	44 508.00	166 163.20	941 104.50

① 代扣个人所得税时（计提工资时）

记 账 凭 证

年　　月　　日　　　　　　　　　　　　　　　字第　　号

摘　要	总账科目	明细科目	借方金额										贷方金额										记账 √
---	---	---	亿	千	百	十	万	千	百	十	元	角	分	亿	千	百	十	万	千	百	十	元	角	分	
附件　张	合　计																								

会计主管　　　　　　记账　　　　　　　出纳　　　　　　　审核　　　　　　制证

② 代缴个人所得税时

记 账 凭 证

年   月   日   字第   号

摘 要	总账科目	明细科目	借方金额											贷方金额											记账√
			亿	千	百	十	万	千	百	十	元	角	分	亿	千	百	十	万	千	百	十	元	角	分	
附件 张	合 计																								

会计主管   记账   出纳   审核   制证

（3）表 6-4 是工贸实业采购一部的员工，请根据所学，计算出应纳税所得额，写出对应的税率，最终计算出应扣个人所得税税额。

表 6-4 工贸实业员工个人所得税

行次	姓 名	收入额	允许扣除的税费	允许扣除标准	应纳税所得额	税率（%）	应扣税额
1	梁 天	16 200.00	2 223.00	3 500.00			
2	叶 瑛	7 200.00	1 002.00	3 500.00			
3	杨笑笑	13 800.00	1 335.00	3 500.00			
4	马 博	8 800.00	669.00	3 500.00			
5	肖 红	7 200.00	1 002.00	3 500.00			
6	钱 坤	9 700.00	1 335.00	3 500.00			
7	刘自强	7 200.00	1 002.00	3 500.00			
8	赵 丹	7 200.00	1 002.00	3 500.00			
9	李 斌	9 700.00	1 335.00	3 500.00			
10	付海生	7 200.00	1 002.00	3 500.00			
11	何明海	9 700.00	1 335.00	3 500.00			
12	王宝珠	7 200.00	1 002.00	3 500.00			
13	叶润中	9 700.00	1 335.00	3 500.00			
14	周 群	8 950.00	1 002.00	3 500.00			
15	喻明远	5 930.00	624.60	3 500.00			
16	李良钊	4 342.00	558.00	3 500.00			

五、房产税计税依据

房产税以房产的计税价值或房产租金收入为计税依据。按房产计税价值征税的,称为从价计征;按房产租金收入征税的,称为从租计征。

(一) 从价计征的房产税的计税依据

从价计征的房产税,是以房产余值为计税依据。房产税依照房产原值一次减除10%~30%后的余值计算缴纳。具体扣减比例由省、自治区、直辖市人民政府确定。

1. 房产原值

房产原值,是指纳税人按照会计制度规定,在账簿固定资产科目中记载的房屋原价。

自2009年1月1日起,对依照房产原值计税的房产,不论是否记载在会计账簿固定资产科目中,均应按照房屋原价计算缴纳房产税。房屋原价根据国家有关会计制度规定进行核算对纳税人未按国家会计制度核算并记载的,应按规定予以调整或重新评估。

2. 房产余值

房产余值,是房产的原值减除规定比例后的剩余价值。

3. 房屋附属设备和配套设施的计税规定

房产原值应包括与房屋不可分的各种附属设备或一般不单独计算价值的配套设施主要有:暖气、卫生、通风、照明、煤气等设备;各种管线,如蒸汽、压缩空气、石油给水排水等管道及电力、电信、电缆导线;电梯、升降机、过道、晒台等。

凡以房屋为载体,不可随意移动的附属设备和配套设施,如给排水、采暖、消防中央空调、电气及智能化楼宇设备等,无论在会计核算中是否单独记账与核算,都应计入房产原值,计征房产税。

纳税人对原有房屋进行改建、扩建的,要相应增加房屋的原值。对更换房屋附属设备和配套设施的,在将其价值计入房产原值时,可扣减原来相应设备和设施的价值;对附属设备和配套设施中易损坏、需要经常更换的零配件,更新后不再计入房产原值。

4. 对于投资联营的房产的计税规定

(1) 对以房产投资联营、投资者参与投资利润分红、共担风险的,按房产余值作为计税依据计缴房产税。

(2) 对以房产投资收取固定收入、不承担经营风险的,实际上是以联营名义取得房屋租金,应以出租方取得的租金收入为计税依据计缴房产税。

此外,对融资租赁房屋的情况,由于租赁费包括购进房屋的价款、手续费、借款利息等,与一般房屋出租的"租金"内涵不同,且租赁期满后,当承租方偿还最后一笔租赁费时,房屋产权要转移到承租方。这实际是一种变相的分期付款购买固定资产的形式,所以在计征房产税时应以房产余值计算征收。由承租人自融资租赁合同约定开始日的次月起依照房产余值缴纳房产税。合同未约定开始日的,由承租人自合同签订的次月起依照房产余值缴纳房产税。

5.居民住宅区内业主共有的经营性房产的计税规定

从 2007 年 1 月 1 日起,对居民住宅内业主共有的经营性房产,由实际经营(包括自营和出租)的代管人或使用人缴纳房产税。其中自营的依照房产原值减除10%～30%后的余值计征,没有房产原值或不能将业主共有房产与其他房产的原值准确划分开的,由房产所在地地方税务机关参照同类房产核定房产原值;出租房产的,按照租金收入计征。

(二)从租计征的房产税的计税依据

房产出租的,以房屋出租取得的租金收入为计税依据,计缴房产税。计征房产税的租金收入不含增值税。

房产的租金收入,是指房屋产权所有人出租房产使用权所取得的报酬,包括货币收入和实物收入。对以劳务或其他形式为申报抵付房租收入的,应根据当地同类房产的租金水平,确定一个标准租金额从租计征。

纳税人对个人出租房屋的租金收入申报不实或申报数与同一地段同类房屋的租金收入相比明显不合理的,税务部门可以按照《中华人民共和国税收征收管理法》的有关规定,采取科学合理的方法核定其应纳税额。

(三)房产税应纳税额的计算

(1)从价计征的房产税应纳税额的计算。从价计征是按房产的原值减除一定比例后的余值计征,其计算公式为

从价计征的房产税应纳税额＝应税房产原值×(1－扣除比例)×1.2%

式中,扣除比例幅度为10%～30%,具体减除幅度由省、自治区、直辖市人民政府规定。

(2)从租计征的房产税应纳税额的计算。从租计征是按房产的租金收入计征,其计算

从租计征的房产税应纳税额＝租金收入×12%(或 4%)

📖 练习 6-7

根据工贸实业的提供的数据(见表 6-5),计算出工贸实业上半年应当缴纳的房产税。

表 6-5　房产原值/租金一览

厂房名称	用　途	原值/租金	扣除比例	房产税税额
组装车间 A3 房	生产自用	7 000 000.00	30%	
门前铺 A3-A6	出　租	120 000/月	—	

请将计算过程写在这里:

六、土地增值税计税依据

土地增值税的计税依据是纳税人转让房地产所取得的增值额。转让房地产的增值额,是纳税人转让房地产的收入减除税法规定的扣除项目金额后的余额。土地增值额的大小,取决于转让房地产的收入额和扣除项目金额两个因素。

(一) 应税收入的确定

根据《土地增值税暂行条例》及其实施细则的规定,纳税人转让房地产取得的应税收入,应包括转让房地产的全部价款及有关的经济收益。从收入的形式来看,包括货币收入、实物收入和其他收入。纳税人转让房地产取得的收入为不含增值税收入。

1. 货币收入

货币收入,是指纳税人转让房地产而取得的现金、银行存款和国库券、金融债券、企业债券、股票等有价证券。

2. 实物收入

实物收入,是指纳税人转让房地产而取得的各种实物形态的收入。如钢材、水泥等建材,房屋、土地等不动产等。对于这些实物收入一般要按照公允价值确认应税收入。

3. 其他收入

其他收入,是指纳税人转让房地产而取得的无形资产收入或具有财产价值的权利。如专利权、商标权、著作权、专有技术使用权、土地使用权、商誉权等。对于这些无形资产收入一般要进行专门的评估,按照评估价确认应税收入。纳税人取得的收入为外国货币的,应当以取得收入当天或当月1日国家公布的市场汇价折合成人民币,据以计算土地增值税税额。当月以分期收款方式取得的外币收入,也应按实际收款日或收款当月1日国家公布的市场汇价折合成人民币。

(二) 扣除项目及其金额

依照《土地增值税暂行条例》的规定,准予纳税人从房地产转让收入额减除的扣除项目金额具体包括以下内容。

1. 取得土地使用权所支付的金额

取得土地使用权所支付的金额包括以下两方面的内容。

（1）纳税人为取得土地使用权所支付的地价款。地价款的确定有三种方式：如果是以协议、招标、拍卖等出让方式取得土地使用权的，地价款为纳税人所支付的土地出让金；如果是以行政划拨方式取得土地使用权的，地价款为按照国家有关规定补交的土地出让金；如果是以转让方式取得土地使用权的，地价价款为向原土地使用权人实际支付的地价款。

（2）纳税人在取得土地使用权时按国家统一规定缴纳的有关费用和税金，指纳税人在取得土地使用权过程中为办理有关手续，必须按国家统一规定缴纳的有关登记、过户手续费和契税。

2. 房地产开发成本

房地产开发成本，是指纳税人开发房地产项目实际发生的成本，包括土地的征用及拆迁补偿费、前期工程费、建筑安装工程费、基础设施费、公共配套设施费、开发间接费用等。

（1）土地征用及拆迁补偿费，包括土地征用费、耕地占用税、劳动力安置费及有关地上、地下附着物拆迁补偿的净支出、安置动迁用房支出等。

（2）前期工程费，包括规划、设计、项目可行性研究和水文、地地质、勘察、测绘、"三通一平"等支出。

（3）建筑安装工程费，是指以出包方式支付给承包单位的建筑安装工程费，以自营方式发生的建筑安装工程费。

（4）基础设施费，包括开发小区内道路、供水、供电、供气、排污、排洪、通讯照明、环卫、绿化等工程发生的支出。

（5）公共配套设施费，包括不能有偿转让的开发小区内公共配套设施发生的支出。

（6）开发间接费用，是指直接组织、管理开发项目发生的费用，包括工资、职工福利费、折旧费、修理费、办公费、水电费、劳动保护费、周转房摊销等。

3. 房地产开发费用

房地产开发费用，是指与房地产开发项目有关的销售费用、管理费用和财务费用。根据现行财务会计制度的规定，这三项费用作为期间费用，按照实际发生额直接计入当期损益。但在计算土地增值税时，房地产开发费用并不是按照纳税人实际发生额进行扣除，应分别按以下两种情况扣除。

（1）财务费用中的利息支出，凡能够按转让房地产项目计算分摊并提供金融机构证明的，允许据实扣除，但最高不能超过按商业银行同类同期贷款利率计算的金额。其他房地产开发费用，按规定（即取得土地使用权所支付的金额和房地产开发成本，下同）计算的金额之和的5%以内计算扣除。计算公式为

$$允许扣除的房地产开发费用＝利息＋（取得土地使用权所支付的金额＋$$
$$房地产开发成本）×5\%$$

（2）财务费用中的利息支出，凡不能按转让房地产项目计算分摊利息支出或不能提供金融机构证明的，房地产开发费用按规定计算的金额之和的10%以内计算扣除。计算扣除的具体比例，由各省、自治区、直辖市人民政府规定。计算公式为

$$允许扣除的房地产开发费用＝（取得土地使用权所支付的金额＋$$
$$房地产开发成本）×10\%$$

财政部、国家税务总局对扣除项目金额中利息支出的计算问题做了两点专门规定：一是利息的上浮幅度按国家的有关规定执行，超过上浮幅度的部分不允许扣除；二是对于超过贷款期限的利息部分和加罚的利息不允许扣除。

4. 与转让房地产有关的税金

与转让房地产有关的税金，是指在转让房地产时缴纳的城市维护建设税、印花税因转让房地产缴纳的教育费附加，也可视同税金予以扣除。《土地增值税暂行条例》等规定的土地增值税扣除项目涉及的增值税进项税额，允许在销项税额中计算抵扣的，不计入扣除项目，不允许在销项税额中计算抵扣的，可以计入扣除项目。房地产开发企业按照《施工、房地产开发企业财务制度》有关规定，其在转让时缴纳的印花税已列入管理费用中，故不允许单独再扣除。其他纳税人缴纳的印花税允许在此扣除。

5. 财政部确定的其他扣除项目

对从事房地产开发的纳税人可按规定计算的金额之和，加计20%的扣除。此条优惠只适用于从事房地产开发的纳税人，除此之外的其他纳税人不适用。

6. 旧房及建筑物的扣除金额

（1）按评估价格扣除。旧房及建筑物的评估价格是指在转让已使用的房屋及建筑物时，由政府批准设立的房地产评估机构评定的重置成本价乘以成新度折扣率后的价格。评估价格须经当地税务机关确认。

重置成本价的含义是：对旧房及建筑物，按转让时的建材价格及人工费用计算建造同样面积、同样层次、同样结构、同样建设标准的新房及建筑物所需花费的成本费用。成新度折扣率的含义是：按旧房的新旧程度作一定比例的折扣。

因此，转让旧房应按房屋及建筑物的评估价格、取得土地使用权所支付的地价款和按国家统一规定缴纳的有关费用，以及在转让环节缴纳的税金作为扣除项目金额计征土地增值税。对取得土地使用权时未支付地价款或不能提供已支付的地价款凭据的，在计征土地增值税时不允许扣除。

（2）纳税人转让旧房及建筑物，凡不能取得评估价格，但能提供购房发票的，经当地税务部门确认，《土地增值税暂行条例》规定的扣除项目的金额，可按发票所载金额并从购买年度起至转让年度止每年加计5%计算。对于纳税人购房时缴纳

的契税,凡能够提供契税完税凭证的,准予作为"与转让房地产有关的税金"予以扣除,但不作为加计 5% 的基数。

7. 计税依据的特殊规定

(1) 隐瞒、虚报房地产成交价格,是指纳税人不报或有意低报转让土地使用权、地上建筑物及其附着物价款的行为。

对于纳税人隐瞒、虚报房地产成交价格的,应由评估机构参照同类房地产的市场交易价格进行评估,税务机关根据评估价格确定转让房地产的收入。

(2) 提供扣除项目金额不实的,是指纳税人在纳税申报时,不据实提供扣除项目金额,而是虚增被转让房地产扣除项目的内容或金额,使税务机关无法从纳税人方面了解计征土地增值税所需的正确的扣除项目金额,以达到虚增成本偷税的目的。

对于纳税人申报扣除项目金额不实的,应由评估机构对该房屋按照评估出的房屋重置成本价,乘以房屋的成新度折扣率,确定房产的扣除项目金额,并用该房产所坐落土地取得时的基准地价或标准地价来确定土地的扣除项目金额,房产和土地的扣除项目金额之和即为该房地产的扣除项目金额。

(3) 转让房地产的成交价格低于房地产评估价格且无正当理由,是指纳税人申报的转让房地产的成交价低于房地产评估机构通过市场比较法进行房地产评估时所确定的正常市场交易价,纳税人又不能提供有效凭据或无正当理由进行解释的行为。对于这种情况,应按评估的市场交易价确定其实际成交价,并以此作为转让房地产的收入计算征收土地增值税。

(4) 非直接销售和自用房地产收入的确定。房地产开发企业将开发产品用于职工福利、奖励、对外投资、分配给股东或投资人、抵偿债务、换取其他单位和个人的非货币性资产等,发生所有权转移时应视同销售房地产,其收入按下列方法和顺序确认:一是按本企业在同一地区、同一年度销售的同类房地产的平均价格确定;二是由主管税务机关参照当地当年、同类房地产的市场价格或评估价值确定。

(三) 土地增值税应纳税额的计算

1. 应纳税额的计算公式

土地增值税按照纳税人转让房地产所取得的增值额和规定的税率计算征收。土地增值税的计算公式

$$应纳税额 = \sum (每级距的增值额 \times 适用税率)$$

由于分步计算比较繁琐,一般可以采用速算扣除法计算。即计算土地增值税税额,可按增值额乘以适用的税率减去扣除项目金额乘以速算扣除系数的简便方法计算。具体公式如下。

(1) 增值额未超过扣除项目金额 50%

$$土地增值税应纳税额 = 增值额 \times 30\%$$

(2) 增值额超过扣除项目金额 50%,未超过 100%。

土地增值税应纳税额＝增值额×40%－扣除项目金额×5%

(3) 增值额超过扣除项目金额 100%,未超过 200%。

土地增值税应纳税额＝增值额×50%－扣除项目金额×15%

(4) 增值额超过扣除项目金额 200%

土地增值税应纳税额＝增值额×60%－扣除项目金额×35%

2. 应纳税额的计算步骤

根据上述计算公式,土地增值税应纳税额的计算可分为以下四步。

(1) 计算增值额

增值额＝房地产转让收入－扣除项目金额

(2) 计算增值率

增值率＝增值额÷扣除项目金额×100%

(3) 确定适用税率。按照计算出的增值率,从土地增值税税率表中确定适用税率。

(4) 计算应纳税额

土地增值税应纳税额＝增值额×适用税率－扣除项目金额×速算扣除系数

📖 练习 6－8

看完了土地增值税的知识点,检测是否已经掌握了土地增值税的计算方法。

2016 年广州白云房产开发有限公司利用库房空地进行住宅商品房开发。按照国家有关规定其补交土地出让金 1 840 万元,缴纳相关税费 160 万元;住宅开发成本 3 800 万元,其中含装修费用 500 万元;房地产开发费用中的利息支出为 300 万元(不能提供金融机构证明);当年住宅全部销售完毕,取得不含增值税销售收入共计 8 000 万元;缴纳城市维护建设税和教育费附加 45 万元;缴纳印花税 4.5 万元。已知:该公司所在省人民政府规定的房地产开发费用的计算扣除比例为 10%。请计算白云房产销售住宅应缴纳的土地增值税税额。

请将计算过程写在这里:

七、印花税计税依据

(一)印花税应缴类别

1. 合同凭证

合同或具有合同性质的凭证,以凭证所载金额作为计税依据。具体包括购销合同中记载的购销金额、加工承揽合同中的加工或承揽收入、建设工程勘察设计合同中的收取费用、建筑安装工程合同中的承包金额、财产租赁合同中的租赁金额、货物运输合同中的运输费用(运费收入)、仓储保管费用、借款合同中的借款金额、保险合同中的保险费等。上述凭证以"金额""费用"作为计税依据的,应当全额计税,不得作任何扣除。

载有两个或两个以上应适用不同税目税率经济事项的同一凭证,分别记载金额的,应分别计算应纳税额,相加后按合计税额贴花;如未分别记载金额的,按税率高的计算贴花。

2. 营业账簿

(1)营业账簿中记载资金的账簿,以"实收资本"与"资本公积"两项的合计金额为其计税依据。

(2)不记载金额的营业账簿、政府部门发给的房屋产权证、工商营业执照、专利证权利许可证照,以及日记账簿和各种明细分类账簿等辅助性账簿,以凭证或账簿的件数作为计税依据。

3. 其他情形

纳税人有以下情形的,地方税务机关可以核定纳税人印花税计税依据。

(1)未按规定建立印花税应税凭证登记簿,或未如实登记和完整保存应税凭证的。

(2)拒不提供应税凭证或不如实提供应税凭证致使计税依据明显偏低的。

(3)采用按期汇总缴纳办法的,未按地方税务机关规定的期限报送汇总缴纳印花税情况报告,经地方税务机关责令限期报告,逾期仍不报告的或者地方税务机关在检查中发现纳税人有未按规定汇总缴纳印花税情况的。

地方税务机关核定征收印花税的,应当根据纳税人的实际生产经营收入,参考纳税人各期印花税情况及同行业合同签订情况,确定科学合理的数额或比例作为纳税人印花税计税依据。

(二)印花税应纳税额的计算

(1)实行比例税率的凭证,印花税应纳税额的计算公式为

$$应纳税额 = 应税凭证计税金额 \times 比例税率$$

(2)实行定额税率的凭证,印花税应纳税额的计算公式为

$$应纳税额 = 应税凭证件数 \times 定额税率$$

（3）营业账簿中记载资金的账簿,印花税应纳税额的计算公式为

应纳税额＝(实收资本＋资本公积)×0.5‰

（4）其他账簿按件贴花,每件 5 元。

📖 练习 6 - 9

工贸实业的计划与方通物流签订两份运输合同,请分别计算出两份合同要缴纳的印花税。

工贸实业与方通物流签订了两份运输保管合同:第一份合同载明的金额合计 60 万元(运费和保管费并未分别记载);第二份合同中注明运费 40 万元、保管费 50 万元。分别计算该工贸实业第一份、第二份合同应缴纳的印花税税额。

请将计算过程写在这里:

记 账 凭 证

年　　月　　日　　　　　　　　　　　　　　　字第　　号

摘　要	总账科目	明细科目	借方金额											贷方金额											记账√
			亿	千	百	十	万	千	百	十	元	角	分	亿	千	百	十	万	千	百	十	元	角	分	
附件　张	合　计																								

会计主管　　　　　记账　　　　　　　出纳　　　　　　审核　　　　　　制证

📖 练习 6 - 10

实际工作中的业务内容不会以文字的形式出现。请根据下面的单据,判断是否需要缴纳印花税,并填写每一张单据对应的分录。

附 6 - 11

销售合同

合同编号：HT-XS-17030007

购货单位（甲方）：**广州市仟盈商贸有限公司**

销货单位（乙方）：**广州工贸实业有限公司**

　　为了保护买卖双方的合法权益，买卖双方根据《中华人民共和国合同法》的有关规定，经友好协商，一致同意签订本合同，共同遵守。

第一条　购销明细：双方就以下产品达成购销合同。

序号	产品名称	规格型号	含税单价	数量	金额（元）	交货日期	付款日期
1	轻巧型不锈钢电蒸汽壶	HW-0001	99.45	2000	198,900.00	3月16日	3月16日
2	经典型不锈钢电蒸汽壶	HW-0002	140.40	1000	140,400.00	3月16日	3月16日
3	豪华型不锈钢电蒸汽壶	HW-0003	298.35	300	89,505.00	3月16日	3月16日
4	经典型电饭煲	P2001	179.01	1000	179,010.00	3月16日	3月16日
5	智能型电饭煲	P2002	307.71	400	123,084.00	3月16日	3月16日
6	精磨型豆浆机	P3001	380.25	300	114,075.00	3月16日	3月16日
7	时尚型豆浆机	P3002	257.40	1000	257,400.00	3月16日	3月16日
8							
9							
10							
11							
12							
13							
14							
15							
合计					1,102,374.00		

合同总金额大写人民币：**壹佰壹拾万贰仟叁佰柒拾肆元整**

第二条　交货时间与付款时间：**交货时间：2017年3月16日　付款时间：2017年3月16日**

第三条　交货地点：**广州市白云区机场路2636号**

第四条　付款方式：**一次性付款，电汇**

第五条　开票要求：**增值税专用发票**

第六条 运输方式与运输费用：甲方自提。

第七条 甲方要求乙方通过以下资质认证(选择对应选项)。

☑ 不作要求   ☐ ISO9000   ☐ ISO14000   ☐ 3C

第八条 经济责任：

1、产品品种、质量不符合本合同规定时，甲方拒绝接受，乙方承担相应费用。

2、乙方未按本合同规定的产品数量交货时，发生延期交货的当期，扣除该张订单总额的10%作为违约罚款。对于未能按期交货的部分，可以在三个月之内补齐。如果在三个月之内未能全部交货，未能交货部分甲方不再收货。

第九条 甲、乙任何一方如要求全部或部分注销合同，必须提出充分理由，经双方协商提出注销合同一方须向对方偿付注销合同部分总额10％的补偿金。

第十条 本合同所订一切条款，甲、乙任何一方不得擅自变更或修改。如一方单独变更、修改本合同，对方有权拒绝生产或收货，并要求单独变更、修改合同一方赔偿一切损失。

第十一条 乙任何一方如确因不可抗力的原因，不能履行本合同时，应及时向对方通知不能履行或须延期履行，部分履行合同的理由。在取得有关机构证明后，本合同可以不履行或延期履行或部分履行，并全部或者部分免予承担违约责任。

第十二条 本合同在执行中如发生争议或纠纷，甲、乙双方应协商解决，解决不了时，双方可向仲裁机构申请仲裁或向人民法院提起诉讼（两者选一）。

第十三条 本合同自双方签章之日起生效，到乙方将全部订货送齐经甲方验收无误，并按本合同规定将货款结算以后终止。

第十四条 本合同在执行期间，如有未尽事宜，由甲乙双方协商，另订附则附于本合同之内，所有附则在法律上均与本合同同等效力。

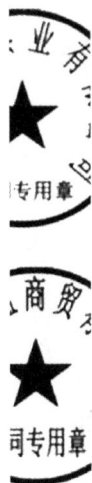

第十五条 本合同一式两份，由甲、乙双方各执正本一份。

甲方：广州市仟盈商贸有限公司（盖章）

法定代表人：之林印颖

委托代理人：刘倩

地址：广州市天河区堡粤路7号

电话：020-236666666

签订日期：2017年3月1日

乙方：广州工贸实业有限公司（盖章）

法定代表人：明彭印天

委托代理人：朱西晨

地址：广州市白云区机场路2636号

电话：020-23888888

签订日期：2017年3月1日

请将计算过程写在这里：

记 账 凭 证

年　　月　　日　　　　　　　　　　　　　　　字第　　　号

摘　要	总账科目	明细科目	借方金额											贷方金额											记账√
			亿	千	百	十	万	千	百	十	元	角	分	亿	千	百	十	万	千	百	十	元	角	分	
附件　张	合　计																								

会计主管　　　　　　记账　　　　　　　出纳　　　　　　审核　　　　　　制证

八、税费的申报

根据给出的资料,学习填写申报表,并完成电子申报界面的模拟填写。

练习6-11

1. 增值税申报表

请将工贸实业6月份增值税申报表的四个附表附6-11～附6-14的时间补充完整,再根据附表内容,将主"增值税纳税申报表"填充完整。

附6-12

增值税纳税申报表附列资料(表一)

(本期销售情况明细)

纳税人名称:(公章)

税款所属时间: 年 月 日 至 年 月 日

填表日期: 年 月 日

金额单位:元至角分

一、按适用税率征收增值税货物及劳务的销售额和销项税额明细

项 目	栏次	应税货物 17%税率			应税货物 13%税率			应税劳务			小 计		
		份数	销售额	销项税额	份数	销售额	销项税额	份数	销售额	销项税额	份数	销售额	销项税额
防伪税控系统开具的增值税专用发票	1												
非防伪税控系统开具的增值税	2	1	8 738 893.46	1 485 611.888							1	8 738 893.46	1 485 611.888
开具普通发票	3												
未开具发票	4	—			—			—			—		
小 计	5=1+2+3+4	—			—			—			—		
纳税检查调整	6	—			—			—			—		
合 计	7=5+6	—			—			—			—		

续 表

二、简易征收办法征收增值税货物的销售额和应纳税额明细

项 目	栏 次	6%征收率			4%征收率			小 计		
		份数	销售额	应纳税额	份数	销售额	应纳税额	份数	销售额	应纳税额
防伪税控系统开具的增值税专用发票	8									
非防伪税控系统开具的增值税	9									
开具普通发票	10									
未开具发票	11	—			—			—		
小 计	12＝8＋9＋10＋11	—			—			—		
纳税检查调整	13	—			—			—		
合 计	14＝12＋13	—			—			—		

三、免征增值税货物及劳务销售额明细

项 目	栏 次	免税货物			免税劳务			小 计		
		份数	销售额	税额	份数	销售额	税额	份数	销售额	税额
防伪税控系统开具的增值税专用发票	15									
开具普通发票	16			—			—			—
未开具发票	17	—		—	—		—	—		—
合 计	18＝15＋16＋17									

附6-13

增值税纳税申报表附列资料(表二)

(本期进项税额明细)

税款所属时间:　年　月　日
填表日期:　年　月　日

纳税人名称:(公章)

金额单位:元至角分

一、申报抵扣的进项税额

项　目	栏次	份数	金　额	税　额
(一)认证相符的防伪税控增值税专用发票	1			
其中:本期认证相符且本期申报抵扣	2			
前期认证相符且本期申报抵扣	3			
(二)非防伪税控增值税专用发票及其他扣税凭证	4	1	6 895 900.31	1 172 303.05
其中:17%税率	5	1	6 895 900.31	1 172 303.05
13%税率或扣除率	6			
10%扣除率	7			
7%扣除率	8			
6%征收率	9			
4%征收率	10			
(三)期初已征税款	11	—	—	
当期申报抵扣进项税额合计	12			

附 6－14

增值税纳税申报表附列资料（表三）
（防伪税控增值税专用发票申报抵扣明细）

申报抵扣所属期：　填表日期：2012　年　09　月　06　日

申报抵扣所属期：　年　月

纳税人识别号：

纳税人名称：（公章）

金额单位：元至角分

类别	序号	发票代码	发票号码	开票日期	金额	税额	销货方纳税人识别号	认证日期	备注
本期认证相符且本期申报抵扣	1	574383	11002346770	20120821	6 895 900.31	1 172 303.05	11015474252 9913	20120830	
小计	—	—	—	—			—	—	—
前期认证相符且本期申报抵扣									
小计	—	—	—	—			—	—	—
合计	—	—	—	—			—	—	—

注：本表"金额""合计"栏数据应与《附列资料（表二）》第1栏中"金额"项数据相等；

本表"税额""合计"栏数据应与《附列资料（表二）》第1栏中"税额"项数据相等。

附 6 – 15

增值税纳税申报表附列资料（表四）
（防伪税控增值税专用发票存根联明细）

纳税人识别号：
纳税人名称：（公章）

申报税所属期：　　年　　月
填表日期：　　年　　月　　日

金额单位：元至角分

序号	发票代码	发票号码	开票日期	购货方纳税人识别号	金　额	税　额	作废标志
1	95313	1100194117 0	2012080 7	11011474452292 3	8 738 893.46	1 485 611.89	
合计	—	—	—	—			—

注：本表"金额""合计"栏数据应等于《附列资料（表一）》第 1、8、15 栏"小计""销售额"项数据之和；
本表"税额""合计"栏数据应等于《附列资料（表一）》第 1 栏"小计""销项税额"、第 8 栏"小计""应纳税额"、第 15 栏"小计""税额"项数据之和。

完成增值税主表电子申报。

增值税纳税申报表
（一般纳税人适用）

根据国家税收法律法规及增值税相关规定制定本表。纳税人不论有无销售额，均应按税务机关核定的纳税期限填写本表，并向当地税务机关申报。

税款所属时间：自　年　月　日至　年　月　日　　　填表日期：　年　月　日　　　金额单位：元至角分

纳税人识别号															所属行业：		
纳税人名称		（公章）		法定代表人姓名		注册地址			生产经营地址			
开户银行及账号				登记注册类型					电话号码			

项　目		栏次	一般货物、劳务和应税服务		即征即退货物、劳务和应税服务	
			本月数	本年累计	本月数	本年累计
销售额	（一）按适用税率计税销售额	1				
	其中：应税货物销售额	2				
	应税劳务销售额	3				
	纳税检查调整的销售额	4				
	（二）按简易办法计税销售额	5				
	其中：纳税检查调整的销售额	6				
	（三）免、抵、退办法出口销售额	7			—	—
	（四）免税销售额	8			—	—
	其中：免税货物销售额	9			—	—
	免税劳务销售额	10			—	—
税款计算	销项税额	11				
	进项税额	12				
	上期留抵税额	13			—	
	进项税额转出	14				
	免、抵、退应退税额	15			—	—
	按适用税率计算的纳税检查应补缴税额	16			—	—
	应抵扣税额合计	17＝12＋13－14－15＋16		—		—
	实际抵扣税额	18（如17<11，则为17，否则为11）				

项 目		栏 次	一般货物、劳务和应税服务		即征即退货物、劳务和应税服务	
			本月数	本年累计	本月数	本年累计
税款计算	应纳税额	19＝11－18				
	期末留抵税额	20＝17－18				—
	简易计税办法计算的应纳税额	21				
	按简易计税办法计算的纳税检查应补缴税额	22			—	—
	应纳税额减征额	23				
	应纳税额合计	24＝19＋21－23				
税款缴纳	期初未缴税额(多缴为负数)	25				
	实收出口开具专用缴款书退税额	26				
	本期已缴税额	27＝28＋29＋30＋31				
	① 分次预缴税额	28		—	—	—
	② 出口开具专用缴款书预缴税额	29		—	—	—
	③ 本期缴纳上期应纳税额	30				
	④ 本期缴纳欠缴税额	31				
	期末未缴税额(多缴为负数)	32＝24＋25＋26－27				
	其中:欠缴税额(≥0)	33＝25＋26－27			—	—
	本期应补(退)税额	34＝24－28－29			—	
	即征即退实际退税额	35	—	—		
	期初未缴查补税额	36			—	—
	本期入库查补税额	37			—	—
	期末未缴查补税额	38＝16＋22＋36－37			—	—

授权声明	如果你已委托代理人申报,请填写下列资料: 为代理一切税务事宜,现授权 (地址) 为本纳税人的代理申报人,任何与本申报表有关的往来文件,都可寄予此人。 授权人签字:	申报人声明	本纳税申报表是根据国家税收法律法规及相关规定填报的,我确定它是真实的、可靠的、完整的。 声明人签字:

主管税务机关: 接收人: 接收日期:

2. 综合税费申报

请根据表 6-6 给出的资料,完成工贸实业 7 月份的综合税费申报(A06554)。

表 6-6 工贸实业 7 月份综合税费

税 种 名 称	税目名称	税率/计税基数	课税数量	计税金额	实缴税额
城建税	增值税	7%		313 308.84	21 931.62
教育费附加	增值税	3%		313 308.84	9 399.27
地方教育费附加	增值税	2%		313 308.84	6 266.17

A06554 《城建税、教育费附加、地方教育附加税(费)申报表》

城建税、教育费附加、地方教育附加税(费)申报表

税款所属期限: 自 年 月 日 至 年 月 日 填表日期: 年 月 日 金额单位:元至角分

纳税人识别号 ☐☐☐☐☐☐☐☐☐☐☐☐☐☐☐

纳税人信息	名 称							☐ 单位 ☐ 个人		
	登记注册类型					所属行业				
	身份证件号码					联系方式				

税(费)种	计税(费)依据					税率(征收率)	本期应纳税(费)额	本期减免税(费)额		本期已缴税(费)额	本期应补(退)税(费)额
	增值税		消费税	营业税	合计			减免性质代码	减免额		
	一般增值税	免抵税额									
	1	2	3	4	5=1+2+3+4	6	7=5×6	8	9	10	11=7-9-10
城建税											
教育费附加											
地方教育附加											
—											
合 计			—			—					

以下由纳税人填写:

纳税人声明	此纳税申报表是根据《中华人民共和国城市维护建设税暂行条例》、《国务院征收教育费附加的暂行规定》、《财政部关于统一地方教育附加政策有关问题的通知》和国家有关税收规定填报的,是真实的、可靠的、完整的。				
纳税人签章		代理人签章		代理人身份证号	

以下由税务机关填写:

受理人		受理日期	年 月 日	受理税务机关签章	

本表一式两份,一份纳税人留存,一份税务机关留存。

　　减免性质代码:减免性质代码按照国家税务总局制定下发的最新《减免性质及分类表》中的最细项减免性质代码填报

3. 个人所得税申报表

请根据工贸实业人力资源部给出的信息表6-7，完成个人所得税申报表（A06128）的填写

表6-7　工贸实业人力资源信息一表

工号	姓名	部门	职务类别	基本工资	计划产量完成率	产量分配			绩效工资标准	实际绩效工资	补贴（通讯、伙食、交通）	辞退福利	缺勤天数	缺勤扣款	应发工资	代扣社会保险、公积金					
						轻巧型	经典型	豪华型								养老保险	医疗保险	失业保险	社会保险小计	住房公积金	社保、公积金小计
017	叶润中	生产计划部	生产计划经理	6 000	1	—	—	—	3 000	3 000	700	0	0	0	9 700.00	480.00	123.00	12.00	615.00	720.00	1 335.00
018	周群	生产计划部	车间管理	4 500	1	47000	22000	6000	—	3 750	700	0	0	0	8 950.00	360.00	93.00	9.00	462.00	540.00	1 002.00
019	喻明远	壶体生产一组	组长	2 800	—	25000	0	0	—	2 500	630	0	0	0	5 930.00	224.00	59.00	5.60	288.60	336.00	624.60
020	李良钊	壶体生产一组	高级生产工人	2 500	—	1292	0	0	—	1 292	550	0	0	0	4 342.00	200.00	53.00	5.00	258.00	300.00	558.00
021	付玉芳	壶体生产一组	初级生产工人	1 200	—	861	0	0	—	861	550	0	0	0	2 611.00	96.00	27.00	2.40	125.40	144.00	269.40
022	张接义	壶体生产一组	初级生产工人	1 200	—	861	0	0	—	861	550	0	0	0	2 611.00	96.00	27.00	2.40	125.40	144.00	269.40
023	毕红	壶体生产一组	中级生产工人	1 800	—	1077	0	0	—	1 077	550	0	0	0	3 427.00	144.00	39.00	3.60	186.60	216.00	402.60

续表

工号	姓名	部门	职务类别	基本工资	计划产量完成率	产量分配			绩效工资标准	实际绩效工资	补贴(通讯,伙食,交通)	辞退福利	缺勤天数	缺勤扣款	应发工资	代扣社会保险、公积金					
						经巧型	经典型	豪华型								养老保险	医疗保险	失业保险	社会保险小计	住房公积金	社保、公积金小计
024	吴淑敏	壶体生产一组	初级生产工人	1 200	—	861	0	0	—	861	550	0	0	0	2 611.00	96.00	27.00	2.40	125.40	144.00	269.40
025	毛先生	壶体生产一组	中级生产工人	1 800	—	1077	0	0	—	1077	550	0	0	0	3 427.00	144.00	39.00	3.60	186.60	216.00	402.60
026	慮志明	壶体生产一组	中级生产工人	1 800	—	1077	0	0	—	1077	550	0	0	0	3 427.00	144.00	39.00	3.60	186.60	216.00	402.60
027	李老吉	壶体生产一组	初级生产工人	1 200	—	861	0	0	—	861	550	0	0	0	2 611.00	96.00	27.00	2.40	125.40	144.00	269.40
028	吴官胜	壶体生产一组	高级生产工人	2 500	—	1292	0	0	—	1292	550	0	0	0	4 342.00	200.00	53.00	5.00	258.00	300.00	558.00
029	雷丹	壶体生产一组	中级生产工人	1 800	—	1077	0	0	—	1077	550	0	0	0	3 427.00	144.00	39.00	3.60	186.60	216.00	402.60
030	刘良生	壶体生产一组	初级生产工人	1 800	—	861	0	0	—	861	550	0	0	0	3 211.00	141.00	39.00	3.60	186.60	216.00	402.60
031	余俊关	壶体生产一组	中级生产工人	1 800	—	1077	0	0	—	1077	550	0	0	0	3 427.00	144.00	39.00	3.60	186.60	216.00	402.60
032	徐积福	壶体生产一组	中级生产工人	1 800	—	1077	0	0	—	1077	550	0	0	0	3 427.00	141.00	39.00	3.60	186.60	216.00	402.60

A06128

税款所属期：
扣缴义务人名称：
扣缴义务人识别号：□□□□□□□□□□□□□□□

《扣缴个人所得税报告表》

年　月　日　至　年　月　日

扣缴义务人所属行业：□ 一般行业　□特定行业月份申报

金额单位：人民币元（列至角分）

序号	姓名	身份证件类型	身份证件号码	所得项目	所得期间	收入额	免税所得	税前扣除项目								减除费用	准予扣除的捐赠额	应纳税所得额	税率%	速算扣除数	应纳税额	减免税额	应扣缴税额	已扣缴税额	应补（退）税额	备注
								基本养老保险费	基本医疗保险费	失业保险费	住房公积金	财产原值	允许扣除的税费	其他	合计											
1	2	3	4	5	6	7	8	9	10	11	12	13	14	15	16	17	18	19	20	21	22	23	24	25	26	27
合　计																										

谨声明：此扣缴报告表是根据《中华人民共和国个人所得税法》及其实施条例和国家有关税收法律规规定填写的，是真实的、完整的、可靠的。

扣缴义务人公章：　　　　　　代理机构（人）签章：　　　　　主管税务机关受理专用章：
经办人：　　　　　　　　　　经办人：　　　　　　　　　　　法定代表人（负责人）签字：
填表日期：　年　月　日　　　代理办人执业证件号码：　　　　受理人：
　　　　　　　　　　　　　　代理申报日期：　年　月　日　　受理日期：　年　月　日

国家税务总局监制

4. 印花税申报表

根据工贸实业销售部给出的统计信息的信息表6-6，7月份签订的合同额为6 432 140.00，请你据此完成印花税申报表（A06111）的填写。

《印花税纳税申报（报告）表》
印花税纳税申报（报告）表

税款所属期限：自 ☐☐☐☐ 年 ☐☐ 月 ☐☐ 日 至 ☐☐☐☐ 年 ☐☐ 月 ☐☐ 日

填表日期： ☐☐☐☐ 年 ☐☐ 月 ☐☐ 日

金额单位：元至角分

纳税人识别号 ☐☐☐☐☐☐☐☐☐☐☐☐☐☐☐☐☐☐

纳税人信息	登记注册类型		名　称				☐单位 ☐个人
	身份证件类型		身份证件号码				
	联系方式		所属行业				

应税凭证	计税金额或件数	核定征收		适用税率	本期应纳税额	本期已缴税额	本期减免税额		本期应补（退）税额
		核定依据	核定比例				减免性质代码	减免额	
	1	2	3	4	5=1×4＋2×3×4	6	7	8	9=5-6-8
购销合同				0.3‰					
加工承揽合同				0.5‰					
建设工程勘察设计合同				0.5‰					
建筑安装工程承包合同				0.3‰					
财产租赁合同				1‰					
货物运输合同				0.5‰					
仓储保管合同				1‰					

续　表

应税凭证	计税金额或件数	核定征收		适用税率	本期应纳税额	本期已缴税额	本期减免税额		本期应补(退)税额
		核定依据	核定比例				减免性质代码	减免额	
	1	2	3	4	5=1×4+2×3×4	6	7	8	9=5-6-8
借款合同				0.05‰					
财产保险合同				1‰					
技术合同				0.3‰					
产权转移书据		—		0.5‰					
营业账簿(记载资金的账簿)				0.5‰					
营业账簿(其他账簿)		—		5					
权利、许可证照		—		5					
合计	—	—		—					

以下由纳税人填写:

纳税人声明	此纳税申报表是根据《中华人民共和国印花税暂行条例》和国家有关税收规定填报的,是真实的、可靠的、完整的。	
纳税人签章	代理人签章	代理人身份证号
	受理日期　　年　月　日	

以下由税务机关填写:

| 受理人 | | 受理税务机关签章 |

5. 季度企业所得税申报表

请根据工贸实业成立第一个月 2012 年 09 月的利润表(见表 6-8),填写季度企业所得税申报表。

表 6-8 工贸实业利润表(2012 年 9 月)

会企 02 表

编制单位:　　　　　　　　　　　　　　　　　　　　　　　　　单位:元

项　　　　目	行　数	本期金额	上期金额
一、营业收入	1	7 207 416.00	
减:营业成本	2	5 638 467.32	
税金及附加	3	83 645.52	
销售费用	4	161 176.00	
管理费用	5	197 592.77	
财务费用	6		
资产减值损失	7	37 555.87	
加:公允价值变动收益(损失以"—"号填列)	8		
投资收益(损失以"—"号填列)	9		
其中:对联营企业和合营企业的投资收益	10		
二、营业利润(亏损以"—"号填列)	11	1 088 978.52	
加:营业外收入	12		
减:营业外支出	13	753.64	
其中:非流动资产处置损失	14		
三、利润总额(亏损总额以"—"号填列)	15	1 088 224.88	
减:所得税费用	16	772 695.15	
四、净利润(净亏损以"—"号填列)	17	315 529.73	
五、每股收益:	18		
(一)基本每股收益	19		
(二)稀释每股收益	20		

中华人民共和国
企业所得税月(季)度预缴纳税申报表(A类)

税款所属期间： 年 月 日至 年 月 日

纳税人识别号：□□□□□□□□□□□□□□□

纳税人名称：   金额单位：人民币元(列至角分)

行次	项 目	本期金额	累计金额
1	**一、按照实际利润额预缴**		
2	营业收入		
3	营业成本		
4	利润总额		
5	加：特定业务计算的应纳税所得额		
6	减：不征税收入		
7	免税收入		
8	弥补以前年度亏损		
9	实际利润额(4行＋5行—6行—7行—8行)		
10	税率(25%)		
11	应纳所得税额		
12	减：减免所得税额		
13	减：实际已预缴所得税额	—	
14	减：特定业务预缴(征)所得税额		
15	应补(退)所得税额(11行—12行—13行—14行)	—	
16	减：以前年度多缴在本期抵缴所得税额		
17	本期实际应补(退)所得税额	—	
18	**二、按照上一纳税年度应纳税所得额平均额预缴**		
19	上一纳税年度应纳税所得额	—	
20	本月(季)应纳税所得额(19行×1/4或1/12)		
21	税率(25%)		
22	本月(季)应纳所得税额(20行×21行)		
23	**三、按照税务机关确定的其他方法预缴**		
24	本月(季)确定预缴的所得税额		

续　表

行次	项　目		本期金额	累计金额
25	**总分机构纳税人**			
26	总机构	总机构应分摊所得税额（15行或22行或24行×总机构应分摊预缴比例）		
27		财政集中分配所得税额		
28		分支机构应分摊所得税额（15行或22行或24行×分支机构应分摊比例）		
29		其中：总机构独立生产经营部门应分摊所得税额		
30		总机构已撤销分支机构应分摊所得税额		
31	分支机构	分配比例		
32		分配所得税额		

谨声明：此纳税申报表是根据《中华人民共和国企业所得税法》、《中华人民共和国企业所得税法实施条例》和国家有关税收规定填报的，是真实的、可靠的、完整的。

法定代表人（签字）：　　　　　　　　年　月　日

纳税人公章： 会计主管： 填表日期：　年　月　日	代理申报中介机构公章： 经办人： 经办人执业证件号码： 代理申报日期：　　年　月　日	主管税务机关受理专用章： 受理人： 受理日期：　年　月　日

国家税务总局监制

6. 网上申报

经过上面的练习，学习了如何填写纸质申报表。现在让我们来熟悉电子申报界面吧。请你用刚刚填写的数据，完成网上申报的操作。

附6-16

附 6‑17

网上纳税申报系统

返回　保存　刷新　打印

增值税纳税申报表附列资料（二）
（本期进项税额明细）

税款所需时间：　自　　　至

纳税人名称：（公章）　　　　　　　　　　　　　　　金额单位：元至角分

一、申报抵扣的进项税额				
项目	栏次	份数	金额	税额
（一）认证相符的税控增值税专用发票	1=2+3	0	0.00	0.00
其中：本期认证相符且本期申报抵扣	2	0	0.00	0.00
前期认证相符且本期申报抵扣	3	0	0.00	0.00
（二）其他扣税凭证	4=5+6+7+8	0	0.00	0.00
其中：海关进口增值税专用缴款书	5	0	0.00	0.00
农产品收购发票或者销售发票	6	0	0.00	0.00
代扣代缴税收缴款凭证	7	0	0.00	0.00
运输费用结算单据	8	0	0.00	0.00
	9	0	0.00	0.00
	10	0	0.00	0.00
（三）外贸企业进项税额抵扣证明	11	0	0.00	0.00
当期申报抵扣进项税额合计	12=1+4+11	0	0.00	0.00
二、进项税额转出额				
项目	栏次		税额	
本期进项税转出额	13=14至23之和		0.00	
其中：免税项目用	14		0.00	

附表二　附表三　附表四　固定资产　成品油　代扣交费　应税服务　部分产

附 6‑18

网上纳税申报系统

返回　保存　刷新　打印

增值税纳税申报表附列资料（三）
（应税服务扣除项目明细）

税款所需时间：　自　　　至

纳税人名称：（公章）　　　　　　　　　　　　　　　金额单位：元至角分

项目及栏次	本期应税服务价税合计额（免税销售额）	应税服务扣除项目				
		期初余额	本期发生额	本期应扣除金额	本期实际扣除金额	期末余额
	1	2	3	4=2+3	5(5≤1且5≤4)	6=4-5
17%税率的有形动产租赁服务	0.00	0.00	0.00	0.00	0.00	0.00
11%税率的应税服务	0.00	0.00	0.00	0.00	0.00	0.00
6%税率的应税服务	0.00	0.00	0.00	0.00	0.00	0.00
3%征收率的应税服务	0.00	0.00	0.00	0.00	0.00	0.00
免抵退税的应税服务	0.00	0.00	0.00	0.00	0.00	0.00
免税的应税服务	0.00	0.00	0.00	0.00	0.00	0.00

附 6-19

网上纳税申报系统

⇱返回 ▢保存 ▢刷新 ▢打印

增值税纳税申报表附列资料（四）
（税额低减情况表）

税款所需时间：   自   至

纳税人名称：（公章）   金额单位：元至角分

序号	抵减项目	期初余额	本期发生额	本期应抵减税额	本期实际抵减税额	期末余额
		1	2	3=1+2	4≤3	5=3-4
1	增值税税控系统专用设备费及技术维护费	0.00	0.00	0.00	0.00	0.00
2	分支机构预征缴纳税款	0.00	0.00	0.00	0.00	0.00

附 6-20

网上纳税申报系统

⇱返回 ▢保存 ▢刷新 ▢打印

增值税纳税申报表
（适用增值税一般纳税人）

根据国家税收法律法规及增值税相关规定制定本表。纳税人不论有误销售额，均应按税务机关核定的纳税期限填写本表，并向当地税务机关申报

税款所属期：   自   至   填表日期：   年 月 日

纳税人识别号：   所属行业：   金额单位：元至角分

纳税人名称		法定代表人姓名		注册地址		营业地址	
开户银行及账号		登记注册类型					

	项目	栏次	一般货物、劳务和应税服务		即征即退货物、劳务和应税服务	
			本月数	本年累计	本月数	本年累计
销售额	（一）按适用税率计税销售额	1	0.00	0.00	0.00	0.00
	其中：应税货物销售额	2	0.00	0.00	0.00	0.00
	应税劳务销售额	3	0.00	0.00	0.00	0.00
	纳税检查调整的销售额	4	0.00	0.00	0.00	0.00
	（二）按简易办法计税销售额	5	0.00	0.00	0.00	0.00
	其中：纳税检查调整的销售额	6	0.00	0.00	0.00	0.00
	（三）免、抵、退办法出口销售额	7	0.00	0.00	0.00	0.00
	（四）免税销售额	8	0.00	0.00	0.00	0.00
	其中：免税货物销售额	9	0.00	0.00	0.00	0.00
	免税劳务销售额	10	0.00	0.00	0.00	0.00
	销项税额	11	0.00	0.00	0.00	0.00
	进项税额	12	0.00	0.00	0.00	0.00
	上期留抵税额	13	0.00	0.00	0.00	0.00
	进项税额转出	14	0.00	0.00	0.00	0.00
	免、抵、退应退税额	15	0.00	0.00	0.00	0.00
	按适用税率计算的纳税检查应补缴税额	16	0.00	0.00	0.00	0.00
		17=12+13				

附 6 – 21

网上纳税申报系统

返回　保存　刷新　打印

税款计算	按适用税率计算的纳税检查应补缴税额	16	0.00	0.00	0.00	0.00
	应抵扣税额合计	17=12+13-14-15+16	0.00	0.00	0.00	0.00
	实际抵扣税额	18（如17<11，则为17，否则为11）	0.00	0.00	0.00	0.00
	应纳税额	19=11-18	0.00	0.00	0.00	0.00
	期末留抵税额	20=17-18	0.00	0.00	0.00	0.00
	简易计税办法计算的应纳税额	21	0.00	0.00	0.00	0.00
	按简易计税办法计算的纳税检查应补缴税额	22	0.00	0.00	0.00	0.00
	应纳税额减征额	23	0.00	0.00	0.00	0.00
	应纳税额合计	24=19+21-23	0.00	0.00	0.00	0.00
税款交纳	期初未缴税额（多缴为负数）	25	0.00	0.00	0.00	0.00
	实收出口开具专用缴款书退税额	26	0.00	0.00	0.00	0.00
	本期已缴税额	27=28+29+30+	0.00	0.00	0.00	0.00
	①分次预缴税额	28	0.00	0.00	0.00	0.00
	②出口开具专用缴款书预缴税额	29	0.00	0.00	0.00	0.00
	③本期缴纳上期应纳税额	30	0.00	0.00	0.00	0.00
	④本期缴纳欠缴税额	31	0.00	0.00	0.00	0.00
	期末未缴税额（多缴为负数）	32=24+25+26-27	0.00	0.00	0.00	0.00
	其中：欠缴税额（≥0）	33=25+26-27	0.00	0.00	0.00	0.00
	本期应补（退）税额	34 = 24-28-29	0.00	0.00	0.00	0.00
	即征即退实际退税额	35	0.00	0.00	0.00	0.00
	期初未缴查补税额	36	0.00	0.00	0.00	0.00
	本期入库查补税额	37	0.00	0.00	0.00	0.00
	期末未缴查补税额	38=16+22+36-37	0.00	0.00	0.00	0.00
授权申明			申报人申明			

附 6 – 22

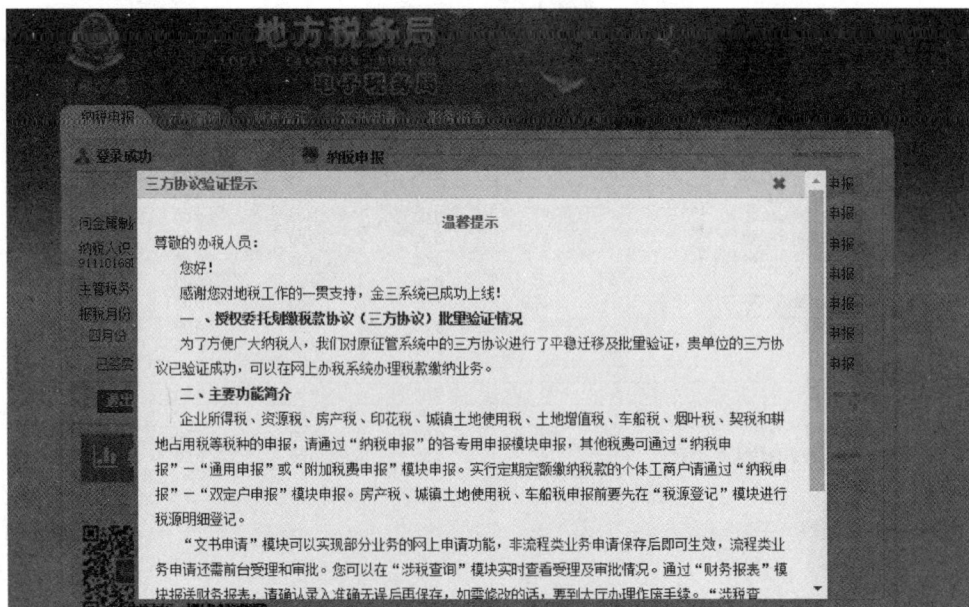

附 6 - 23

附 6 - 24

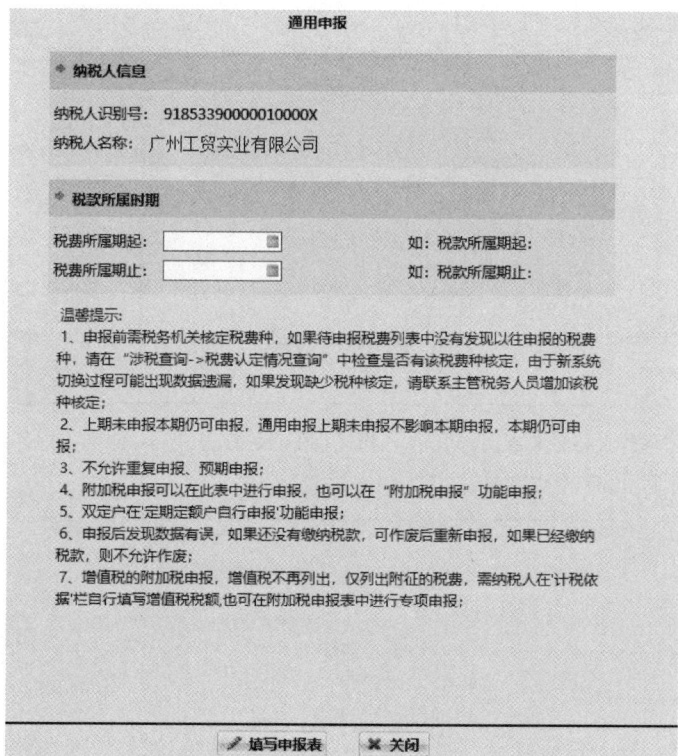

附 6 - 25

通用申报															
纳税人识别号：91853390000010000X							纳税人名称：广州工贸实业有限公司								
征收项目	征收品目	征收子品目	所属期起	所属期止	应税额（总数量或收入总额、房型人数、应征税、面积、营业税基数等）	减税额（允许减扣面积、金额、面积、已扣税收人数等）	应税所得率	计税（费）依据	税（费）率或单位税额	速算扣除数	本期应纳税（费）额	减免税（费）额	减免性质	本期已缴税（费）额	本期应补（退）税（费）额
1	2	3	4	5	6	7	8	9=(6-7)*8	10	11	12=9*10-11	13	14	15	16=12-13-15
城市维护建设税	市区（增值税附征）		2018-04-01	2018-04-30	0.00	0.00	1.0	0.0	0.07	0.00	0.00	0.0	请选择 ▼	0.0	0.00
印花税	购销合同		2018-04-01	2018-04-30	0.00	0.00	1.0	0.0	0.00030	0.00	0.00	0.0	请选择 ▼	0.0	0.00
印花税	其他营业账簿		2018-04-01	2018-04-30	0.00	0.00	1.0	0.0	5.0	0.00	0.00	0.0	请选择 ▼	0.0	0.00
教育费附加	增值税教育费附加		2018-04-01	2018-04-30	0.00	0.00	1.0	0.0	0.03	0.00	0.00	0.0	请选择 ▼	0.0	0.00
地方教育附加	增值税地方教育附加		2018-04-01	2018-04-30	0.00	0.00	1.0	0.0	0.02	0.00	0.00	0.0	请选择 ▼	0.0	0.00
残疾人就业保	残疾人就业保障金		2018-04-01	2018-04-30	0.00	0.00	1.0	0.0	0.02	0.00	0.00	0.0	请选择 ▼	0.0	0.00
其他收入	工会经费		2018-04-01	2018-04-30	0.00	0.00	1.0	0.0	0.02	0.00	0.00	0.0	请选择 ▼	0.0	0.00
合计					0.00	0.00		0.00			0.00	0.00		0.00	0.00

（温馨小提示，这里展示的是申报界面，数据并非取自案例数据，同学们需要正确填写上面的申报表。）

附 6 - 26

⇒ 确认申请表

⚠ 请确认下表与您填报的申报数据是否一致？

通用申报															
纳税人识别号：91853390000010000X						纳税人名称：广州工贸实业有限公司									
征收项目	征收品目	征收子品目	所属期起	所属期止	应税额（总数量或收入总额、房型人数、应征税、面积、营业税基数等）	减税额（允许减扣面积、金额、面积、已扣税收人数等）	计税（费）依据	税（费）率或单位税额	应税所得率	速算扣除数	本期应纳税（费）额	减免税（费）额	减免性质	本期已缴税（费）额	本期应补（退）税（费）额
1	2	3	4	5	6	7	8=(6-7)*10	9	10	11	12=8*9-11	13	14	15	16=12-13-15
城市维护建设税	市区（增值税）		2018-04-01	2018-04-30	999.00	0.00	999.00	0.07	1.0	0.00	89.93	0.0	请选择 ▼	0.00	89.93
印花税	购销合同		2018-04-01	2018-04-30	999.00	0.00	999.00	0.00030	1.0	0.00	0.30	0.0	请选择 ▼	0.0	0.30
印花税	其他营业账簿		2018-04-01	2018-04-30	999.00	0.00	999.00	5.0	1.0	0.00	4995.00	0.0	请选择 ▼	0.0	4995.00
教育费附加	增值税教育费		2018-04-01	2018-04-30	999.00	0.00	999.00	0.03	1.0	0.00	29.97	0.0	请选择 ▼	0.0	29.97
地方教育附加	增值税地方教		2018-04-01	2018-04-30	999.00	0.00	999.00	0.02	1.0	0.00	19.98	0.0	请选择 ▼	0.0	19.98
合计					4995.00	0.00	4995.00			0.00	5115.18	0.00		0.00	5115.18

签章　　退回　　确认

（温馨小提示，这里展示的是申报界面，数据并非取自案例数据，同学们需要正确填写上面的申报表。）

附 6 - 27

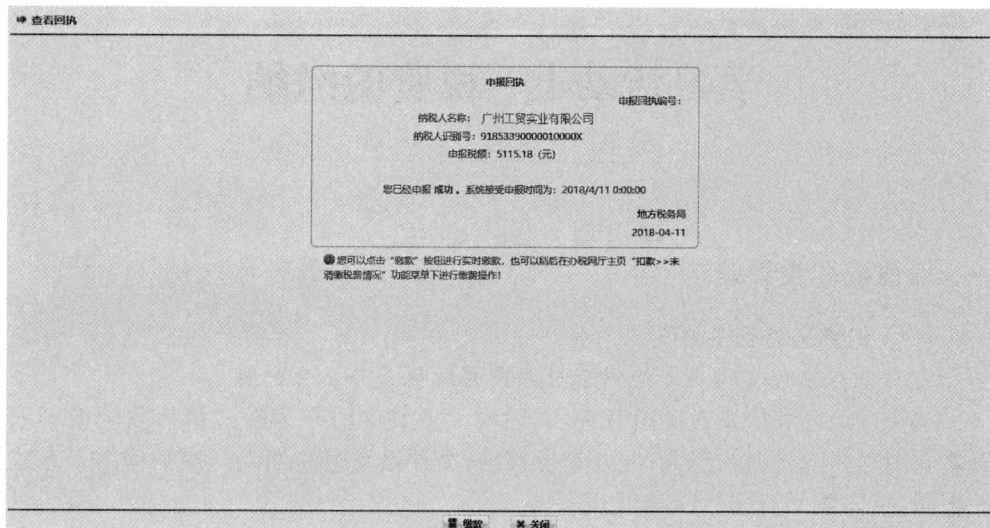

附 6 - 28

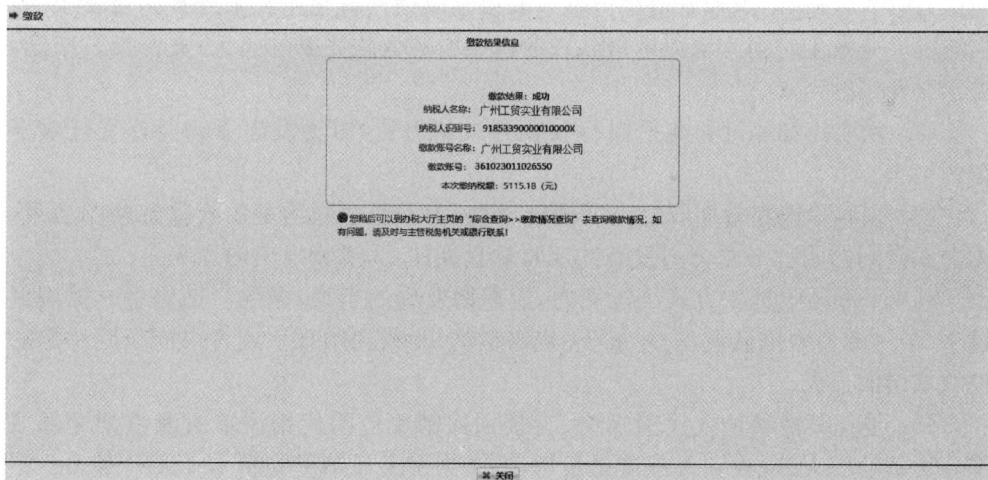

学习活动七：税费的缴纳

一、增值税征收管理

（一）纳税义务发生时间

1. 纳税人销售货物或者提供应税劳务的纳税义务发生时间

纳税人销售货物或者应税劳务,其纳税义务发生时间为收讫销售款项或者取得索取销售款项凭据的当天;先开具发票的,为开具发票的当天。按销售结算方式的不同,具体如下。

（1）采取直接收款方式销售货物,不论货物是否发出,均为收到销售款或者取得索取销售款凭据的当天。

纳税人生产经营活动中采取直接收款方式销售货物,已将货物移送对方并暂估销售收入入账,但既未取得销售款或取得索取销售款凭据也未开具销售发票的,其纳税义务发生时间为取得销售款或取得索取销售款凭据的当天;先开具发票的,为开具发票的当天。

（2）采取托收承付和委托银行收款方式销售货物,为发出货物并办妥托收手续的当天。

（3）采取赊销和分期收款方式销售货物,为书面合同约定的收款日期的当天,无书面合同的或者书面合同没有约定收款日期的,为货物发出的当天。

（4）采取预收货款方式销售货物,为货物发出的当天,但生产销售生产工期超过12个月的大型机械设备、船舶、飞机等货物,为收到预收款或者书面合同约定的收款日期的当天。

（5）委托其他纳税人代销货物,为收到代销单位的代销清单或者收到全部或部分货款的当天;未收到代销清单及货款的,为发出代销货物满180天的当天。

（6）销售应税劳务,为提供劳务同时收讫销售款或者取得索取销售款的凭据的当天。

（7）纳税人发生相关视同销售货物行为,为货物移送的当天。

（8）纳税人进口货物,其纳税义务发生时间为报关进口的当天。

2. 纳税人发生应税行为的纳税义务发生时间

纳税人发生应税行为并收讫销售款项或者取得索取销售款项凭据的当天;先

开具发票的,为开具发票的当天。

收讫销售款项,是指纳税人销售服务、无形资产、不动产过程中或者完成后收到款项。

取得索取销售款项凭据的当天,是指书面合同确定的付款日期;未签订书面合同或者书面合同未确定付款日期的,为服务、无形资产转让完成的当天或者不动产权属变更的当天。具体如下。

(1)纳税人提供租赁服务采取预收款方式的,其纳税义务发生时间为收到预收款的当天。

(2)纳税人从事金融商品转让的,为金融商品所有权转移的当天。

(3)纳税人发生视同销售情形的,其纳税义务发生时间为服务、无形资产转让完成的当天或者不动产权属变更的当天。

3.扣缴时间

增值税扣缴义务发生时间为纳税人增值税纳税义务发生的当天。

(二)纳税地点

1.固定业户

固定业户应当向其机构所在地或者居住地主管税务机关申报纳税。总机构和分支机构不在同一县(市)的,应当分别向各自所在地的主管税务机关申报纳税;经财政部和国家税务总局或者其授权的财政和税务机关批准,可以自总机构汇总向总机构所在地的主管税务机关申报纳税。

2.非固定业户

非固定业户销售货物、应税劳务或者发生应税行为,应当向销售地、劳务发生地或者应税行为发生地的主管税务机关申报纳税;未向销售地、劳务发生地或者应税行为发生地的主管税务机关申报纳税的,由其机构所在地或者居住地的主管税务机关补征税款。

3.进口货物

进口货物,应当向报关地海关申报纳税。

4.其他

其他个人提供建筑服务,销售或者租赁不动产,转让自然资源使用权,应向建筑服务发生地、不动产所在地、自然资源所在地主管税务机关申报纳税。

5.扣缴义务人

扣缴义务人应当向其机构所在地或者居住地的主管税务机关申报缴纳其扣缴的税款。

(三)纳税期限

根据《增值税暂行条例》及其实施细则和《营业税改征增值税试点实施办法》的规定,增值税的纳税期限分别为1日、3日、5日、10日、15日、1个月或者1个季度。

纳税人的具体纳税期限,由主管税务机关根据纳税人应纳税额的大小分别核定;不能按照定期限纳税的,可以按次纳税。以1个季度为纳税期限的规定适用于小规模纳税人、银行、财务公司、信托投资公司、信用社,以及财政部和国家税务总局规定的其他纳税人。

纳税人以1个月或者1个季度为1个纳税期的,自期满之日起15日内申报纳税;以1日、3日、5日、10日或者15日为1个纳税期的,自期满之日起5日内预缴税款,于次月1日起15日内申报纳税并结清上月应纳税款。

扣缴义务人解缴税款的期限,依照上述规定执行。

纳税人进口货物,应当自海关填发进口增值税专用缴款书之日起15日内缴纳税款。

练习 7 - 1

请根据完税证明附 7 - 1,附 7 - 2,填写出会计分录。具体填写在记账凭证(7 - 1)中。

附 7 - 1

中华人民共和国
税收通用完税证 　国

(20181)新国完电 No.15257001

注册类型	有限责任公司		填发日期:	2018 年 7 月 20 日	征收机关	广州市白云区国家税务局
纳税人代码	9185339000010000X			地　址		广州市白云区机场路 2636 号
纳税人名称	广州工贸实业有限公司			税款所属时期		2018 年 6 月 1 日～2018 年 6 月 30 日
税　种	品目名称	课税数量	计税金额或销售收入	税率或单位税额	已缴或扣除额	实缴金额
增值税	商业 16％		¥107 200.00	16％		¥17 152.00
金额合计	(大写)人民币壹万柒仟壹佰伍拾贰元整					
税务机关 (盖章)	委托代征单位 (盖章)		填票人(章)	备注		

附 7 - 2

中华人民共和国
税收通用完税证 国

(20177)新国完电 No.15498348

注册类型	有限责任公司		填发日期:	2017 年 7 月 20 日		征收机关	广州市白云区国家税务局
纳税人代码	91853390000010000X			地 址		广州市白云区机场路 2636 号	
纳税人名称	广州工贸实业有限公司			税款所属时期		2017 年 6 月 1 日~2017 年 6 月 30 日	
税 种	品目名称	课税数量	计税金额或销售收入	税率或单位税额		已缴或扣除额	实缴金额
城建税	增值税		￥17 152.00	7%			￥1 200.64
教育费附加	增值税		￥17 152.00	3%			￥514.56
地方教育费附加	增值税		￥17 152.00	2%			￥343.04
金额合计	(大写)人民币贰仟零伍拾捌元贰角肆分				￥2 058.24		
税务机关（盖章）	委托代征单位（盖章）		填票人（章）		备注		

记 账 凭 证(7-1)

年 月 日 字第 号

摘 要	总账科目	明细科目	借方金额										贷方金额										记账√
			亿	千	百	十	万	千	百	十	元	角	分	亿	千	百	十	万	千	百	十	元	角	分
附件 张	合 计																						

会计主管 记账 出纳 审核 制证

二、消费税征收管理

（一）纳税义务发生时间

1. 销售

纳税人销售应税消费品的,按不同的销售结算方式确定,分别如下。

（1）采取赊销和分期收款结算方式的,为书面合同约定的收款日期的当天,书面合同没有约定收款日期或者无书面合同的,为发出应税消费品的当天。

（2）采取预收货款结算方式的，为发出应税消费品的当天。

（3）采取托收承付和委托银行收款方式的，为发出应税消费品并办妥托收手续的当天。

（4）采取其他结算方式的，为收讫销售款或者取得索取销售款凭据的当天。

2. 自产

纳税人自产自用应税消费品的，为移送使用的当天。

3. 委托

纳税人委托加工应税消费品的，为纳税人提货的当天。

4. 进口

纳税人进口应税消费品的，为报关进口的当天。

（二）纳税地点

1. 纳税人销售

纳税人销售的应税消费品，以及自产自用的应税消费品，除国务院财政、税务主管部门另有规定外，应当向纳税人机构所在地或者居住地的主管税务机关申报纳税。

2. 委托加工

委托加工的应税消费品，除受托方为个人外，由受托方向机构所在地或者居住地的主管税务机关解缴消费税税款。受托方为个人的，由委托方向机构所在地的主管税务机关申报纳税。

3. 进口

进口的应税消费品，由进口人或者其代理人向报关地海关申报纳税。

4. 外县（市）销售或者委托

纳税人到外县（市）销售或者委托外县（市）代销自产应税消费品的，于应税消费品销售后，向机构所在地或者居住地主管税务机关申报纳税。

5. 纳税人的总机构与分支机构不同地

纳税人的总机构与分支机构不在同一县（市）的，应当分别向各自机构所在地的主管税务机关申报纳税。

纳税人的总机构与分支机构不在同一县（市）的，但在同一省（自治区、直辖市）范围内，经省（自治区、直辖市）财政厅（局）、国家税务局审批同意，可以由总机构汇总向总机构所在地的主管税务机关申报缴纳消费税。省（自治区、直辖市）财政厅（局）、国家税务局应将审批同意的结果，上报财政部、国家税务总局备案。

6. 消费品退回

纳税人销售的应税消费品，如因质量等原因由购买者退回时，经机构所在地或者居住地主管税务机关审核批准后，可退还已缴纳的消费税税款。

7. 出口消费品退税后发生退关

出口的应税消费品办理退税后，发生退关，或者国外退货进口时予以免税的，报关出口者必须及时向其机构所在地或者居住地主管税务机关申报补缴已退还的消费税税款。

纳税人直接出口的应税消费品办理免税后,发生退关或者国外退货,进口时已予以免税的,经机构所在地或者居住地主管税务机关批准,可暂不办理补税,待其转为国内销售时,再申报补缴消费税。

8. 个人携带式邮寄

个人携带或者邮寄进境的应税消费品的消费税,连同关税一并计征,具体办法由国务院关税税则委员会同有关部门制定。

(三)纳税期限

消费税的纳税期限分别为 1 日、3 日、5 日、10 日、15 日、1 个月或者 1 个季度;纳税人的具体纳税期限,由主管税务机关根据纳税人应纳税额的大小分别核定;不能按照固定期限纳税的,可以按次纳税。

纳税人以 1 个月或者 1 个季度为 1 个纳税期的,自期满之日起 15 日内申报纳税;以 1 日、3 日、5 日、10 日或者 15 日为 1 个纳税期的,自期满之日起 5 日内预缴税款,于次月 1 日起至 15 日内申报纳税并结清上月应纳税款。

纳税人进口应税消费品,应当自海关填发海关进口消费税专用缴款书之日起 15 日内缴纳税款。

📖 练习 7 - 2

请根据完税证明附 7 - 3,填写出会计分录。具体填写在记账凭证(7 - 2)中。

附 7 - 3

中华人民共和国
税收通用完税证 国

(20177)新国完电 No.15227689

注册类型	有限责任公司		填发日期:	2017 年 7 月 20 日	征收机关	广州市白云区国家税务局
纳税人代码	91853390000010000X			地 址		广州市白云区机场路 2636 号
纳税人名称	广州工贸实业有限公司		税款所属时期			2017 年 6 月 1 日～2017 年 6 月 30 日
税 种	品目名称	课税数量	计税金额或销售收入	税率或单位税额	已缴或扣除额	实缴金额
消费税	小汽车(4.0 L)		￥6 000 000.00	40%		￥2 400 000.00
金额合计	(大写)人民币贰佰肆拾万元整					￥2 400 000.00
税务机关(盖章)	委托代征单位(盖章)		填票人(章)		备注	

记 账 凭 证(7－2)

年　　月　　日　　　　　　　　　　　　字第　　号

摘　要	总账科目	明细科目	借方金额										贷方金额										记账√
			亿	千	百	十	万	千	百	十	元	角	分	亿	千	百	十	万	千	百	十	元	角	分	
附件　　张	合　　计																							

会计主管　　　　　记账　　　　　　出纳　　　　　审核　　　　　制证

三、企业所得税征收管理

(一)纳税地点

1. 居民企业的纳税地点

除税收法律、行政法规另有规定外,居民企业以企业登记注册地为纳税地点;但登记注册地在境外的,以实际管理机构所在地为纳税地点。

2. 非居民企业的纳税地点

非居民企业在中国境内设立机构、场所的,以机构、场所所在地为纳税地点。非居民企业在中国境内设立两个或者两个以上机构、场所的,经税务机关审核批准,可以选择由其主要机构、场所汇总缴纳企业所得税。

在中国境内未设立机构、场所的,或者虽设立机构、场所但取得的所得与其所设机构、场所没有实际联系的非居民企业,以扣缴义务人所在地为纳税地点。非居民企业经批准汇总缴纳企业所得税后,需要增设、合并、迁移、关闭机构、场所或者停止机构、场所业务的,应当事先由负责汇总申报缴纳企业所得税的主要机构、场所向其所在地税务机关报告;需要变更汇总缴纳企业所得税的主要机构、场所的,依照前述规定办理。

(二)纳税期限

企业所得税按年计征,分月或者分季预缴,年终汇算清缴,多退少补。纳税年度自公历1月1日起至12月31日止。

企业在一个纳税年度中间开业，或者终止经营活动，使该纳税年度的实际经营期不足 12 个月的，应当以其实际经营期为 1 个纳税年度。企业依法清算时，应当以清算期间作为 1 个纳税年度。

企业应当自年度终了之日起 5 个月内，向税务机关报送年度企业所得税纳税申报表，并汇算清缴，结清应缴应退税款。

企业在年度中间终止经营活动的，应当自实际经营终止之日起 60 日内，向税务机关办理当期企业所得税汇算清缴。

（三）纳税申报

按月或按季预缴的，应当自月份或者季度终了之日起 15 日内，向税务机关报送预缴企业所得税纳税申报表，预缴税款。

企业在报送企业所得税纳税申报表时，应当按照规定附送财务会计报告和其他有关资料。

企业应当在办理注销登记前，就其清算所得向税务机关申报并依法缴纳企业所得税。

企业分月或者分季预缴企业所得税时，应当按照月度或者季度的实际利润额预缴；按照月度或者季度的实际利润额预缴有困难的，可以按照上一纳税年度应纳税所得额的月度或者季度平均额预缴，或者按照经税务机关认可的其他方法预缴。预缴方法一经确定，该纳税年度内不得随意变更。

企业在纳税年度内无论盈利或者亏损，都应当依照规定期限，向税务机关报送预缴企业所得税纳税申报表、年度企业所得税纳税申报表、财务会计报告和税务机关规定应当报送的其他有关资料。

企业所得税以人民币计算，所得以人民币以外的货币计算的，应当折合成人民币计算并缴纳税款。

企业所得以人民币以外的货币计算的，预缴企业所得税时，应当按照月度或者季度最后 1 日的人民币汇率中间价，折合成人民币计算应纳税所得额。

年度了汇算清缴时，对已经按照月度或者季度预缴税款的，不再重新折合计算，只就该纳税年度内未缴纳企业所得税的部分，按照纳税年度最后 1 日的人民币汇率中间价，折合成人民币计算应纳税所得额。

经税务机关检查确认，企业少计或者多计前述规定的所得的，应当按照检查确认补税或者退税时的上一个月最后 1 日的人民币汇率中间价，将少计或者多计的所得折合成人民币计算应纳税所得额，再计算应补缴或者应退的税款。

练习 7－3

请根据完税证明附 7－4，填写出会计分录。具体填写在记账凭证(7－3)中。

附 7-4

中华人民共和国
税收通用完税证　　国

(20177)新国完电 No.15259471

注册类型	有限责任公司		填发日期：	2017 年 7 月 20 日		征收机关	广州市白云区国家税务局
纳税人代码	9185339000001000X			地　　址			广州市白云区机场路 2636 号
纳税人名称	广州工贸实业有限公司			税款所属时期			2017 年 6 月 1 日～ 2017 年 6 月 30 日
税　　种	品目名称	课税数量	计税金额或销售收入	税率或单位税额		已缴或扣除额	实缴金额
企业所得税	商业 (25%)		￥270 980 713.33	25%			￥67 745 178.33
金额合计	(大写)人民币陆仟柒佰柒拾肆万伍仟壹佰柒拾捌元叁角叁分						￥67 745 178.33
税务机关 (盖章)	委托代征单位 (盖章)			填票人(章)		备注	

记 账 凭 证(7-3)

年　月　日　　　　　　　　　　　字第　　　号

摘　要	总账科目	明细科目	借方金额										贷方金额										记账√
			亿	千	百	十	万	千	百	十	元	角	分	亿	千	百	十	万	千	百	十	元	角	分	
附件　张	合　计																							

会计主管　　　　　记账　　　　　　　出纳　　　　　　　审核　　　　　　　制证

四、个人所得税征收管理

(一) 纳税申报

个人所得税的征收方式主要有两种：一是代扣代缴；二是自行纳税申报。此外，一些地方为了提高征管效率，方便纳税人，对个别应税所得项目，采取了委托代征的方式。

1. 代扣代缴方式

以支付所得的单位或者个人为扣缴义务人。

税务机关应根据扣缴义务人所扣缴的税款,付给2%的手续费,由扣缴义务人用于代扣代缴费用开支和奖励代扣代缴工作做得较好的办税人员。

2. 自行纳税申报

自2019年1月1日起,纳税义务人有下列情形之一的,应当按照规定到主管税务机关办理纳税申报。

(1) 取得综合所得需要办理汇算清缴;

(2) 取得应税所得没有扣缴义务人;

(3) 取得应税所得,扣缴义务人未扣缴税款;

(4) 取得境外所得;

(5) 因移居境外注销中国户籍;

(6) 非居民个人在中国境内从两处以上取得工资、薪金所得;

(7) 国务院规定的其他情形。

扣缴义务人应当按照国家规定办理全员全额扣缴申报,并向纳税人提供其个人所得和已扣缴税款等信息。

居民个人取得综合所得,按年计算个人所得税;有扣缴义务人的,由扣缴义务人按月或者按次预扣预缴税款;需要办理汇算清缴的,应当在取得所得的次年三月一日至六月三十日内办理汇算清缴。预扣预缴办法由国务院税务主管部门制定。

居民个人向扣缴义务人提供专项附加扣除信息的,扣缴义务人按月预扣预缴税款时应当按照规定予以扣除,不得拒绝。

(二) 纳税期限

1. 代扣代缴期限

扣缴义务人每月扣缴的税款,应当在次月15日内缴入国库,并向主管税务机关报送《扣缴个人所得税报告表》、代扣代收税款凭证和包括每一纳税人姓名、单位、职务、收入、税款等内容的支付个人收入明细表,以及税务机关要求报送的其他有关资料。

2. 自行申报纳税期限

一般情况下,纳税人应在取得应纳税所得的次月15日内向主管税务机关申报所得并缴纳税款。具体规定如下。

(1) 工资、薪金所得的纳税期限。工资、薪金所得的纳税期限,实行按月计征,在次月15日内缴入国库,并向税务机关报送个人所得税纳税申报表。对特定行业(采掘业、远洋运输业、远洋捕捞业)的纳税人,可以实行按年计算,分月预缴的方式计征,自年度终了后 30 日内,合计全年工资、薪金所得,再按 12 个月月平均计算实际应缴纳的税款,多退少补。

(2) 个体工商户的生产、经营所得的纳税期限。对账册健全的个体工商户,其纳税期限实行按年计算、分月预缴,并在次月 15 日内申报预缴,年终后 3 个月汇算清缴,多退少补。对账册不健全的个体工商户,其纳税期限由税务机关确定。

(3) 对企事业单位的承包经营、承租经营所得的纳税期限。对年终一次性取得承包经营、承租经营所得的,自取得所得之日起 30 日内申报纳税;对在 1 年内分次取得承包经营、承租经营所得的,应在每次取得所得后的 15 日内预缴税款,年终后 3 个月汇算清缴,多退少补。

(4) 劳务报酬、稿酬、特许权使用费、利息、股息、红利、财产租赁及转让、偶然所得等的纳税期限,实行按次计征,并在次月 15 日内预缴税款并报送个人所得税纳税申报表。

非居民个人取得工资、薪金所得,劳务报酬所得,稿酬所得和特许权使用费所得,有扣缴义务人的,由扣缴义务人按月或者按次代扣代缴税款,不办理汇算清缴。

纳税人取得经营所得,按年计算个人所得税,由纳税人在月度或者季度终了后十五日内向税务机关报送纳税申报表,并预缴税款;在取得所得的次年三月三十一日前办理汇算清缴。

纳税人取得利息、股息、红利所得,财产租赁所得,财产转让所得和偶然所得,按月或者按次计算个人所得税,有扣缴义务人的,由扣缴义务人按月或者按次代扣代缴税款。

纳税人取得应税所得没有扣缴义务人的,应当在取得所得的次月十五日内向税务机关报送纳税申报表,并缴纳税款。

纳税人取得应税所得,扣缴义务人未扣缴税款的,纳税人应当在取得所得的次年六月三十日前,缴纳税款;税务机关通知限期缴纳的,纳税人应当按照期限缴纳税款。

居民个人从中国境外取得所得的,应当在取得所得的次年三月一日至六月三十日内申报纳税。

非居民个人在中国境内从两处以上取得工资、薪金所得的,应当在取得所得的次月十五日内申报纳税。

纳税人因移居境外注销中国户籍的,应当在注销中国户籍前办理税款清算。

扣缴义务人每月或者每次预扣、代扣的税款,应当在次月十五日内缴入国库,并向税务机关报送扣缴个人所得税申报表。

纳税人办理汇算清缴退税或者扣缴义务人为纳税人办理汇算清缴退税的,税务机关审核后,按照国库管理的有关规定办理退税。

（三）纳税地点

（1）个人所得税自行申报的,其申报地点一般应为收入来源地的主管税务机关。

（2）纳税人从两处或两处以上取得工资、薪金的,可选择并固定在其中一地税务机关申报纳税。

（3）境外取得所得的,应向其境内户籍所在地或经营居住地税务机关申报纳税。

（4）扣缴义务人应向其主管税务机关进行纳税申报。

（5）纳税人要求变更申报纳税地点的,须经原主管税务机关批准。

（6）个人独资企业和合伙企业投资者个人所得税纳税地点。投资者应向企业实际经营管理所在地主管税务机关申报缴纳个人所得税。投资者兴办两个或两个以上企业的,应分别向企业实际经营管理所在地主管税务机关预缴税款。

投资者的个人所得税征收管理工作由地方税务局负责。

五、房产税征收管理

（一）纳税义务发生时间

（1）纳税人将原有房产用于生产经营,从生产经营之月起,缴纳房产税。

（2）纳税人自行新建房屋用于生产经营,从建成之次月起,缴纳房产税。

（3）纳税人委托施工企业建设的房屋,从办理验收手续之次月起,缴纳房产税。

（4）纳税人购置新建商品房,自房屋交付使用之次月起,缴纳房产税。

（5）纳税人购置存量房,自办理房屋权属转移、变更登记手续,房地产权属登记机关签发房屋权属证书之次月起,缴纳房产税。

（6）纳税人出租、出借房产,自交付出租、出借本企业房产之次月起,缴纳房产税。

（7）房地产开发企业自用、出租、出借本企业建造的商品房,自房屋使用或交付之次月起,缴纳房产税。

（8）纳税人因房产的实物或权利状态发生变化而依法终止房产税纳税义务的,其应纳税款的计算截止到房产的实物或权利状态发生变化的当月末。

（二）纳税地点

房产税在房产所在地缴纳。房产不在同一地方的纳税人,应按房产的坐落地点分别向房产所在地的税务机关申报纳税。

（三）纳税期限

房产税实行按年计算、分期缴纳的征收方法,具体纳税期限由省、自治区、直辖市人民政府确定。

练习7-4

请根据完税证明附7-5,填写出会计分录。具体填写在记账凭证(7-4)中。

附 7 - 5

中华人民共和国
税收通用完税证   国

(20171)新国完电 No.15257023

注册类型	有限责任公司		填发日期：	2017 年 7 月 20 日	征收 机关	广州市白云区国家税 务局		
纳税人代码	91853390000010000X			地 址		广州市白云区机场路 2636 号		
纳税人名称	广州工贸实业有限公司			税款所属时期		2017 年 6 月 1 日～ 2017 年 6 月 30 日		
税 种	品目 名称	课税 数量	计税金额或 销售收入	税率或 单位税额		已缴或 扣除额		实缴金额
房产税			￥420 000.00	1.2%				￥5 040.00
金额合计	(大写)人民币伍仟零肆拾元整							￥5 040.00
税务机关 (盖章)	委托代征单位 (盖章)			填票人(章)		备 注		

记 账 凭 证(7 - 4)
年 月 日   字第   号

摘 要	总账科目	明细科目	借方金额										贷方金额										记账 √
			亿	千	百	十	万	千	百	十	元	角	分	亿	千	百	十	万	千	百	十	元	角	分	
附件 张	合 计																						

会计主管   记账   出纳   审核   制证

六、土地增值税征收管理

(一)纳税申报

纳税人应在转让房地产合同签订后 7 日内,到房地产所在地主管税务机关办理纳税申报,并向税务机关提交房屋及建筑物产权、土地使用权证书,土地转让、房产买卖合同、房地产评估报告及其他与转让房地产有关的资料,然后在税务机关规定的期限内缴纳土地增值税。

纳税人因经常发生房地产转让而难以在每次转让后申报的,经税务机关审核同意后,可以按月或按季定期进行纳税申报,具体期限由主管税务机关根据情况确定。

纳税人采取预售方式销售房地产的,对在项目全部竣工结算前转让房地产取得的收入,税务机关可以预征土地增值税。具体办法由各省、自治区、直辖市地方税务局根据当地情况制定。

对于纳税人预售房地产所取得的收入,凡当地税务机关规定预征土地增值税的,纳税人应当到主管税务机关办理纳税申报,并按规定比例预交,待办理完纳税清算后,多退少补。

(二) 纳税清算

1. 土地增值税的清算单位

土地增值税以国家有关部门审批的房地产开发项目为单位进行清算,对于分期开发的项目,以分期项目为单位清算。

开发项目中同时包含普通住宅和非普通住宅的,应分别计算增值额。

2. 土地增值税的清算条件

(1) 符合下列情形之一的,纳税人应进行土地增值税的清算。

a. 房地产开发项目全部竣工、完成销售的。

b. 整体转让未竣工决算房地产开发项目的。

c. 直接转让土地使用权的。

(2) 符合下列情形之一的,主管税务机关可要求纳税人进行土地增值税清算。

a. 已竣工验收的房地产开发项目,已转让的房地产建筑面积占整个项目可售建筑面积的比例在 85% 以上,或该比例虽未超过 85%,但剩余的可售建筑面积已经出租或自用的。

b. 取得销售(预售)许可证满 3 年仍未销售完毕的。

c. 纳税人申请注销税务登记但未办理土地增值税清算手续的。

d. 省级税务机关规定的其他情况。

3. 土地增值税清算应报送的资料

纳税人办理土地增值税清算应报送以下资料。

(1) 房地产开发企业清算土地增值税书面申请、土地增值税纳税申报表。

(2) 项目竣工决算报表、取得土地使用权所支付的地价款凭证、国有土地使用权出让合同、银行贷款利息结算通知单、项目工程合同结算单、商品房购销合同统计表等与转让房地产的收入、成本和费用有关的证明资料。

(3) 主管税务机关要求报送的其他与土地增值税清算有关的证明资料等。

纳税人委托税务中介机构审核鉴证的清算项目,还应报送中介机构出具的《土地增值税清算税款鉴证报告》。

4. 清算后再转让房地产的处理

在土地增值税清算时未转让的房地产,清算后销售或有偿转让的,纳税人应按规定进行土地增值税的纳税申报,扣除项目金额按清算时的单位建筑面积成本费用乘以销售或转让面积计算。

单位建筑面积成本费用 = 清算时的扣除项目总金额 ÷ 清算的总建筑面积

5. 土地增值税的核定征收

房地产开发企业有下列情形之一的,税务机关可以参照与其开发规模和收入水平相近的当地企业的土地增值税税负情况,按不低于预征率的征收率核定征收土地增值税。

(1) 依照法律、行政法规的规定应当设置但未设置账簿的。

(2) 擅自销毁账簿或者拒不提供纳税资料的。

(3) 虽设置账簿,但账目混乱或者成本资料、收入凭证、费用凭证残缺不全,难以确定转让收入或扣除项目金额的。

(4) 符合土地增值税清算条件,未按照规定的期限办理清算手续,经税务机关责令限期清算,逾期仍不清算的。

(5) 申报的计税依据明显偏低,又无正当理由的。

(三) 纳税地点

土地增值税纳税人发生应税行为应向房地产所在地主管税务机关缴纳税款。

这里所称的房地产所在地,是指房地产的坐落地。纳税人转让的房地产坐落在两个或两个以上地区的,应按房地产所在地分别申报纳税。具体又可分为以下两种情况。

1. 纳税人是法人的

当转让的房地产坐落地与其机构所在地或经营所在地一致时,则在办理税务登记的原管辖税务机关申报纳税即可;如果转让的房地产坐落地与其机构所在地或经营所在地不一致时,则应在房地产坐落地所管辖的税务机关申报纳税。

2. 纳税人是自然人的

当转让的房地产坐落地与其居住所在地一致时,则在居住所在地税务机关申报纳税;当转让的房地产坐落地与其居住所在地不一致时,在办理过户手续所在地的税务机关申报纳税。

练习 7 - 5

请根据完税证明附 7 - 6,填写出会计分录。具体填写在记账凭证(7 - 5)中。

附 7 - 6

中华人民共和国
税收通用完税证 国

(20177)新国完电 No.15259561

注册类型	有限责任公司		填发日期：	2017 年 7 月 20 日	征收机关	广州市白云区国家税务局
纳税人代码	91853390000010000X			地 址		广州市白云区机场路 2636 号
纳税人名称	广州工贸实业有限公司			税款所属时期		2017 年 6 月 1 日～ 2017 年 6 月 30 日
税 种	品目名称	课税数量	计税金额或销售收入	税率或单位税额	已缴或扣除额	实缴金额
土地增值税			￥45 357.45	30%		￥13 607.24
金额合计	(大写)人民币壹万叁仟陆佰零柒圆贰角肆分					￥13 607.24

税务机关(盖章)	委托代征单位(盖章)	填票人(章)	备注

记 账 凭 证(7 - 5)

年 月 日　　　　字第 号

摘 要	总账科目	明细科目	借方金额 亿千百十万千百十元角分	贷方金额 亿千百十万千百十元角分	记账√
附件 张	合 计				

会计主管　　　记账　　　出纳　　　审核　　　制证

七、印花税征收管理

(一)纳税义务发生时间

印花税应当在书立或领受时贴花。具体是指在合同签订时、账簿启用时和证照领受时贴花。如果合同是在国外签订,并且不便在国外贴花的,应在将合同带入境时办理贴花纳税手续。

(二)纳税地点

印花税一般实行就地纳税。对于全国性商品物资订货会(包括展销会、交易会等)上所签订合同应纳的印花税,由纳税人回其所在地后及时办理贴花完税手续;对地方主办、不涉及省际关系的订货会、展销会上所签合同的印花税,其纳税地点由各省、自治区、直辖市人民政府自行确定。

(三)纳税期限

印花税的纳税方式与其他税种不同,其特点之一就是由纳税人根据税法规定,自行计算应纳税额,并自行购买印花税票,自行完成纳税义务。同时,对特殊情况采取特定的纳税贴花方法。税法规定,印花税应税凭证应在书立、领受时即行贴花完税,不得延至凭证生效日期贴花。同一种类应纳印花税凭证若需要频繁贴花的,纳税人可向当地税务机关申请按期汇总缴纳印花税,经税务机关核发给许可证后,按税务机关确定的限期(最长不超过 1 个月)汇总计算纳税。

(四)缴纳方法

根据税额大小,应税项目纳税次数多少以及税源控管的需要,印花税分别采用自行贴花、汇贴汇缴和委托代征三种缴纳方法。

1. 自行贴花

即实行"三自"纳税(自行计算、自行购买和自行贴花)。纳税人在书立、领受应税凭证时,自行计算应纳印花税额;向当地纳税机关或印花税票代售点购买印花税票;自行在应税凭证上一次贴足印花并自行注销。这是缴纳印花税的基本方法。印花税票一经售出,国家即取得了印花税收入,但不等于纳税人履行了纳税义务,只有在纳税人按规定将印花税票(足额)黏贴在应税凭证的适当位置后,经盖销或划销后才算完成了纳税手续。已完成纳税手续的凭证应按规定的期限妥善保管,以备核查。同时必须明确,已贴用的印花税票不得重用;已贴花的凭证,修改后所载金额有增加的,其增加部分中当补贴印花。

2. 汇贴汇缴

一份凭证应纳税额超过 500 元的,纳税人应当向当地税务机关申请填写缴款书或完税证,将其中一联粘贴在凭证上或者税务机关在凭证上加注完税标记代替贴花。

同一类应纳税凭证,需频繁贴花的,纳税人应向当地税务机关申请按期汇总缴纳印花税。税务机关对核准汇总缴纳的单位,应发给汇缴许可证,汇总缴纳的限期限额由当地税务机关确定,但最长期限不得超过 1 个月。凡汇总缴纳印花税的凭证,应加注税务机关指定的汇缴戳记、编号并装订成册后,将已贴印花或者缴款书的一联粘附册后,盖章注销,保存备查。

3. 委托代征

为加强征收管理,简化手续,印花税可以委托有关部门代征,实行源泉控管。对通过国家有关部门发放、鉴证、公证或仲裁的应税凭证,税务部门可以委托这些部门代征印花税,发给代征单位代征委托书,明确双方的权利和义务。

📖 **练习 7-6**

请根据完税证明附7-7,填写出会计分录。具体填写在记账凭证(7-6)中。

附 7-7

中华人民共和国
税收通用完税证　　国

(20177)新国完电 No.15498689

注册类型	有限责任公司		填发日期:	2017 年 7 月 20 日	征收机关	广州市白云区国家税务局
纳税人代码	91853390000010000X			地　　址		广州市白云区机场路 2636 号
纳税人名称	广州工贸实业有限公司			税款所属时期		2017 年 6 月 1 日～ 2017 年 6 月 30 日
税　种	品目名称	课税数量	计税金额或销售收入	税率或单位税额	已缴或扣除额	实缴金额
印花税	购销合同		￥6 000 000.00	0.03%		￥1 800.00
金额合计	(大写)人民币壹仟捌佰元整					￥1 800.00
税务机关 (盖章)	委托代征单位 (盖章)		填票人(章)	备注		

记 账 凭 证(7-6)

年　　月　　日　　　　　　　　　　　　字第　　号

摘　要	总账科目	明细科目	借方金额 亿千百十万千百十元角分	贷方金额 亿千百十万千百十元角分	记账√
附件　张	合　计				

会计主管　　　　　记账　　　　　　出纳　　　　　　审核　　　　　　制证

八、税负的计算

税负是指实际计缴的税款占相对应的应税销售收入的比例。税负可以单指增值税税负、企业所得税税负、消费税税负等。也可以把所有本年度上交的所有税款合计后计算总体税负。

📖 **练习 7 - 7**

1. 请根据工作页给出的工贸实业的相关资料,计算出工贸实业各个税种的税负情况。

附 7 - 8

利 润 表

2017 年 2 月 1 日至 2017 年 2 月 28 日

纳税人识别号 91853390000010000X

编制单位:广州工贸实业有限公司

项 目	行次	本期金额	本年累计
一、营业收入	1	8 738 893.46	88 674 829.20
营业成本	2	7 395 900.31	69 561 321.09
税金及附加	3	25 628.22	214 345.13
营业费用(销售费用)	4	231 830.70	2 538 947.66
管理费用	5	185 123.78	1 948 307.96
财务费用	6	62.33	521.33
资产减值损失	7		0.00
加:公允价值变动收益(损失以"—"号填列)	8		0.00
投资收益(损失以"—"号填列)	9		0.00
其中:对联营企业和合营企业的投资收益	10		0.00
二、营业利润(亏损以"—"号填列)	11	900 348.12	14 411 386.03
加:营业外收入	12		0.00
减:营业外支出	13		0.00
其中:非流动资产处置损失	14		0.00
三、利润总额(亏损总额以"—"号填列)	15	900 348.12	14 411 386.03
减:所得税费用	16		2 587 453.32
四、净利润(净亏损以"—"号填列)	17	900 348.12	11 823 932.71
五、每股收益:	18		0.00
(一)基本每股收益	19		0.00
(二)稀释每股收益	20		0.00

已知本期企业实际缴纳的增值税为 1 485 611.89 元,实际缴纳的消费税为 44 568.36 元。请根据已有的资料附 7-8,增值税和消费税税负的计算。

请将计算过程写在这里:

2. 税负的计算对于企业的财务健康的评估具有重要的参考意义,请根据计算出的工贸税负情况,以小组为单位,向班级展示出小组通过税负情况能够看出哪些内容。

提升能力,试试看,能够看出的内容:

学习任务三
企业所得税的汇算清缴

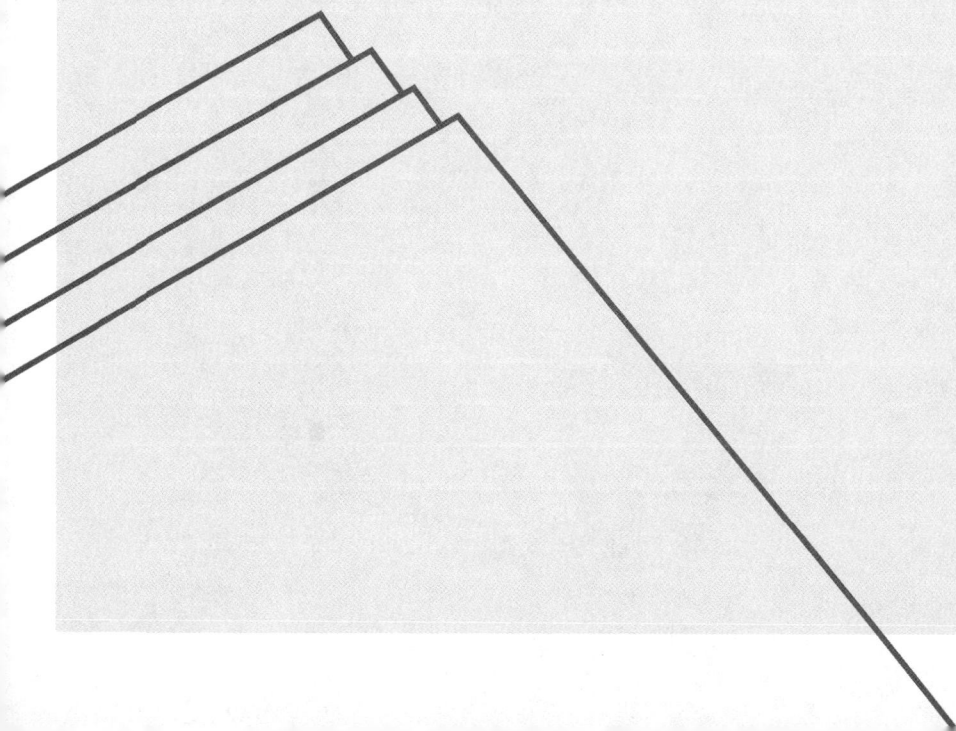

学习活动八：企业所得税计算方法的收集

请仔细阅读下面关于企业所得税的知识点，用彩色笔划出重要的部分，并以小组为单位，互相提问。

一、企业所得税应纳税所得额的计算

企业所得税的计税依据是应纳税所得额，即指企业每一纳税年度的收入总额，减除不征税收入、免税收入、各项扣除以及允许弥补的以前年度亏损后的余额。

应纳税所得额＝收入总额－不征税收入－免税收入－各项扣除－以前年度亏损

企业应纳税所得额的计算，以权责发生制为原则，属于当期的收入和费用，不论款项是否收付，均作为当期的收入和费用；不属于当期的收入和费用，即使款项已经在当期收付，均不作为当期的收入和费用。在计算应纳税所得额时，企业财务、会计处理办法与税收法规的规定不一致的，应当依照税收法律法规的规定计算。

（一）收入总额

企业收入总额是指以货币形式和非货币形式从各种来源取得的收入。包括：销售货物收入，提供劳务收入，转让财产收入，股息、红利等权益性投资收益，利息收入，租金收入，特许权使用费收入，接受捐赠收入以及其他收入。

企业取得收入的货币形式，包括现金、存款、应收账款、应收票据、准备持有至到期的债券投资以及债务的豁免等。

企业取得收入的非货币形式，包括固定资产、生物资产、无形资产、股权投资、存货、不准备持有至到期的债券投资、劳务以及有关权益等。非货币形式收入应当按照公允价值确定收入额。

1. 销售货物收入

销售货物收入，是指企业销售商品、产品、原材料、包装物、低值易耗品以及其他存货取得的收入。

除法律法规另有规定外，企业销售货物收入的确认，必须遵循权责发生制原则和实质重于形式原则。

（1）符合收入确认条件，采取下列商品销售方式的，应按以下规定确认收入实现时间。

　　a. 销售商品采用托收承付方式的,在办妥托收手续时确认收入。

　　b. 销售商品采用预收款方式的,在发出商品时确认收入。

　　c. 销售商品需要安装和检验的,在购买方接受商品以及安装和检验完毕时确认收入。如果安装程序比较简单,可在发出商品时确认收入。

　　d. 销售商品采用支付手续费方式委托代销的,在收到代销清单时确认收入。

　　(2)采用售后回购方式销售商品的,销售的商品按售价确认收入,回购的商品作为购进商品处理。有证据表明不符合销售收入确认条件的,如以销售商品方式进行融资,收到的款项应确认为负债,回购价格大于原售价的,差额回购期间确认为利息费用。

　　(3)销售商品以旧换新的,销售商品应当按照销售商品收入确认条件确认收入,回收的商品作为购进商品处理。

　　(4)企业为促进商品销售而在商品价格上给予的价格扣除属于商业折扣。商品销售涉及商业折扣的,应当按照扣除商业折扣后的金额确定销售商品收入金额。

　　债权人为鼓励债务人在规定的期限内付款而向债务人提供的债务扣除属于现金折扣,销售商品涉及现金折扣的,应当按扣除现金折扣前的金额确定销售商品收入金额,现金折扣在实际发生时作为财务费用扣除。

　　企业因售出商品的质量不合格等原因而在售价上给予的减让属于销售折让;企业因售出商品质量、品种不符合要求等原因而发生的退货属于销售退回。企业已经确认销售收入的售出商品发生销售折让和销售退回,应当在发生当期冲减当期销售商品收入。

　　2. 提供劳务收入

　　提供劳务收入,是指企业从事建筑安装、修理修配、交通运输、仓储租赁、金融保险、邮电通信、咨询经纪、文化体育、科学研究、技术服务、教育培训、餐饮住宿、中介代理、卫生保健、社区服务、旅游、娱乐、加工以及其他劳务服务活动取得收入。

　　企业在各个纳税期末,提供劳务交易的结果能够可靠估计的,应采用完工进度(百分比)法确认提供劳务收入。

　　企业应按照从接受劳务方已收或应收的合同或协议价款确定劳务收入总额,根据纳税期末提供劳务收入总额乘以完工进度扣除以前纳税年度累计已确认提供劳务收入后的金额,确认为当期劳务收入;同时,按照提供劳务估计总成本乘以完工进度扣除以前纳税期间累计已确认劳务成本后的金额,结转为当期劳务成本。

　　3. 转让财产收入

　　转让财产收入,是指企业转让固定资产、生物资产、无形资产、股权、债权等财产取得的收入。转让财产收入应当按照从财产受让方已收或应收的合同或协议价款确认收入。

4. 股息、红利等权益性投资收益

股息、红利等权益性投资收益,除国务院财政、税务主管部门另有规定外,按照被投资方做出利润分配决定的日期确认收入的实现。

5. 利息收入

利息收入,是指企业将资金提供他人使用但不构成权益性投资,或者因他人占用本企业资金取得的收入,包括存款利息、贷款利息、债券利息、欠款利息等收。利息收入,按照合同约定的债务人应付利息的日期确认收入的实现。

6. 租金收入

租金收入,按照合同约定的承租人应付租金的日期确认收入的实现。如果交易合同或协议中规定租赁期限跨年度,且租金提前一次性支付的,出租人可对上述已确认的收入,在租赁期内,分期均匀计入相关年度收入。

7. 特许权使用费收入

特许权使用费收入,是指企业提供专利权、非专利技术、商标权、著作权以及其他特许权的使用权取得的收入。特许权使用费收入,按照合同约定的特许权使用人应付特许权使用费的日期确认收入。

8. 接受捐赠收入

接受捐赠收入,是指企业接受的来自其他企业、组织或者个人无偿给予的货币性资产、非货币性资产。接受捐赠收入,按照实际收到捐赠资产的日期确认收入的实现。

企业以买一赠一等方式组合销售本企业商品的,不属于捐赠,应将总的销售金额按各项商品的公允价值的比例来分摊确认各项的销售收入。

9. 其他收入

其他收入,是指企业取得《企业所得税法》具体列举的收入外的其他收入,包括企业资产溢余收入、逾期未退包装物押金收入、确实无法偿付的应付款项、已作坏账损失处理后又收回的应收款项、债务重组收入、补贴收入、违约金收入、汇兑收益等。

10. 特殊收入的确认

(1) 以分期收款方式销售货物的,按照合同约定的收款日期确认收入的实现。

(2) 企业受托加工制造大型机械设备、船舶、飞机,以及从事建筑、安装、装配工程业务或者提供其他劳务等,持续时间超过 12 个月的,按照纳税年度内完工进度或者完成的工作量确认收入的实现。

(3) 采取产品分成方式取得收入的,按照企业分得产品的日期确认收入的实现,其收入额按照产品的公允价值确定。

(4) 企业发生非货币性资产交换,以及将货物、财产、劳务用于捐赠、偿债、赞助、集资、广告、样品、职工福利或者利润分配等用途的,应当视同销售货物、转让财产或者提供劳务,但国务院财政、税务主管部门另有规定的除外。

(二) 不征税收入

不征税收入,是指从性质和根源上不属于企业营利性活动带来的经济利益、不作为应纳税所得额组成部分的收入。下列收入为不征税收入。

1. 财政拨款

财政拨款,是指各级人民政府对纳入预算管理的事业单位、社会团体等组织拨付的财政资金,但国务院和国务院财政、税务主管部门另有规定的除外。

县级以上人民政府将固有资产无偿划入企业,凡指定专门用途并按规定进行管理的,企业可作为不征税收入进行企业所得税处理。其中,该项资产属于非货币性资产的,应按政府确定的接收价值计算不征税收入。

2. 依法收取并纳入财政管理的行政事业性收费、政府性基金

行政事业性收费,是指依照法律法规等有关规定,按照国务院规定程序批准,在实施社会公共管理,以及在向公民、法人或者其他组织提供特定公共服务过程中,向特定对象收取并纳入财政管理的费用。政府性基金,是指企业依照法律、行政法规等有关规定,代政府收取的具有专项用途的财政资金。

3. 国务院规定的其他不征税收入

国务院规定的其他不征税收入,是指企业取得的,由国务院财政、税务主管部门规定专项用途并经国务院批准的财政性资金。

(三) 税前扣除项目

企业实际发生的与取得收入有关的、合理的支出,包括成本、费用、税金、损失和其他支出,准予在计算应纳税所得额时扣除。合理的支出,是指符合生产经营活动常规,应当计入当期损益或者有关资产成本的必要和正常的支出。除另有规定外,企业实际发生的成本、费用、税金、损失和其他支出,不得重复扣除。

企业发生的支出应当区分收益性支出和资本性支出。收益性支出在发生当期直接扣除;资本性支出应当分期扣除或者计入有关资产成本,不得在发生当期直接扣除。

企业的不征税收入用于支出所形成的费用或者财产,不得扣除或者计算对应的折旧、摊销扣除。

1. 成本

成本,是指企业在生产经营活动中发生的销售成本、销货成本、业务支出以及其他耗费。即企业销售商品(产品、材料、下脚料、废料、废旧物资等)、提供劳务、转让固定资产、无形资产的成本。

2. 费用

费用,是指企业在生产经营活动中发生的销售费用、管理费用和财务费用。已经计入成本的有关费用除外。

（1）销售费用，是指应由企业负担的为销售商品而发生的费用。

（2）管理费用，是指企业的行政管理部门为管理组织经营活动提供各项支援性服务而发生的费用。

（3）财务费用，是指企业筹集经营性资金而发生的费用。

3. 税金

税金，是指企业发生的除企业所得税和允许抵扣的增值税以外的各项税金及其附加。即纳税人按照规定缴纳的消费税、营业税、资源税、土地增值税、关税、城市维护建设税、教育费附加等产品销售税金及附加，以及发生的房产税、车船税、城镇土地使用税、印花税等。企业缴纳的增值税属于价外税，故不在扣除之列。

4. 损失

损失，是指企业在生产经营活动中发生的固定资产和存货的盘亏、毁损、报废损失，转让财产损失，呆账损失，坏账损失，以及自然灾害等不可抗力因素造成的损失以及其他损失。

企业发生的损失，减除责任人赔偿和保险赔款后的余额，依照国务院财政、税务主管部门的规定扣除。企业已经作为损失处理的资产，在以后纳税年度又全部收回或者部分收回时，应当计入当期收入。

（四）扣除标准

1. 工资、薪金支出

企业发生的合理的工资薪金支出，准予扣除。工资薪金，是指企业每一纳税年度支付给在本企业任职或者受雇的员工的所有现金形式或者非现金形式的劳动报酬，包括基本工资、奖金、津贴、补贴、年终加薪、加班工资，以及与员工任职或者受雇有关的其他支出。

2. 职工福利费、工会经费、职工教育经费

企业发生的职工福利费、工会经费、职工教育经费按标准扣除。未超过标准的按实际发生数额扣除，超过扣除标准的只能按标准扣除。

（1）企业发生的职工福利费支出，不超过工资薪金总额 14% 的部分，准予扣除。列入企业员工工资薪金制度、固定与工资薪金一起发放的福利性补贴，符合国家税务总局相关规定的，可作为企业发生的工资薪金支出，按规定在税前扣除。不能同时符合上述条件的福利性补贴，应按规定计算限额税前扣除。

企业的职工福利费，包括以下内容。

a. 尚未实行分离办社会职能的企业，其内设福利部门所发生的设备、设施和人员费用，包括职工食堂、职工活动室、理发室、医务所、托儿所、疗养院等集体福利部门的设备、设施及维修保养费用和福利部门工作人员的工资薪金、社会保险费、住房公积金、劳务费等。

b. 为职工卫生保健、生活、住房、交通等所发放的各项补贴和非货币性福利，包

括企业向职工发放的因公外地就医费用、未实行医疗统筹企业职工医疗费用、职工供养直系亲属医疗补贴、供暖费补贴、职工防暑降温费、职工困难补贴、救济费、职工食堂经费补贴、职工交通补贴等。

c. 按照其他规定发生的其他职工福利费,包括丧葬补助费、抚恤费、安家费、探亲假路费等。

企业发生的职工福利费,应该单独设置账册,进行准确核算。没有单独设置账册准确核算的,税务机关应责令企业在规定的期限内进行改正。逾期仍未改正的,税务机关可对企业发生的职工福利费进行合理的核定。

(2) 企业拨缴的工会经费,不超过工资薪金总额2%的部分,准予扣除。

(3) 除国务院财政、税务主管部门另有规定外,企业发生的职工教育经费支出,不超过工资薪金总额2.5%的部分,准予扣除;超过部分,准予在以后纳税年度结转扣除。

3. 社会保险费

(1) 企业依照国务院有关主管部门或者省级人民政府规定的范围和标准为职工缴纳的基本养老保险费、基本医疗保险费、失业保险费、工伤保险费、生育保险费等基本社会保险费和住房公积金,准予扣除。

(2) 自2008年1月1日起,企业根据国家有关政策规定,为在本企业任职或者受雇的全体员工支付的补充养老保险费、补充医疗保险费,分别在不超过职工工资总额5%标准内的部分,在计算应纳税所得额时准予扣除;超过的部分,不予扣除。

企业职工因公出差乘坐交通工具发生的人身意外保险费支出,准予企业在计算应纳税所得额时扣除。除企业依照国家有关规定为特殊工种职工支付的人身安全保险费和国务院财政、税务主管部门规定可以扣除的其他商业保险费外,企业为投资者或职工支付的商业保险费,不得扣除。

4. 借款费用

(1) 企业在生产经营活动中发生的合理的不需要资本化的借款费用,准予扣除。

(2) 企业为购置、建造固定资产、无形资产和经过12个月以上的建造才能达到预定可销售状态的存货发生借款的,在有关资产购置、建造期间发生的合理的借款费用,应当作为资本性支出计入有关资产的成本,并依照《企业所得税法实施条例》的有关规定扣除。

5. 利息费用

企业在生产经营活动中发生的下列利息支出,准予扣除。

(1) 非金融企业向金融企业借款的利息支出、金融企业的各项存款利息支出和同业拆借利息支出、企业经批准发行债券的利息支出可据实扣除。

(2) 非金融企业向非金融企业借款的利息支出,不超过按照金融企业同期同类贷款利率计算的数额的部分可据实扣除,超过部分不许扣除。

金融企业,是指各类银行、保险公司及经中国人民银行批准从事金融业务的非银行金融机构。

(3) 凡企业投资者在规定期限内未缴足其应缴资本额的,该企业对外借款所发生的利息,相当于投资者实缴资本额与在规定期限内应缴资本额的差额应计付的利息,其不属于企业合理的支出,应由企业投资者负担,不得在计算企业应纳税所得额时扣除。

(4) 企业向股东或其他与企业有关联关系的自然人借款的利息支出,应根据《企业所得税法》及《财政部国家税务总局关于企业关联方利息支出税前扣除标准有关税收政策问题的通知》规定的条件,计算企业所得税扣除额。

企业向除股东或其他与企业有关联关系的自然人以外的内部职工或其他人员借款的利息支出,其借款情况同时符合以下条件的,其利息支出在不超过按照金融企业同期同类贷款利率计算的数额的部分,准予扣除。

a. 企业与个人之间的借贷是真实、合法、有效的,并且不具有非法集资目的或其他违反法律、法规的行为;

b. 企业与个人之间签订了借款合同。

6. 汇兑损失

企业在货币交易中,以及纳税年度终了时将人民币以外的货币性资产、负债按照期末即期人民币汇率中间价折算为人民币时产生的汇兑损失,除已经计入有关资产成本以及与向所有者进行利润分配相关的部分外,准予扣除。

7. 公益性捐赠

企业发生的公益性捐赠支出,在年度利润总额 12% 以内的部分,准予在计算应纳税所得额时扣除;超过年度利润总额 12% 的部分,准予结转以后三年内在计算应纳税所得额时扣除。

年度利润总额,是指企业依照国家统一会计制度的规定计算的年度会计利润。

公益性捐赠,是指企业通过公益性社会团体或者县级以上人民政府及其部门,用于《公益事业捐赠法》规定的公益事业的捐赠。具体范围包括以下各项。

(1) 救助灾害、救济贫困、扶助残疾人等困难的社会群体和个人的活动。

(2) 教育、科学、文化、卫生、体育事业。

(3) 环境保护、社会公共设施建设。

(4) 促进社会发展和进步的其他社会公共和福利事业。

8. 业务招待费

企业发生的与生产经营活动有关的业务招待费支出,按照发生额的 60% 扣除,但最高不得超过当年销售(营业)收入的 5‰。

企业在筹建期间,发生的与筹办活动有关的业务招待费支出,可按实际发生额的 60% 计入企业筹办费,并按有关规定在税前扣除。

对从事股权投资业务的企业(包括集团公司总部、创业投资企业等),其从被投资企业所分配的股息、红利以及股权转让收入,可以按规定的比例计算业务招待费扣除限额。

9. 广告费和业务宣传费

企业发生的符合条件的广告费和业务宣传费支出,除国务院财政、税务主管部门另有规定外,不超过当年销售(营业)收入 15% 的部分,准予扣除;超过部分,准予在以后纳税年度结转扣除。企业在筹建期间,发生的广告费和业务宣传费,可按实际发生额计入企业筹办费,并按有关规定在税前扣除。

自 2016 年 1 月 1 日起至 2020 年 12 月 31 日,对化妆品制造或销售、医药制造和饮料制造(不含酒类制造)企业发生的广告费和业务宣传费支出,不超过当年销售(营业)收入 30% 的部分,准予扣除;超过部分,准予在以后纳税年度结转扣除。

烟草企业的烟草广告费和业务宣传费支出,一律不得在计算应纳税所得额时扣除。

10. 环境保护专项资金

企业依照法律、行政法规有关规定提取的用于环境保护、生态恢复等方面的专项资金,准予扣除。上述专项资金提取后改变用途的,不得扣除。

11. 保险费

企业参加财产保险,按照规定缴纳的保险费,准予扣除。

12. 租赁费

企业根据生产经营活动的需要租入固定资产支付的租赁费,按照以下方法扣除。

(1)以经营租赁方式租入固定资产发生的租赁费支出,按照租赁期限均匀扣除。经营性租赁是指所有权不转移的租赁。

(2)以融资租赁方式租入固定资产发生的租赁费支出,按照规定构成融资租入固定资产价值的部分应当提取折旧费用分期扣除。融资租赁是指在实质上转移与一项资产所有权有关的全部风险和报酬的一种租赁。

13. 劳动保护费

企业发生的合理的劳动保护支出,准予扣除。

14. 有关资产的费用

企业转让各类固定资产发生的费用,允许扣除。企业按规定计算的固定资产折旧费、无形资产和递延资产的摊销费,准予扣除。

15. 总机构分摊的费用

非居民企业在中国境内设立的机构、场所,就其中国境外总机构发生的与该机构、场所生产经营有关的费用,能够提供总机构出具的费用汇集范围、定额、分配依据和方法等证明文件,并合理分摊的,准予扣除。

16. 手续费及佣金支出

(1) 保险企业。财产保险企业按照全部保费收入扣除退保金等后余额的15%计算限额;人身保险企业按当年全部保费收入扣除退保金等后余额的10%计算限额。

(2) 其他企业。按与具有合法经营资格中介服务机构或个人(不含交易双方及其雇员、代理人和代表人等)所签订服务协议或合同确认的收入金额的5%计算限额。

(3) 从事代理服务、主营业务收入为手续费、佣金的企业(如证券、期货、保险代理等企业),其为取得该类收入而实际发生的营业成本(包括手续费及佣金支出),准予在企业所得税前据实扣除。

企业应与具有合法经营资格的中介服务企业或个人签订代办协议或合同,并按规定支付手续费及佣金。除委托个人代理外,企业以现金等非转账方式支付的手续费及佣金不得在税前扣除。企业为发行权益性证券支付给有关证券承销机构的手续费及佣金不得在税前扣除。企业不得将手续费及佣金支出计入回扣、业务提成、返利、进场费等费用。企业已计入固定资产、无形资产等相关资产的手续费及佣金支出,应当通过折旧、摊销等方式分期扣除,不得在发生当期直接扣除。企业支付的手续费及佣金不得直接冲减服务协议或合同金额,并如实入账。企业应当如实向当地主管税务机关提供当年手续费及佣金计算分配表和其他相关资料,并依法取得合法真实凭证。

17. 其他项目

依照有关法律、行政法规和国家有关税法规定准予扣除的其他项目。如会员费、合理的会议费、差旅费、违约金、诉讼费用等。

(五) 不得扣除项目

在计算应纳税所得额时,下列支出不得扣除。

(1) 向投资者支付的股息、红利等权益性投资收益款项。

(2) 企业所得税税款。

(3) 税收滞纳金,具体是指纳税人违反税收法规,被税务机关处以的滞纳金处罚。

(4) 罚金、罚款和被没收财物的损失,是指纳税人违反国家有关法律、法规规定,被有关部门处以的罚款,以及被司法机关处以的罚金和被没收的财物。

(5) 超过规定标准的捐赠支出。

(6) 赞助支出,具体是指企业发生的与生产经营活动无关的各种非广告性质支出。

(7) 未经核定的准备金支出,具体是指不符合国务院财政、税务主管部门规定的各项资产减值准备、风险准备等准备金支出。

（8）企业之间支付的管理费、企业内营业机构之间支付的租金和特许权使用费，以及非银行企业内营业机构之间支付的利息，不得扣除。

（9）与取得收入无关的其他支出。

（六）亏损弥补

亏损，是指企业将每一纳税年度的收入总额减除不征税收入、免税收入和各项扣除后小于零的数额。税法规定，企业某一纳税年度发生的亏损可以用下一年度的所得弥补，下一年度的所得不足以弥补的，可以逐年延续弥补，但最长不得超过5年。企业在汇总计算缴纳企业所得税时，其境外营业机构的亏损不得抵减境内营业机构的盈利。

（七）非居民企业的应纳税所得额

在中国境内未设立机构、场所的，或者虽设立机构、场所所取得的所得与其所设机构、场所没有实际联系的非居民企业，其取得的来源于中国境内的所得，按照下列方法计算其应纳税所得额。

（1）股息、红利等权益性投资收益和利息、租金、特许权使用费所得，以收入全额为应纳税所得额。

（2）转让财产所得，以收入金额减除财产净值后的余额为应纳税所得额。财产净值，是指有关资产、财产的计税基础减除已经按照规定扣除的折旧、折耗、摊销、准备金等后的余额。

（3）其他所得，参照前两项规定的方法计算应纳税所得额。非居民企业在中国境内设立的机构、场所，就其中同境外总机构发生的与该机构、场所生产经营有关的费用，能够提供总机构出具的费用汇集范围、定额、分配依据和方法等证明文件并合理分摊的，准予扣除。

二、资产的税务处理

企业资产，是指企业拥有或者控制的、用于经营管理活动且与取得应税收入有关的资产。企业的各项资产，包括固定资产、生产性生物资产、无形资产、长期待摊费用、投资资产、存货等，以历史成本为计税基础。历史成本，是指企业取得该项资产时实际发生的支出。企业持有各项资产期间资产增值或者减值，除国务院财政、税务主管部门规定可以确认损益外，不得调整该资产的计税基础。

企业转让资产，该项资产的净值，准予在计算应纳税所得额时扣除。资产的净值是指有关资产、财产的计税基础减除已经按照规定扣除的折旧、折耗、摊销、准备金等后的余额。除另有规定外，企业在重组过程中，应当在交易发生时确认有关资产的转让所得或者损失，相关资产应当按照交易价格重新确定计税基础。

（一）固定资产

固定资产，是指企业为生产产品、提供劳务、出租或者经营管理而持有的、使用时间超过 12 个月的非货币性资产,包括房屋、建筑物、机器、机械、运输工具以及其他与生产经营活动有关的设备、器具、工具等。在计算应纳税所得额时,企业按照规定计算的固定资产折旧,准予扣除。

1. 下列固定资产不得计算折旧扣除

(1)房屋、建筑物以外未投入使用的固定资产。

(2)以经营租赁方式租入的固定资产。

(3)以融资租赁方式租出的固定资产。

(4)已足额提取折旧仍继续使用的固定资产。

(5)与经营活动无关的固定资产。

(6)单独估价作为固定资产入账的土地。

(7)其他不得计算折旧扣除的固定资产。

2. 固定资产按照以下方法确定计税基础

(1)外购的固定资产,以购买价款和支付的相关税费以及直接归属于使该资产达到预定用途发生的其他支出为计税基础。

(2)自行建造的固定资产,以竣工结算前发生的支出为计税基础。

(3)融资租入的固定资产,以租赁合同约定的付款总额和承租人在签订租赁合同过程中发生的相关费用为计税基础,租赁合同未约定付款总额的,以该资产的公允价值和承租人在签订租赁合同过程中发生的相关费用为计税基础。

(4)通过捐赠、投资、非货币性资产交换、债务重组等方式取得的固定资产,以该资产的公允价值和支付的相关税费为计税基础。

(5)改建的固定资产,除法定的支出外,以改建过程中发生的改建支出增加计税基础。

3. 固定资产按照直线法计算的折旧,准予扣除

企业应当自固定资产投入使用月份的次月起计算折旧;停止使用的固定资产,应当自停止使用月份的次月起停止计算折旧。企业应当根据固定资产的性质和使用情况,合理确定固定资产的预计净残值。固定资产的预计净残值一经确定,不得变更。

4. 最低年限

除国务院财政、税务主管部门另有规定外,固定资产计算折旧的最低年限如下。

(1)房屋、建筑物,为 20 年。

(2)飞机、火车、轮船、机器、机械和其他生产设备,为 10 年。

(3)与生产经营活动有关的器具、工具、家具等,为 5 年。

(4)飞机、火车、轮船以外的运输工具,为 4 年。

(5)电子设备,为 3 年。

(二) 生产性生物资产

生产性生物资产,是指企业为生产农产品、提供劳务或者出租等而持有的生物资产,包括经济林、薪炭林、产畜和役畜等。

1. 计税基础

生产性生物资产按照以下方法确定计税基础。

(1) 外购的生产性生物资产,以购买价款和支付的相关税费为计税基础。

(2) 通过捐赠、投资、非货币性资产交换、债务重组等方式取得的生产性生物资产,以该资产的公允价值和支付的相关税费为计税基础。

2. 准予扣除条件

生产性生物资产按照直线法计算的折旧,准予扣除。

企业应当自生产性生物资产投入使用月份的次月起计算折旧;停止使用的生产性生物资产,应当自停止使用月份的次月起停止计算折旧。企业应当根据生产性生物资产的性质和使用情况,合理确定生产性生物资产的预计净残值。生产性生物资产的预计净残值一经确定,不得变更。

3. 折旧年限

生产性生物资产计算折旧的最低年限如下。

(1) 林木类生产性生物资产,为 10 年。

(2) 畜类生产性生物资产,为 3 年。

(三) 无形资产

无形资产,是指企业为生产产品、提供劳务、出租或者经营管理而持有的、没有实物形态的非货币性长期资产,包括专利权、商标权、著作权、土地使用权、非专利技术、商誉等。在计算应纳税所得额时,企业按照规定计算的无形资产摊销费用,准予扣除。

1. 下列无形资产不得计算摊销费用扣除

(1) 自行开发的支出已在计算应纳税所得额时扣除的无形资产。

(2) 自创商誉。

(3) 与经营活动无关的无形资产。

(4) 其他不得计算摊销费用扣除的无形资产。

2. 计税基础

无形资产按照以下方法确定计税基础:

(1) 外购的无形资产,以购买价款和支付的相关税费以及直接归属于使该资产达到预定用途发生的其他支出为计税基础。

(2) 自行开发的无形资产,以开发过程中该资产符合资本化条件后至达到预定用途前发生的支出为计税基础;

(3) 通过捐赠、投资、非货币性资产交换、债务重组等方式取得的无形资产,以该资产的公允价值和支付的相关税费为计税基础。

3. 准予扣除条件

无形资产按照直线法计算的摊销费用,准予扣除。无形资产的摊销年限不得低于 10 年。

作为投资或者受让的无形资产,有关法律规定或者合同约定了使用年限的,可以按照规定或者约定的使用年限分期摊销。外购商誉的支出,在企业整体转让或者清算时,准予扣除。

(四) 长期待摊费用

长期待摊费用,是指企业发生的应在 1 个年度以上或几个年度进行摊销的费用。在计算应纳税所得额时,企业发生的下列支出作为长期待摊费用,按照规定摊销的,准予扣除。

1. 已足额提取折旧的固定资产的改建支出

已足额提取折旧的固定资产的改建支出,按照固定资产预计尚可使用年限分期摊销。

2. 租入固定资产的改建支出

租入固定资产的改建支出,按照合同约定的剩余租赁期限分期摊销。

所谓固定资产的改建支出,是指改变房屋或者建筑物结构、延长使用年限等发生的支出。改建的固定资产延长使用年限的,除前述规定外,应当适当延长折旧年限。

3. 固定资产的大修理支出

固定资产的大修理支出,按照固定资产尚可使用年限分期摊销。固定资产的大修理支出是指同时符合下列条件的支出。

(1) 修理支出达到取得固定资产时的计税基础 50% 以上。

(2) 修理后固定资产的使用年限延长 2 年以上。

4. 其他费用的支出

其他应当作为长期待摊费用的支出,自支出发生月份的次月起,分期摊销,摊销年限不得低于 3 年。

(五) 投资资产

投资资产,是指企业对外进行权益性投资和债权性投资形成的资产。企业对外投资期间,投资资产的成本在计算应纳税所得额时不得扣除。企业在转让或者处置投资资产时,投资资产的成本,准予扣除。投资资产按照以下方式确定成本。

(1) 通过支付现金方式取得的投资资产,以购买价款为成本。

(2) 通过支付现金以外的方式取得的投资资产,以该资产的公允价值和支付的相关税费为成本。

(六) 存货

存货,是指企业持有以备出售的产品或者商品、处在生产过程中的在产品、在生产或者提供劳务过程中耗用的材料和物料等。存货按照以下方法确定成本。

(1) 通过支付现金方式取得的存货,以购买价款和支付的相关税费为成本。

(2) 通过支付现金以外的方式取得的存货,以该存货的公允价值和支付的相关税费为成本。

(3) 生产性生物资产收获的农产品,以产出或者采收过程中发生的材料费、人工费和分摊的间接费用等必要支出为成本。

企业使用或者销售存货,按照规定计算的存货成本,准予在计算应纳税所得额时扣除。

企业使用或者销售的存货的成本计算方法,可以在先进先出法、加权平均法、个别计价法中选用一种。计价方法一经选用,不得随意变更。

(七) 资产损失

资产损失,是指企业在生产经营活动中实际发生的、与取得应税收入有关的资产损失,包括现金损失,存款损失,坏账损失,贷款损失,股权投资损失,固定资产和存货的盘亏、毁损、报废、被盗损失,自然灾害等不可抗力因素造成的损失以及其他损失。企业发生上述资产损失,应在按税法规定实际确认或者实际发生的当年申报扣除。

企业以前年度发生的资产损失未能在当年税前扣除的,可以按照规定,向税务机关说明并进行专项申报扣除。其中,属于实际资产损失,准予追补至该项损失发生年度扣除,其追补确认期限一般不得超过五年。企业因以前年度实际资产损失未在税前扣除而多缴的企业所得税税款,可在追补确认年度企业所得税应纳税款中予以抵扣,不足抵扣的,向以后年度递延抵扣。

三、企业所得税应纳税额的计算

企业所得税的应纳税额的计算公式为

$$应纳税额 = 应纳税所得额 \times 适用税率 - 减免税额 - 抵免税额$$

式中减免税额和抵免税额,是指依照企业所得税法和国务院的税收优惠规定减征、免征和抵免的应纳税额。

企业取得的下列所得已在境外缴纳的所得税税额,可以从其当期应纳税额中抵免。抵免限额为该项所得依照《企业所得税法》规定计算的应纳税额;超过抵免限额的部分,可以在以后 5 个年度内,用每年抵免限额抵免当年应抵税额后的余额进行抵补:① 居民企业来源于中国境外的应税所得;② 非居民企业在中国境内设立机构、场所,取得发生在中国境外但与该机构、场所有实际联系的应税所得。

(一) 已在境外缴纳的所得税额

已在境外缴纳的所得税税额,是指企业来源于中国境外的所得依照中国境外税收法律以及相关规定应当缴纳并已经实际缴纳的企业所得税性质的税款。

(二) 抵免限额

抵免限额,是指企业来源于中国境外的所得,依照规定计算的应纳税额。除国务院财政、税务主管部门另有规定外,该抵免限额应当分国(地区)不分项计算,计算公式

抵免限额 = 中国境内、境外所得的应纳税总额 ×
　　　来源于某国(地区)的应纳税所得额 ÷ 中国境内、境外应纳税所得总额

(三) 5 个年度

所谓 5 个年度,是指从企业取得的来源于中国境外的所得,已经在中国境外缴纳的企业所得税性质的税额超过抵免限额的当年的次年起连续 5 个纳税年度。

居民企业从其直接或间接控制的外国企业分得的来源中国境外的股息、红利等权益性投资收益,外国企业在境外实际缴纳的所得税税额中属于该项所得负担的部分,可以作为该居民企业的可抵免境外所得税税额,在该法规定的抵免限额内抵免。

直接控制是指居民企业直接持有外国企业 20% 以上股份,间接控制是指居民企业以间接持股方式持有外国企业 20% 以上股份,具体认定办法由国务院财政、税务主管部门另行制定。企业按规定抵免企业所得税税额时,应当提供中国境外税务机关出具的税款所属年度的有关纳税凭证。

四、企业所得税税收优惠

我国企业所得税的税收优惠包括免税收入、可以减免税的所得、优惠税率、民族自治地方的减免税、加计扣除、抵扣应纳税所得额、加速折旧、减计收入、抵免应纳税额和其他专项优惠政策。企业同时从事适用不同企业所得税待遇的项目,的其优惠项目应当单独计算所得,并合理分摊企业的期间费用;没有单独计算的,不得享受企业所得税优惠。

(一) 免税收入

免税收入,是指属于企业的应税所得,但是按照税法规定免予征收企业所得税的收入。企业的免税收入包括如下各项。

(1) 国债利息收入,是指企业持有国务院财政部门发行的国债取得的利息收入。

(2) 符合条件的居民企业之间的股息、红利等权益性投资收益,是指居民企业直接投资于其他居民企业取得的投资收益。

(3) 在中国境内设立机构、场所的非居民企业从居民企业取得与该机构、场所有实际联系的股息、红利等权益性投资收益。

股息、红利等权益性投资收益,不包括连续持有居民企业公开发行并上市流通

的股票不足 12 个月取得的投资收益。

(4) 符合条件的非营利组织的收入,不包括非营利组织从事营利性活动取得的收入,但国务院财政、税务主管部门另有规定的除外。对非营利组织从事非营利性活动取得的收入给予免税,但从事营利性活动取得的收入则要征税。

(二) 减、免税所得

1. 企业从事下列项目的所得,可免征企业所得税

(1) 蔬菜、谷物、薯类、油料、豆类、棉花、麻类、糖料、水果、坚果的种植。

(2) 农作物新品种的选育。

(3) 中药材的种植。

(4) 林木的培育和种植。

(5) 牲畜、家禽的饲养。

(6) 林产品的采集。

(7) 灌溉、农产品初加工、兽医、农技推广、农机作业和维修等农、林、牧、渔服务业项目。

(8) 远洋捕捞。

2. 企业从事下列项目的所得,减半征收企业所得税

(1) 花卉、茶以及其他饮料作物和香料作物的种植。

(2) 海水养殖、内陆养殖。

3. 从事国家重点扶持的公共基础设施项目投资经营的所得

国家重点扶持的公共基础设施项目,是指《公共基础设施项目企业所得税优惠目录》规定的港口码头、机场、铁路、公路、城市公共交通、电力、水利等项目。

(1) 企业从事上述国家重点扶持的公共基础设施项目的投资经营的所得,自项目取得第 1 笔生产经营收入所属纳税年度起,第 1 年至第 3 年免征企业所得税,第 4 年至第 6 年减半征收企业所得税。

(2) 企业承包经营、承包建设和内部自建自用上述项,不得享受上述企业所得税优惠。

4. 从事符合条件的环境保护、节能节水项目的所得

符合条件的环境保护、节能节水项目,包括公共污水处理、公共垃圾处理、沼气综合开发利用、节能减排技术改造、海水淡化等。项目的具体条件和范围由国务院财政、税务主管部门会商国务院有关部门制定,报国务院批准后公布施行。

企业从事上述规定的符合条件的环境保护、节能节水项目的所得,自项目取得第 1 笔生产经营收入所属纳税年度起,第 1 年至第 3 年免征企业所得税,第 4 年至第 6 年减半征收企业所得税。

5. 符合条件的技术转让所得

符合条件的技术转让所得免征、减征企业所得税,是指一个纳税年度内,居民

企业技术转让所得不超过 500 万元的部分,免征企业所得税;超过 500 万元的部分,减半征收企业所得税。其计算公式为

$$技术转让所得＝技术转让收入－技术转让成本－相关税费$$

6. 非居民企业所得

在中国境内未设立机构、场所的,或者虽设立机构、场所但取得的所得与其所设机构、场所没有实际联系的非居民企业,其取得的来源于中国境内的所得,减按 10% 的税率征收企业所得税。下列所得可以免征企业所得税。

(1) 外国政府向中国政府提供贷款取得的利息所得。

(2) 国际金融组织向中国政府和居民企业提供优惠贷款取得的利息所得。

(3) 经国务院批准的其他所得。

(4) 从 2014 年 11 月 17 日起,对合格境外机构投资者(QFII)、人民币合格境外机构投资者(RQFII)取得来源于中国境内的股票等权益性投资资产转让所得,暂免征收企业所得税。

(三) 小型微利企业和高新技术企业税收优惠

1. 小型微利企业

符合条件的小型微利企业,减按 20% 的税率征收企业所得税。符合条件的小型微利企业,是指从事国家非限制和禁止行业,并符合下列条件的企业。

(1) 工业企业,年度应纳税所得额不超过 50 万元,从业人数不超过 100 人,资产总额不超过 3 000 万元。

(2) 其他企业,年度应纳税所得额不超过 50 万元,从业人数不超过 80 人,资产总额不超过 1 000 万元。

从业人数,包括与企业建立劳动关系的职工人数和企业接受的劳务派遣用工人数。

从业人数和资产总额指标,应按企业全年的季度平均值确定。具体计算公式

$$季度平均值＝(季初值＋季末值)÷2$$
$$全年季度平均值＝全年各季度平均值之和÷4$$

年度中间开业或者终止经营活动的,以其实际经营期作为一个纳税年度确定上述相关指标。

自 2017 年 1 月 1 日至 2019 年 12 月 31 日,对年应纳税所得额低于 50 万元(含 50 万元)的小型微利企业,其所得减按 50% 计入应纳税所得额,按 20% 的税率缴纳企业所得税。

2. 高新技术企业

国家需要重点扶持的高新技术企业,减按 15% 的税率征收企业所得税。

国家需要重点扶持的高新技术企业,是指拥有核心自主知识产权,并同时符合下列条件的企业。

(1) 产品(服务)属于《国家重点支持的高新技术领域》规定的范围。

(2) 研究开发费用占销售收入的比例不低于规定比例。

(3) 高新技术产品(服务)收入占企业总收入的比例不低于规定比例。

(4) 科技人员占企业职工总数的比例不低于规定比例。

(5) 高新技术企业认定管理办法规定的其他条件。

(四)民族自治地方的减免税

民族自治地方的自治机关对本民族自治地方的企业应缴纳的企业所得税中属于地方分享的部分,可以决定减征或者免征。自治州、自治县决定减征或者免征的,须报省、自治区、直辖市人民政府批准。

对民族自治地方内国家限制和禁止行业的企业,不得减征或者免征企业所得税。

(五)加计扣除

企业的下列支出,可以在计算应纳税所得额时加计扣除。

1. 研究开发费用

研究开发费用的加计扣除,是指企业为开发新技术、新产品、新工艺发生的研究开发费用,未形成无形资产计入当期损益的,在按照规定据实扣除的基础上,按照研究开发费用的50%加计扣除;形成无形资产的,按照无形资产成本的150%摊销。

科技型中小企业开展研发活动中实际发生的研发费,未形成无形资产计入当期损益的,在按规定据实扣除的基础上,在2017年1月1日至2019年12月31日期期间,再按照实际发生额的75%在税前加计扣除;形成无形资产的,在上述期间按照无形资产成本的175%在税前摊销。科技型中小企业条件和管理办法由科技部、财政部和国家税务总局发布。

2. 安置残疾人员及国家鼓励安置的其他就业人员所支付的工资

企业安置残疾人员所支付的工资的加计扣除,是指企业安置残疾人员的,在按照支付给残疾职工工资据实扣除的基础上,按照支付给残疾职工工资的100%加计扣除。企业安置国家鼓励安置的其他就业人员所支付的工资的加计扣除办法,由国务院另行规定。

(六)应纳税所得额抵扣

创业投资企业采取股权投资方式投资于未上市的中小高新技术企业两年以上的,可以按照其投资额的70%在股权持有满两年的当年抵扣该创业投资企业的应纳税所得额;当年不足抵扣的,可以在以后纳税年度结转抵扣。

有限合伙制创业投资企业采取股权投资方式投资于未上市的中小高新技术企

业满 2 年(24 个月)的,其法人合伙人可按照对未上市中小高新技术企业投资额的 70%抵扣该法人合伙人从该有限合伙制创业投资企业分得的应纳税所得额,当年不足抵扣的,可以在以后纳税年度结转抵扣。

(七) 加速折旧

企业的固定资产由于技术进步等原因,确需加速折旧的,可以缩短折旧年限或者采取加速折旧的方法。可以采取缩短折旧年限或者采取加速折旧的方法的固定资产,包括以下两项。

(1) 由于技术进步,产品更新换代较快的固定资产。

(2) 常年处于强震动、高腐蚀状态的固定资产。

采取缩短折旧年限方法的,最低折旧年限不得低于税法规定折旧年限的 60%;采取加速折旧方法的,可以采取双倍余额递减法或者年数总和法。

对符合相关条件的生物药品制造业,专用设备制造业,铁路、船舶、航空航天和其他运输设备制造业,计算机、通信和其他电子设备制造业,仪器仪表制造业,信息传输、软件和信息技术服务业等行业企业,2014 年 1 月 1 日后购进的固定资产(包括自行建造),对符合相关条件的轻工、纺织、机械、汽车等四个领域重点行业的企业,2015 年 1 月 1 日后新购进的固定资产,允许按不低于企业所得税法规定折旧年限的 60%缩短折旧年限,或选择采取双倍余额递减法或年数总和法进行加速折旧。上述重点行业企业是指以上述行业业务为主营业务,其固定资产投入使用当年的主营业务收入占企业收入总额 50%(不含)以上的企业。

企业在 2014 年 1 月 1 日后购进并专门用于研发活动的仪器、设备,单位价值不超过 100 万元的,可以一次性在计算应纳税所得额时扣除;单位价值超过 100 万元的,允许按不低于企业所得税法规定折旧年限的 60%缩短折旧年限,或选择采取双倍余额递减法或年数总和法进行加速折旧。

(八) 减计收入

企业以《资源综合利用企业所得税优惠目录》规定的资源作为主要原材料,生产国家非限制和禁止并符合国家和行业相关标准的产品取得的收入,减按 90%计入收入总额。原材料占生产产品材料的比例不得低于优惠目录规定的标准。

(九) 应纳税额抵免

企业购置并实际使用《环境保护专用设备企业所得税优惠目录》《节能节水专用设备企业所得税优惠目录》《安全生产专用设备企业所得税优惠目录》规定的环境保护节能节水、安全生产等专用设备的,该专用设备的投资额的 10%可以从企业当年的应纳税额中抵免;当年不足抵免的,可以在以后 5 个纳税年度结转抵免。享受上述规定的企业所得税优惠的企业,应当实际购置并自身实际投入使用上述规定的专用设备;企业购置上述专用设备在 5 年内转让、出租的,应当停止享受企业所得税优惠,并补缴已经抵免的企业所得税税款。购置并实际使用的环境保护、节能节水和安全生产专用设备,包括承租方企业以融资租赁方式租入的、并在融资租赁合同中约定租赁期届满时租赁设备所有权转移给承租方企业,且符合规定条件的上述专用设备。凡融资租赁期届满后租赁设备所有权未转移至承租方企业的,承租方企业应停止享受抵免企业所得税优惠,并补缴已经抵免的企业所得税税款。

(十) 西部地区的减免税

对设在西部地区以《西部地区鼓励类产业目录》中新增鼓励类产业项目为主营业务,且其当年度主营业务收入占企业收入总额70%以上的企业,自2014年10月1日起可减按15%税率缴纳企业所得税。

五、企业所得税征收管理

(一) 纳税地点

1. 居民企业的纳税地点

除税收法律、行政法规另有规定外,居民企业以企业登记注册地为纳税地点;但登记注册地在境外的,以实际管理机构所在地为纳税地点。

2. 非居民企业的纳税地点

非居民企业在中国境内设立机构、场所的,以机构、场所所在地为纳税地点。非居民企业在中国境内设立两个或者两个以上机构、场所的,经税务机关审核批准,可以选择由其主要机构、场所汇总缴纳企业所得税。

在中国境内未设立机构、场所的,或者虽设立机构、场所但取得的所得与其所设机构、场所没有实际联系的非居民企业,以扣缴义务人所在地为纳税地点。非居民企业经批准汇总缴纳企业所得税后,需要增设、合并、迁移、关闭机构、场所或者停止机构、场所业务的,应当事先由负责汇总申报缴纳企业所得税的主要机构、场所向其所在地税务机关报告;需要变更汇总缴纳企业所得税的主要机构、场所的,依照前述规定办理。

(二) 纳税期限

企业所得税按年计征,分月或者分季预缴,年终汇算清缴,多退少补。纳税年度自公历1月1日起至12月31日止。

企业在一个纳税年度中间开业,或者终止经营活动,使该纳税年度的实际经营期不足12个月的,应当以其实际经营期为1个纳税年度。企业依法清算时,应当以清算期间作为1个纳税年度。

企业应当自年度终了之日起5个月内,向税务机关报送年度企业所得税纳税申报表,并汇算清缴,结清应缴应退税款。

企业在年度中间终止经营活动的,应当自实际经营终止之日起60日内,向税务机关办理当期企业所得税汇算清缴。

（三）纳税申报

按月或按季预缴的,应当自月份或者季度终了之日起 15 日内,向税务机关报送预缴企业所得税纳税申报表,预缴税款。

企业在报送企业所得税纳税申报表时,应当按照规定附送财务会计报告和其他有关资料。

企业应当在办理注销登记前,就其清算所得向税务机关申报并依法缴纳企业所得税。

企业分月或者分季预缴企业所得税时,应当按照月度或者季度的实际利润额预缴;按照月度或者季度的实际利润额预缴有困难的,可以按照上一纳税年度应纳税所得额的月度或者季度平均额预缴,或者按照经税务机关认可的其他方法预缴。预缴方法一经确定,该纳税年度内不得随意变更。

企业在纳税年度内无论盈利或者亏损,都应当依照规定期限,向税务机关报送预缴企业所得税纳税申报表、年度企业所得税纳税申报表、财务会计报告和税务机关规定应当报送的其他有关资料。

企业所得税以人民币计算。所得以人民币以外的货币计算的,应当折合成人民币计算并缴纳税款。

企业所得以人民币以外的货币计算的,预缴企业所得税时,应当按照月度或者季度最后 1 日的人民币汇率中间价,折合成人民币计算应纳税所得额。

年度终了汇算清缴时,对已经按照月度或者季度预缴税款的,不再重新折合计算,只就该纳税年度内未缴纳企业所得税的部分,按照纳税年度最后 1 日的人民币汇率中间价,折合成人民币计算应纳税所得额。

经税务机关检查确认,企业少计或者多计前述规定的所得的,应当按照检查确认补税或者退税时的上一个月最后 1 日的人民币汇率中间价,将少计或者多计的所得折合成人民币计算应纳税所得额,再计算应补缴或者应退的税款。

📖 练习 8-1

企业所得税是所有税种是我国税收中最主要的税种之一,对于从业人员而言,也是必须掌握的一个大的税种,虽然每一年都会出台很多全国性的或者地方性的优惠政策,但是总体来说,计算的方法还是差不多的,请你根据自己的记忆,完成下面的练习。

1. 企业所得税应纳税所得额的计算

(1) 企业所得税的计税依据是应纳税所得额,即指企业每一纳税年度的收入总额,减除不征税收入、免税收入、各项扣除以及允许弥补的以前年度亏损后的余额。

应纳税所得额＝收入总额－_____－免税收入－各项扣除－_____。

(2) 企业收入总额是指以_____和_____从各种来源取得的收

入。包括：销售货物收入，提供劳务收入，转让财产收入，股息、红利等权益性投资收益，利息收入，租金收入，特许权使用费收入，接受捐赠收入以及其他收入。

（3）不征税收入，是指从性质和根源上不属于＿＿＿＿＿＿＿＿带来的经济利益、不作为应纳税所得额组成部分的收入。

（4）企业实际发生的与取得收入有关的、合理的支出，包括成本、费用、税金、损失和其他支出，准予在计算应纳税所得额时扣除。合理的支出，是指符合生产经营活动常规，应当＿＿＿＿＿＿＿＿或者有关资产成本的必要和正常的支出。除另有规定外，企业实际发生的成本、费用、税金、损失和其他支出，不得重复扣除。

（5）亏损，是指企业将每一纳税年度的收入总额减除不征税收入、免税收入和各项扣除后小于零的数额。税法规定，企业某一纳税年度发生的亏损可以用下一年度的＿＿＿＿＿＿＿弥补，下一年度的所得不足以弥补的，可以逐年延续弥补，但最长不得超过5年。

2. 资产的税务处理

企业资产，是指企业拥有或者控制的、用于经营管理活动且＿＿＿＿＿＿＿＿＿＿的资产。企业的各项资产，包括固定资产、生产性生物资产、无形资产、长期待摊费用、投资资产、存货等，以历史成本为计税基础。

（2）固定资产，是指企业为生产产品、提供劳务、出租或者经营管理而持有的、使用时间超过＿＿＿＿＿＿＿的非货币性资产，包括房屋、建筑物、机器、机械、运输工具以及其他与生产经营活动有关的设备、器具、工具等。在计算应纳税所得额时，企业按照规定计算的固定资产折旧，准予扣除。

（3）无形资产，是指企业为生产产品、提供劳务、出租或者经营管理而持有的、＿＿＿＿＿＿＿的非货币性长期资产，包括专利权、商标权、著作权、土地使用权、非专利技术、商誉等。在计算应纳税所得额时，企业按照规定计算的无形资产摊销费用，准予扣除。

（4）投资资产，是指企业对外进行＿＿＿＿＿＿＿和＿＿＿＿＿＿＿形成的资产。企业对外投资期间，投资资产的成本在计算应纳税所得额时不得扣除。企业在转让或者处置投资资产时，投资资产的成本，准予扣除。

（5）存货，是指企业持有以备出售的＿＿＿＿＿＿＿或者商品、处在生产过程中的在产品、在生产或者提供劳务过程中耗用的＿＿＿＿＿＿＿和物料等。

3. 企业所得税应纳税额的计算

（1）企业所得税的应纳税额的计算公式为

$$应纳税额＝\underline{\qquad\qquad}×适用税率－减免税额－抵免税额$$

所称减免税额和抵免税额，是指依照企业所得税法和国务院的税收优惠规定减征、免征和抵免的应纳税额。

（2）企业取得的下列所得已在境外缴纳的所得税税额,可以从其当期应纳税额中抵免,抵免限额为该项所得依照《企业所得税法》规定计算的应纳税额;超过抵免限额的部分,可以在以后_____个年度内,用每年抵免限额抵免当年应抵税额后的余额进行抵补:① 居民企业来源于中国境外的应税所得;② 非居民企业在中国境内设立机构、场所,取得发生在中国境外但与该机构、场所有实际联系的应税所得。

（3）抵免限额,是指企业来源于_____的所得,依照规定计算的应纳税额。除国务院财政、税务主管部门另有规定外,该抵免限额应当分国（地区）不分项计算,计算公式

抵免限额＝中国境内、境外所得的应纳税总额×

来源于某国（地区）的应纳税所得额÷中国境内、境外应纳税所得总额

4. 企业所得税税收优惠

（1）免税收入,是指属于企业的应税所得,但是按照税法规定_____的收入。

（2）民族自治地方的自治机关对本民族自治地方的企业应缴纳的企业所得税中_____的部分,可以决定减征或者免征。自治州、自治县决定减征或者免征的,必须报省、自治区、直辖市人民政府批准。对民族自治地方内国家限制和禁止行业的企业,不得减征或者免征企业所得税。

（3）创业投资企业采取股权投资方式投资于未上市的中小高新技术企业两年以上的,可以按照其投资额的_____在股权持有满两年的当年抵扣该创业投资企业的应纳税所得额;当年不足抵扣的,可以在以后纳税年度结转抵扣。

（4）企业的固定资产由于技术进步等原因,确需加速折旧的,可以缩短折旧年限或者采取_____的方法。可以采取该方法的固定资产,包括:① 由于技术进步,产品更新换代较快的固定资产;② 常年处于强震动、高腐蚀状态的固定资产。

（5）对设在西部地区以《西部地区鼓励类产业目录》中新增鼓励类产业项目为主营业务,且其当年度主营业务收入占企业收入总额70%以上的企业,自2014年10月1日起可减按_____税率缴纳企业所得税。

5. 企业所得税征收管理

（1）居民企业的纳税地点:除税收法律、行政法规另有规定外,居民企业以_____为纳税地点;但登记注册地在境外的,以实际管理机构所在地为纳税地点。

（2）非居民企业在中国境内设立机构、场所的,以_____所在地为纳税地点。非居民企业在中国境内设立两个或者两个以上机构、场所的,经税务机关审核批准,可以选择由其主要机构、场所汇总缴纳企业所得税。在中国境内未设立机构、场所的,或者虽设立机构、场所但取得的所得与其所设机构、场所没有实际联系

的非居民企业,以＿＿＿＿＿＿＿所在地为纳税地点。

(3) 企业所得税按＿＿＿＿计征,分月或者分季预缴,年终汇算清缴,多退少补。纳税年度自公历1月1日起至12月31日止。

(4) 按月或按季预缴的,应当自月份或者季度终了之日起＿＿＿＿日内,向税务机关报送预缴企业所得税纳税申报表,预缴税款。

(5) 企业分月或者分季预缴企业所得税时,应当按照月度或者季度的＿＿＿＿＿＿预缴;按照月度或者季度的实际利润额预缴有困难的,可以按照上一纳税年度应纳税所得额的月度或者季度平均额预缴,或者按照经税务机关认可的其他方法预缴。预缴方法一经确定,该纳税年度内不得随意变更。

练习 8-2

会计利润的计算

请根据表8-1给出的信息,计算出工贸实业的会计利润。

表 8-1　工贸实业经济活动信息

账户名称	12月份发生数		1月至11月累计发生数	
	借方	贷方	借方	贷方
主营业务收入		6 800 000		80 000 000
主营业务成本	4 300 000		40 000 000	
销售费用	340 000		1 000 000	
税金及附加	9 000		60 000	
其他业务成本	70 000		900 000	
营业外支出	80 000		1 700 000	
财务费用	1 000		11 000	
管理费用	1 900		23 000	
其他业务收入		3 000 000		12 000 000
营业外收入		30 000		500 000
投资收益		10 000		

请将计算过程写在这里:

学习活动九：税费计算与纳税申报演练

一、应纳税所得额的计算

计算出会计利润后，可以在会计利润的基础上，计算应纳税所得额。请参照给出案例，计算出工贸实业的应纳税所得额。

练习 9-1

华强五金有限公司为居民企业，2017 年发生经营业务如下：全年取得产品销售收入为 5 600 万元，发生产品销售成本 4 000 万元；其他业务收入 800 万元，其他业务成本 694 万元；取得购买国债的利息收入 40 万元；缴纳非增值税销售税金及附加 300 万元；发生的管理费用 760 万元，其中新技术的研究开发费用为 60 万元、业务招待费 70 万元；发生财务费用 200 万元；取得直接投资其他居民企业的权益性收益 34 万元（已在投资方所在地按 15% 的税率缴纳了所得税）；取得营业外收入 100 万元，发生营业外支出 250 万元（其中含公益性捐赠 38 万元）。

如果要计算 2017 年应纳税所得额，可以先计算出会计利润

会计利润＝5 600－4 000＋800－694＋40－300－760－200＋34＋100－250＝370（万元）

> 其实上面的的数字公式就是：
> 会计利润＝销售收入－销售成本＋其他业务收入－其他业务成本＋国债利息收入－非增值税销售税金及附加－管理费用－财务费用＋投资居民企业收益＋营业外收入－营业外支出

接下来，再来计算需要调整的事项：

① 国债利息收入免征企业所得税，纳税调减 40 万元；

② 研究开发费用纳税调减＝60×50%＝30（万元）；

③ 业务招待费实际发生额的 60%＝70×60%＝42（万元）；

④ 销售（营业）收入的 5‰＝(5 600＋800)×5‰＝32（万元）；

⑤ 税前扣除 32 万元,应纳税调增＝70－32＝38(万元)

⑥ 取得直接于投资其他居民企业的权益性收益属于免税收入,应纳税调减 34 万元

⑦ 捐赠扣除限额＝370×12％＝44.4(万元)

实际捐赠额 38 万元小于扣除限额 44.4 万元,可按实际捐赠数额扣除,不做纳税调整。

综上,工贸实业应纳税所得额＝370－40－30＋38－34＝304(万元)

这里的数字公式就是:

应纳税所得额＝会计利润－国债收入应纳税调减额－研究开发费用应纳税调减额＋应纳税调增额－投资居民企业应纳税调减额

练习 9－2

根据工贸实业发生的事项,结合上一个工作步骤的会计利润,计算应纳税所得额。

发生了业务招待费 350 万元;

通过公益性社会团体向贫困山区捐款 10 万元;

因为工贸实业壶体组装车间发生了四次污水泄漏事件,共支付环境污染罚款 73 万元;

转让技术所有权(工贸实业轻巧型热水壶 R 211 镶嵌技术)取得收入 800 万元,与它相关的成本费用 100 万元;

全年共支付了广告费 260 万元整,但是实际合同签订的广告费用共计 450 万元(有效期为两年)。

请将计算过程写在这里:

练习 9 - 3

计算完应纳税所得额后,我们计算下工贸实业应缴纳的企业所得税吧。

> 请将计算过程写在这里:

二、企业所得税的汇算清缴

练习 9 - 4

请根据给出的部分数据,填写所得税调整分录,并向班级同学展示,同时解释你所填写的科目,最后由老师做出总结。

附 9 - 1

纳税调整项目明细审核确认表

行次	项　目	账载金额		税收金额		调增金额		调减金额	
		纳税人自报数	审核确认数	纳税人自报数	审核确认数	纳税人自报数	审核确认数	纳税人自报数	审核确认数
		1	2	3	4	5	6	7	8
1	一、收入类调整项目(2+3+4+5+6+7+8+9+10)	*	*	*	*	0.00	0.00	0.00	0.00
2	(一)视同销售收入(填写 A105010)	*	*	0.00	0.00	0.00	0.00	*	*
3	(二)未按权责发生制原则确认的收入	0.00	0.00	0.00	0.00	0.00	0.00	0.00	0.00
4	(三)投资收益(填写 A105030)	0.00	0.00	0.00	0.00	0.00	0.00	0.00	0.00
5	(四)按权益法核算长期股权投资对初始投资成本调整确认收益	*	*	*	*	*	*		

续　表

行次	项　目	账载金额		税收金额		调增金额		调减金额	
		纳税人自报数	审核确认数	纳税人自报数	审核确认数	纳税人自报数	审核确认数	纳税人自报数	审核确认数
		1	2	3	4	5	6	7	8
6	(五)交易性金融资产初始投资调整	*	*	*	*	0.00	0.00	*	*
7	(六)公允价值变动净损益	0.00	0.00	*	*	0.00	0.00	0.00	0.00
8	(七)不征税收入	*	*	*	*	0.00	0.00	0.00	0.00
9	其中:专项用途财政性资金(填写 A105010)	*	*	*	*	0.00	0.00	0.00	0.00
10	(八)销售折扣、折让和退回	0.00	0.00	0.00	0.00	0.00	0.00	0.00	0.00
11	(九)其他	0.00	0.00	0.00	0.00	0.00	0.00	0.00	0.00
12	二、扣除类调整项目(13＋14＋15＋16＋17＋18＋19＋20＋21＋22＋23＋24＋26＋27＋28＋29)	*	*	*	*	0.00	2 488.00	0.00	0.00
13	(一)视同销售成本(填写 A105010)	*	*	0.00	0.00	*	*	0.00	0.00
14	(二)职工薪酬(填写 A105050)	31 000.00	31 000.00	31 000.00	31 000.00	0.00	0.00	0.00	0.00
15	(三)业务招待费支出	1 488.00	1 488.00	1 488.00	0.00	0.00	1 488.00	*	*
16	(四)广告费和业务宣传费支出(填写 A105010)	*	*	*	*	0.00	0.00	0.00	0.00
17	(五)捐赠支出(填写 A105070)	0.00	0.00	0.00	0.00	0.00	0.00	*	*
18	(六)利息支出	0.00	0.00	0.00	0.00	0.00	0.00	0.00	0.00
19	(七)罚金、罚款和被没收财物的损失	0.00	1 000.00	*	*	0.00	1 000.00	0.00	0.00
20	(八)税收滞纳金、加收利息	0.00	0.00	*	*	0.00	0.00	*	*
21	(九)赞助支出	0.00	0.00	*	*	0.00	0.00	*	*
22	(十)与未实现融资收益相关在当期确认	0.00	0.00	0.00	0.00	0.00	0.00	0.00	0.00
23	(十一)佣金和手续费支出	0.00	0.00	0.00	0.00	0.00	0.00	*	*
24	(十二)不征税收入用于支出所形成的费用	*	*	*	*	0.00	0.00	*	*

续　表

行次	项　　目	账载金额		税收金额		调增金额		调减金额	
		纳税人自报数	审核确认数	纳税人自报数	审核确认数	纳税人自报数	审核确认数	纳税人自报数	审核确认数
		1	2	3	4	5	6	7	8
25	其中:专项用途财政性资金用于支出所形成的费用(填写 A105040)	*	*	*	*	0.00	0.00	*	*
26	(十三)跨期扣除项目	0.00	0.00	0.00	0.00	0.00	0.00	0.00	0.00
27	(十四)与取得收入无关的支出	0.00	0.00	*	*	0.00	0.00	*	*
28	(十五)境外所得分摊的共同支出	*	*	*	*	0.00	0.00	*	*
29	(十六)其他	0.00	0.00	0.00	0.00	0.00	0.00	0.00	0.00
30	三、资产类调整项目(31+32+33+34)	*	*	*	*	0.00	0.00	0.00	0.00
31	(一)资产折旧、摊销(填写 A105080)	0.00	0.00	0.00	0.00	0.00	0.00	0.00	0.00
32	(二)资产减值准备金	0.00	0.00	*	*	0.00	0.00	0.00	0.00
33	(三)资产损失(填写 A105090)	0.00	0.00	0.00	0.00	0.00	0.00	0.00	0.00
34	(四)其他	0.00	0.00	0.00	0.00	0.00	0.00	0.00	0.00
35	四、特殊事项调整项目(36+37+38+39+40)	*	*	*	*	0.00	0.00	0.00	0.00
36	(一)企业重组(填写 A105100)	0.00	0.00	0.00	0.00	0.00	0.00	0.00	0.00
37	(二)政策性搬迁(填写 A105110)	*	*	*	*	0.00	0.00	0.00	0.00
38	(三)特殊行业准备金(填写 A105120)	0.00	0.00	0.00	0.00	0.00	0.00	0.00	0.00
39	(四)房地产开发企业特定业务计算的纳税调整额(填写 A105010)	*	*	0.00	0.00	0.00	0.00	0.00	0.00
40	(五)其他	*	*	*	*	0.00	0.00	0.00	0.00
41	五、特别纳税调整应税所得	*	*	*	*	0.00	0.00	0.00	0.00
42	六、其他	*	*	*	*	0.00	0.00	0.00	0.00
43	合计(1+12+30+35+41+42)	*	*	*	*	0.00	2 488.00	0.00	0.00

附 9 - 2

中华人民共和国企业所得税年度纳税申报表(A 类)

纳税人名称:

行次	类别	项 目	金 额
1	利润总额计算	一、营业收入(填写 A101010\101020\103000)	0.00
2		减:营业成本(填写 A102010\102020\103000)	0.00
3		营业税金及附加	0.00
4		销售费用(填写 A104000)	0.00
5		管理费用(填写 A104000)	34 580.20
6		财务费用(填写 A104000)	448.53
7		资产减值损失	0.00
8		加:公允价值变动收益	0.00
9		投资收益	0.00
10		二、营业利润(1—2—3—4—5—6—7+8+9)	−35 028.73
11		加:营业外收入(填写 A101010\101020\103000)	0.00
12		减:营业外支出(填写 A102010\102020\103000)	0.00
13		三、利润总额(10+11—12)	−35 028.73
14	应纳税所得额计算	减:境外所得(填写 A108010)	0.00
15		加:纳税调整增加额(填写 A105000)	2 488.00
16		减:纳税调整减少额(填写 A105000)	0.00
17		减:免税、减计收入及加计扣除(填写 A107010)	0.00
18		加:境外应税所得抵减境内亏损(填写 A108000)	0.00
19		四、纳税调整后所得(13—14+15—16—17+18)	−32 540.73
20		减:所得减免(填写 A107020)	0.00
21		减:抵扣应纳税所得额(填写 A107030)	0.00
22		减:弥补以前年度亏损(填写 A106000)	0.00
23		五、应纳税所得额(19—20—21—22)	0.00
24	应纳税额计算	税率(25%)	25%
25		六、应纳所得税额(23×24)	0.00
26		减:减免所得税额(填写 A107040)	0.00

续 表

行次	类别	项 目	金 额
27		减：抵免所得税额(填写 A107050)	0.00
28		七、应纳税额(25—26—27)	0.00
29		加：境外所得应纳所得税额(填写 A108000)	0.00
30		减：境外所得抵免所得税额(填写 A108000)	0.00
31		八、实际应纳所得税额(28+29—30)	0.00
32	应纳税额计算	减：本年累计实际已预缴的所得税额	0.00
33		九、本年应补(退)所得税额(31—32)	0.00
34		其中：总机构分摊本年应补(退)所得税额(填写 A109000)	0.00
35		财政集中分配本年应补(退)所得税额(填写 A109000)	0.00
36		总机构主体生产经营部门分摊本年应补(退)所得税额(读写 A109000)	0.00
37	附列资料	以前年度多缴的所得税额在本年抵减额	0.00
38		以前年度应缴未缴在本年入库所得税额	0.00

记 账 凭 证(1)

年 月 日
字第 号

摘 要	总账科目	明细科目	借方金额										贷方金额										记账√
			亿	千	百	十	万	千	百	十	元	角	分	亿	千	百	十	万	千	百	十	元	角	分
附件 张	合 计																						

会计主管　　　　　　记账　　　　　　出纳　　　　　　审核　　　　　　制证

附 9 - 3

纳税调整项目审核确认明细表

填报时间：2014 年 5 月 11 日

税人名称：
金额单位：元(列至角分)

行次	项　目	账载金额	税收金额	调增金额	调整金额审核确认数	调减金额	调减金额审核确认数
		1	2	3	4	5	6
1	一、收入类调整项目	*	*	0.00	0.00		
2	1. 视同销售收入	*	*			*	*
3	2. 接受捐赠收入	*				*	*
4	3. 不符合税收规定的销售折扣和折让					*	*
5	4. 未按权责发生制原则确认的收入						
6	5. 按权贷法核算长期股权投资对初始投资成本调整确认收益	*	*	*	*		
7	6. 按权益法核算的长期股权投资持有期间的投资损益	*	*				
8	7. 特殊重组						
9	8. 一般重组						
10	9. 公允价值变动净收益	*	*				
11	10. 确认为递延收益的政府补助						
12	11. 境外应税所得	*	*	*	*		
13	12. 不允许扣除的境外投资损失	*	*			*	*
14	13. 不征税收入	*	*	*	*		
15	14. 免税收入	*	*	*	*		
16	15. 减计收入	*	*	*	*		

续　表

行次	项　目	账载金额	税收金额	调增金额	调整金额审核确认数	调减金额	调减金额审核确认数
		1	2	3	4	5	6
17	16. 减、免税项目所得	*	*	*	*		
18	17. 抵扣应纳税所得额	*	*	*	*		
19	18. 其他						
20	二、扣除类调整项目	*	*	0.00	54 257.36	0.00	0.00
21	1. 视同销售成本	*	*	*	*		
22	2. 工资薪金支出	97 500.00	97 500.00		0.00	0.00	0.00
23	3. 职工福利费支出						
24	4. 职工教育经费支出						
25	5. 工会经费支出						
26	6. 业务招待费支出	16 167.70	3 247.28		12 920.42	*	*
27	7. 广告费和业务宣传费支出	*	*				
28	8. 捐赠支出					*	*
29	9. 利息支出						
30	10. 住房公积金					*	*
31	11. 罚金、罚款和被没收财物的损失		*			*	*
32	12. 税收滞纳金		*			*	*
33	13. 赞助支出		*			*	*
34	14. 各类基本社会保障性缴款	12 644.48	12 644.48		0.00		0.00
35	15. 补充养老保险、补充医疗保险						
36	16. 与未实现融资收益相关当期确认的财务费用						

行次	项 目	账载金额	税收金额	调增金额	调整金额审核确认数	调减金额	调减金额审核确认数
		1	2	3	4	5	6
37	17. 与取得收入无关的支出		*			*	*
38	18. 不征税收入用于支出所形成的费用		*			*	*
39	19. 加计扣除	*	*	*	*		
40	20. 其他	41 336.94	0.00		41 336.94		
41	三、资产类调整项目	*	*	0.00	0.00	0.00	0.00
42	1. 财产损失						
43	2. 固定资产折旧	*	*				
44	3. 生产性生物资产折旧	*	*				
45	4. 长期待摊费用的摊销	*	*				
46	5. 无形资产摊销	*	*				
47	6. 投资转让、处置所得	*	*				
48	7. 油气勘探投资						
49	8. 油气开发投资						
50	9. 其他						
51	四、准备金调整项目	*	*				
52	五、房地产企业预售收入计算的预计利润	*	*				
53	六、特别纳税调整应税所得	*	*			*	*
54	七、其他	*	*				
55	合 计	*	*	0.00	54 257.36	0.00	0.00

附 9－4

中华人民共和国企业所得税年度纳税申报表（A类）

纳税人名称：

金额单位：元（列至角分）

类别	行次	项目	金额
利润总额计算	1	一、营业收入（填附表一）	649,456.89
	2	减：营业成本（填附表二）	43,710.00
	3	营业税金及附加	8,046.33
	4	销售费用（填附表二）	140,576.54
	5	管理费用（填附表二）	489,734.26
	6	财务费用（填附表二）	75.02
	7	资产减值损失	0.00
	8	加：公允价值变动收益	0.00
	9	投资收益	0.00
	10	二、营业利润	-32,685.26
	11	加：营业外收入（填附表一）	0.00
	12	减：营业外支出（填附表二）	0.00
	13	三、利润总额（10＋11－12）	-32,685.26
应纳税所得额计算	14	加：纳税调整增加额（填附表三）	54,257.36
	15	减：纳税调整减少额（填附表三）	0.00
	16	其中：不征税收入	0.00
	17	免税收入	0.00
	18	减计收入	0.00
	19	减、免税项目所得	0.00
	20	加计扣除	0.00
	21	抵扣应纳税所得额	0.00
	22	加：境外应税所得弥补境内亏损	0.00
	23	纳税调整后所得（13＋14－15＋22）	21,572.10
	24	减：弥补以前年度亏损（填附表四）	0.00
	25	应纳税所得额（23－24）	21,572.10
应纳税额计算	26	税率（25%）	25%
	27	应纳所得税额（25×26）	5,393.03
	28	减：减免所得税额（填附表五）	0.00
	29	减：抵免所得税额（填附表五）	0.00
	30	应纳税额（27－28－29）	5,393.03
	31	加：境外所得应纳所得税额（填附表六）	0.00
	32	减：境外所得抵免所得税额（填附表六）	0.00
	33	实际应纳所得税额（30＋31－32）	5,393.03
	34	减：本年累计实际已预缴的所得税额	5,354.26
	35	其中：汇总纳税的总机构分摊预缴的税额	
	36	汇总纳税的总机构财政调库预缴的税额	
	37	汇总纳税的总机构所属分支机构分摊的预缴税额	
	38	合并纳税（母子体制）成员企业就地预缴比例	
	39	合并纳税企业就地预缴的所得税额	
	40	本年应补（退）的所得税额（33－34）	38.77
附列资料	41	以前年度多缴的所得税额在本年抵减额	
	42	以前年度应缴未缴在本年入库所得税额	
总分机构	43	总机构应分摊所得税额（40行×总机构应分摊预缴比例）	0.00
	44	财政集中分配所得税额（40行×总机构财政集中分配比例）	0.00
	45	分支机构应分摊所得税额（40行×分支机构分摊比例）	0.00
	46	其中：总机构独立生产经营部门应分摊所得税额	0.00

纳税人公章：	代理申报中介机构公章：	主管税务机关受理专用章：
经办人：	经办人及执业证件号码：	受理人：
申报日期：2014年5月11日	代理申报日期： 年 月 日	受理日期： 年 月 日

记 账 凭 证 (2)

年　　　月　　　日　　　　　　　　　　　　　　　　字第　　　号

摘　要	总账科目	明细科目	借 方 金 额											贷 方 金 额											记账✓
			亿	千	百	十	万	千	百	十	元	角	分	亿	千	百	十	万	千	百	十	元	角	分	
附件　　张	合　　　计																								

会计主管　　　　　　记账　　　　　　　　　出纳　　　　　　审核　　　　　　制证

三、汇算清缴报告的填列

现在正值企业所得税汇算清缴之机,又恰逢公司成立新的子公司,税务会计忙得不可开交。税务会计已经将所有的附表填写完毕,你能否将这份报表的主表填写完整,请试着填写。

📖 **练习 9 - 5**

附 9 - 5

企业所得税年度纳税申报表附表一(1)

收 入 明 细 表

填报时间:

纳税人名称:　　　　　　　　　　　　　　　　　　　　金额单位:元(列至角分)

行次	项　　　目	金　额
1	一、销售(营业)收入合计(2+13)	649 456.89
2	(一)营业收入合计(3+8)	649 456.89
3	1. 主营业务收入(4+5+6+7)	649 456.89
4	(1)销售货物	

行次	项　　目	金　额
5	（2）提供劳务	562 036.89
6	（3）让渡资产使用权	87 420.00
7	（4）建造合同	
8	2. 其他业务收入（9＋10＋11＋12）	0.00
9	（1）材料销售收入	
10	（2）代购代销手续费收入	
11	（3）包装物出租收入	
12	（4）其他	
13	（二）视同销售收入（14＋15＋16）	0.00
14	（1）非货币性交易视同销售收入	
15	（2）货物、财产、劳务视同销售收入	
16	（3）其他视同销售收入	
17	二、营业外收入（18＋19＋20＋21＋22＋23＋24＋25＋26）	0.00
18	1. 固定资产盘盈	0.00
19	2. 处置固定资产净收益	0.00
20	3. 非货币性资产交易收益	0.00
21	4. 出售无形资产收益	0.00
22	5. 罚款净收入	0.00
23	6. 债务重组收益	0.00
24	7. 政府补助收入	0.00
25	8. 捐赠收入	0.00
26	9. 其他	0.00

经办人（签章）：　　　　　　　　　　　　法定代表人（签章）：

附 9 - 6

企业所得税年度纳税申报表附表二(1)

成本费用明细表

填报时间：

纳税人名称：   金额单位：元(列至角分)

行次	项　　　　目	金　额
1	一、销售(营业)成本合计(2+7+12)	43 710.00
2	(一)主营业务成本(3+4+5+6)	43 710.00
3	(1)销售货物成本	
4	(2)提供劳务成本	43 710.00
5	(3)让渡资产使用权成本	
6	(4)建造合同成本	
7	(二)其他业务成本(8+9+10+11)	0.00
8	(1)材料销售成本	
9	(2)代购代销费用	
10	(3)包装物出租成本	
11	(4)其他	
12	(三)视同销售成本(13+14+15)	0.00
13	(1)非货币性交易视同销售成本	
14	(2)货物、财产、劳务视同销售成本	
15	(3)其他视同销售成本	
16	二、营业外支出(17+18+……+24)	0.00
17	1.固定资产盘亏	
18	2.处置固定资产净损失	
19	3.出售无形资产损失	
20	4.债务重组损失	
21	5.罚款支出	
22	6.非常损失	
23	7.捐赠支出	

续　表

行次	项　目	金　额
24	8. 其他	
25	三、期间费用(26＋27＋28)	630 385.82
26	1. 销售(营业)费用	140 576.54
27	2. 管理费用	489 734.26
28	3. 财务费用	75.02

经办人(签章):　　　　　　　　　　法定代表人(签章):

附 9－7

企业所得税年度纳税申报表附表三

纳税调整项目明细表

填报时间:

纳税人名称:　　　　　　　　　　金额单位: 元(列至角分)

	行次	项　目	账载金额 1	税收金额 2	调增金额 3	调减金额 4
	1	一、收入类调整项目	＊	＊	0.00	
	2	1. 视同销售收入(填写附表一)	＊	＊		＊
＃	3	2. 接受捐赠收入	＊			＊
	4	3. 不符合税收规定的销售折扣和折让				＊
＊	5	4. 未按权责发生制原则确认的收入				
＊	6	5. 按权益法核算长期股权投资对初始投资成本调整确认收益	＊	＊	＊	
	7	6. 按权益法核算的长期股权投资持有期间的投资损益	＊	＊		
＊	8	7. 特殊重组				
＊	9	8. 一般重组				
＊	10	9. 公允价值变动净收益(填写附表七)	＊	＊		
	11	10. 确认为递延收益的政府补助				

续　表

行次	项　　目	账载金额	税收金额	调增金额	调减金额
		1	2	3	4
12	11. 境外应税所得(填写附表六)	＊	＊		
13	12. 不允许扣除的境外投资损失	＊	＊		＊
14	13. 不征税收入(填附表一[3])	＊	＊	＊	
15	14. 免税收入(填附表五)	＊	＊	＊	
16	15. 减计收入(填附表五)	＊	＊	＊	
17	16. 减、免税项目所得(填附表五)	＊	＊	＊	
18	17. 抵扣应纳税所得额(填附表五)	＊	＊	＊	
19	18. 其他				
20	二、扣除类调整项目	＊	＊	54 257.36	0.00
21	1. 视同销售成本(填写附表二)	＊	＊	＊	
22	2. 工资薪金支出	97 500.00	97 500.00	0.00	0.00
23	3. 职工福利费支出				
24	4. 职工教育经费支出				0.00
25	5. 工会经费支出				
26	6. 业务招待费支出	16 167.70	3 247.28	12 920.42	＊
27	7. 广告费和业务宣传费支出(填写附表八)	＊	＊		
28	8. 捐赠支出				＊
29	9. 利息支出				0.00
30	10. 住房公积金				＊
31	11. 罚金、罚款和被没收财物的损失		＊		＊
32	12. 税收滞纳金		＊		＊
33	13. 赞助支出		＊		＊
34	14. 各类基本社会保障性缴款	12 644.48	12 644.48	0.00	0.00
35	15. 补充养老保险、补充医疗保险				0.00

续　表

行次	项　目	账载金额	税收金额	调增金额	调减金额
		1	2	3	4
36	16. 与未实现融资收益相关在当期确认的财务费用				0.00
37	17. 与取得收入无关的支出			*	*
38	18. 不征税收入用于支出所形成的费用			*	*
39	19. 加计扣除(填附表五)	*	*	*	
40	20. 其他	41 336.94	0.00	41 336.94	0.00
41	三、资产类调整项目	*	*	0.00	0.00
42	1. 财产损失				
43	2. 固定资产折旧(填写附表九)	*	*		
44	3. 生产性生物资产折旧(填写附表九)	*	*		
45	4. 长期待摊费用的摊销(填写附表九)	*	*		
46	5. 无形资产摊销(填写附表九)	*	*		
47	6. 投资转让、处置所得(填写附表十一)	*	*		
48	7. 油气勘探投资(填写附表九)				
49	8. 油气开发投资(填写附表九)				
50	9. 其他				
51	四、准备金调整项目(填写附表十)	*	*		
52	五、房地产企业预售收入计算的预计利润	*	*		
53	六、特别纳税调整应税所得	*	*		*
54	七、其他	*	*		
55	合　　计	*		54 257.36	0.00

注：1. 标有＊或#的行次，纳税人分别按照适用的国家统一会计制度填报。

　　2. 没有标注的行次，无论执行何种会计核算办法，有差异就填报相应行次，填＊号不可填列。

　　3. 有二级附表的项目只填调增、调减金额，账载金额、税收金额不再填写。

经办人(签章)：　　　　　　　　　　法定代表人(签章)：

附 9 - 8

企业所得税年度纳税申报表附表三之一

纳税调整项目(其他)明细表

填报时间:

纳税人名称: 金额单位:元(列至角分)

行次	项　　　　目	账载金额	税收金额	调增金额	调减金额
		1	2	3	4
1	一、收入类其他调整项目小计(填列附表三第 19 行)	0.00	0.00	0.00	0.00
2					
3					
4					
5					
6					
7	二、扣除类其他调整项目小计(填列附表三第 40 行)	*	*	41 336.94	0.00
8	(1)无合法凭证列支成本费用	41 336.94	0.00	41 336.94	0.00
9					
10					
11					
12					
13					
14					
15					
16					
17					
18					
19					
20					
21					
22					
23					
24					

续 表

行次	项 目	账载金额	税收金额	调增金额	调减金额
		1	2	3	4
25					
26					
27					
28	三、资产类其他调整项目小计(填列附表三第50行)	*	*	0.00	0.00
29					
30					
31					
32	七、其他调整项目小计(填列附表三第54行)	*	*	0.00	0.00
33					
34					
35					

经办人(签章):　　　　　　　　　　　　法定代表人(签章):

附9-9

企业所得税年度纳税申报表附表四

企业所得税弥补亏损明细表

纳税人名称:　　　　　　　　　　填报时间:　　　　　　　金额单位:元(列至角分)

行次	项目	年度	盈利额或亏损额	合并分立企业转入可弥补亏损额	当年可弥补的所得额	以前年度亏损弥补额					本年度实际弥补的以前年度亏损额	可结转以后年度弥补的亏损额
						前四年度	前三年度	前二年度	前一年度	合计		
			1	2	3	4	5	6	7	8	9	10	11
1	第一年	2008	0.00	0.00	0.00	0.00	0.00	0.00	0.00	0.00	0.00	*
2	第二年	2009	0.00	0.00	0.00	*	0.00	0.00	0.00	0.00	0.00	0.00
3	第三年	2010	0.00	0.00	0.00	*	*	0.00	0.00	0.00	0.00	0.00
4	第四年	2011	0.00	0.00	0.00	*	*	*	0.00	0.00	0.00	0.00
5	第五年	2012	0.00	0.00	0.00	*	*	*	*	0.00	0.00	0.00
6	本年	2013	21 572.10	0.00	21 572.10	*	*	*	*	*	0.00	0.00
7	可结转以后年度弥补的亏损额合计											0.00

经办人(签章):　　　　　　　　　　　　法定代表人(签章):

附 9 - 10

企业所得税年度纳税申报表附表五

税收优惠明细表

填报时间：

纳税人名称：　　　　　　　　　　　　　　　　　金额单位：元(列至角分)

行次	项　　目	金　额
1	一、免税收入(2＋3＋4＋5)	0.00
2	1. 国债利息收入	
3	2. 符合条件的居民企业之间的股息、红利等权益性投资收益	
4	3. 符合条件的非营利组织的收入	
5	4. 其他	
6	二、减计收入(7＋8)	0.00
7	1.企业综合利用资源,生产符合国家产业政策规定的产品所取得的收入	
8	2. 其他	
9	三、加计扣除额合计(10＋11＋12＋13)	0.00
10	1. 开发新技术、新产品、新工艺发生的研究开发费用	
11	2. 安置残疾人员所支付的工资	
12	3. 国家鼓励安置的其他就业人员支付的工资	
13	4. 其他	
14	四、减免所得额合计(15＋25＋29＋30＋31＋32)	0.00
15	(一) 免税所得(16＋17＋…＋24)	0.00
16	1. 蔬菜、谷物、薯类、油料、豆类、棉花、麻类、糖料、水果、坚果的种植	
17	2. 农作物新品种的选育	
18	3. 中药材的种植	
19	4. 林木的培育和种植	
20	5. 牲畜、家禽的饲养	
21	6. 林产品的采集	
22	7. 灌溉、农产品初加工、兽医、农技推广、农机作业和维修等农、林、牧、渔服务业项目	

续　表

行次	项　目	金　额
23	8. 远洋捕捞	
24	9. 其他	
25	（二）减税所得（26＋27＋28）	0.00
26	1. 花卉、茶以及其他饮料作物和香料作物的种植	
27	2. 海水养殖、内陆养殖	
28	3. 其他	
29	（三）从事国家重点扶持的公共基础设施项目投资经营的所得	
30	（四）从事符合条件的环境保护、节能节水项目的所得	
31	（五）符合条件的技术转让所得	
32	（六）其他	
33	五、减免税合计（34＋35＋36＋37＋38）	0.00
34	（一）符合条件的小型微利企业	
35	（二）国家需要重点扶持的高新技术企业	
36	（三）民族自治地方的企业应缴纳的企业所得税中属于地方分享的部分	
37	（四）过渡期税收优惠	
38	（五）其他	
39	六、创业投资企业抵扣的应纳税所得额	0.00
40	七、抵免所得税额合计（41＋42＋43＋44）	0.00
41	（一）企业购置用于环境保护专用设备的投资额抵免的税额	
42	（二）企业购置用于节能节水专用设备的投资额抵免的税额	
43	（三）企业购置用于安全生产专用设备的投资额抵免的税额	
44	（四）其他	
45	企业从业人数（全年平均人数）	4
46	资产总额（全年平均数）	1 137 579.96
47	所属行业（工业企业　其他企业）	其他企业

经办人（签章）：　　　　　　　　　　　法定代表人（签章）：

附 9-11

企业所得税年度纳税申报表附表八

广告费和业务宣传费跨年度纳税调整表

填报时间：

纳税人名称： 金额单位：元(列至角分)

行次	项　　目	金　额
1	本年度广告费和业务宣传费支出	0.00
2	其中：不允许扣除的广告费和业务宣传费支出	0.00
3	本年度符合条件的广告费和业务宣传费支出(1-2)	0.00
4	本年计算广告费和业务宣传费扣除限额的销售(营业)收入	649 456.89
5	税收规定的扣除率	15%
6	本年广告费和业务宣传费扣除限额(4×5)	97 418.53
7	本年广告费和业务宣传费支出纳税调整额(3≤6,本行=2行;3>6,本行=1-6)	0.00
8	本年结转以后年度扣除额(3>6,本行=3-6;3≤6,本行=0)	0.00
9	加：以前年度累计结转扣除额	0.00
10	减：本年扣除的以前年度结转额	0.00
11	累计结转以后年度扣除额(8+9-10)	0.00

经办人(签章)： 法定代表人(签章)：

附 9-12

企业所得税年度纳税申报表附表十三

职工教育经营支出跨年度纳税调整表

填报时间：

纳税人名称： 金额单位：元(列至角分)

行次	项　　目	金　额
1	本年计入成本费用的职工教育经费	0.00
2	2007 年及以前年度累计计提但尚未实际使用的职工教育经费余额	0.00
3	本年职工教育经费支出	0.00
4	本年职工教育经费支出额冲减 2007 年及以前年度累计计提但尚未实际使用的职工教育经费(2≥3,本行=3行,当 2<3,本行=2行)	0.00

续 表

行次	项　　目	金　额
5	本年可计算税前扣除的职工教育经费支出额(本行=3－4行)	0.00
6	本年计算职工教育经费扣除限额的工资薪金总额	97 500.00
7	税前扣除比例	2.5%
8	本年职工教育经费支出扣除限额(6×7)	2 437.50
9	本年职工教育经费支出扣除额(5≥8,本行=8行;5<8,本行=5行)	0.00
10	本年结转以后年度扣除额(5≥9,本行=5－9;5<9,本行=0)	0.00
11	加:以前年度累计结转扣除额	0.00
12	减:本年扣除的以前年度结转额(8－9≥11,本行=11行;8－9<11,本行=8－9行)	0.00
13	本年职工教育经费支出纳税调整额(本行=1－9－12)	0.00
14	累计结转以后年度扣除额(本行=10+11－12)	0.00
15	结转以后年度处理的2007年及以前年度累计计提但尚未实际使用的职工教育经费余额(本行=2－4)	0.00

经办人(签章):　　　　　　　　　　　法定代表人(签章):

附9-13

企业所得税年度纳税申报表附表十四

职工福利费支出纳税调整表

填报时间:

纳税人名称:　　　　　　　　　　　　　　　　金额单位:元(列至角分)

行次	项　　目	金　额
1	本年度计入成本费用的职工福利费	0.00
2	2007年及以前年度累计计提但尚未实际使用的职工福利费余额	0.00
3	本年职工福利费支出额	0.00
4	本年职工福利费支出额冲减2007年及以前年度累计计提但尚未实际使用的职工福利费(2≥3,本行=3行,当2<3,本行=2行)	0.00
5	本年可计算税前扣除的职工福利费支出额(本行=3－4)	0.00
6	本年计算职工福利费扣除限额的工资薪金总额	97 500.00
7	税前扣除比例	14%

续　表

行次	项　　　目	金　额
8	本年职工福利费支出扣除限额(6×7)	13 650.00
9	本年职工福利费税前扣除额(5>8行,本行＝8行;5≤8,本行＝5行)	0.00
10	本年改变2007年及以前年度累计计提但尚未实际使用的职工福利费余额用途支出	0.00
11	本年职工福利费支出纳税调整额(本行＝1－9＋10)	0.00
12	结转以后年度处理的2007年及以前年度累计计提但尚未实际适用的职工福利费余额(2－4行)	0.00

经办人(签章)：　　　　　　　　　　法定代表人(签章)：

练习 9 - 6

请根据附9-5～附9-13税务会计填写的信息,填写企业所得税申报表。

中华人民共和国企业所得税年度纳税申报表(A类)

税款所属期间：　　　年　月　日至　年　月　日

纳税人名称：

纳税人识别号：☐☐☐☐☐☐☐☐☐☐☐☐☐☐☐　　　　金额单位：元(列至角分)

类别	行次	项　　　目	金　　额
利润总额计算	1	一、营业收入(填附表一)	
	2	减:营业成本(填附表二)	
	3	税金及附加	
	4	销售费用(填附表二)	
	5	管理费用(填附表二)	
	6	财务费用(填附表二)	
	7	资产减值损失	
	8	加:公允价值变动收益	
	9	投资收益	
	10	二、营业利润	
	11	加:营业外收入(填附表一)	
	12	减:营业外支出(填附表二)	
	13	三、利润总额(10＋11－12)	

续　表

类别	行次	项　　目	金　额
应纳税所得额计算	14	加：纳税调整增加额(填附表三)	
	15	减：纳税调整减少额(填附表三)	
	16	其中：不征税收入	
	17	免税收入	
	18	减计收入	
	19	减、免税项目所得	
	20	加计扣除	
	21	抵扣应纳税所得额	
	22	加：境外应税所得弥补境内亏损	
	23	纳税调整后所得(13＋14－15＋22)	
	24	减：弥补以前年度亏损(填附表四)	
	25	应纳税所得额(23－24)	
应纳税额计算	26	税率(25%)	
	27	应纳所得税额(25×26)	
	28	减：减免所得税额(填附表五)	
	29	减：抵免所得税额(填附表五)	
	30	应纳税额(27－28－29)	
	31	加：境外所得应纳所得税额(填附表六)	
	32	减：境外所得抵免所得税额(填附表六)	
	33	实际应纳所得税额(30＋31－32)	
	34	减：本年累计实际已预缴的所得税额	
	35	其中：汇总纳税的总机构分摊预缴的税额	
	36	汇总纳税的总机构财政调库预缴的税额	
	37	汇总纳税的总机构所属分支机构分摊的预缴税额	
	38	合并纳税(母子体制)成员企业就地预缴比例	
	39	合并纳税企业就地预缴的所得税额	
	40	本年应补(退)的所得税额(33－34)	

续　表

类别	行次	项　目	金　额
附列资料	41	以前年度多缴的所得税额在本年抵减额	
	42	以前年度应缴未缴在本年入库所得税额	
纳税人公章： 经办人： 申报日期：　年　月　日		代理申报中介机构公章： 经办人及执业证件号码： 代理申报日期：　年　月　日	主管税务机关受理专用章： 受理人： 受理日期：年　　月　　日

练习 9-7

请在老师的带领下，完成对上一工作任务的更正，并将你觉得需要记录的重要信息，记录在表中。

　　总结与归纳：

参 考 文 献

［1］朱军,吴健.中国税制［M］.上海：上海财经大学出版社,2018.

［2］栾庆忠.增值税纳税实务与节税技巧(第五版)［M］.北京：中国市场出版社, 2017.

［3］庞凤喜.税收原理与中国税制(第五版)［M］.北京：中国财政经济出版社, 2017.

［4］CMAC认证中心编写组.增值税发票网上认证系统实训教程［M］.上海：立信 会计出版社,2016.

［5］姚旭,荣红霞.营业税改征增值税政策与实务［M］.北京：清华大学出版 社,2017.

［6］杜剑,杨杨."一带一路"国家税制研究［M］.北京：经济管理出版社,2017.

［7］龚辉.税收管理［M］.北京：经济科学出版社,2017.

［8］全国税务师职业资格考试教材编写组.税法Ⅰ［M］.北京：中国税务出版社, 2018.

［9］全国税务师职业资格考试教材编写组.税法Ⅱ［M］.北京：中国税务出版社, 2018.

［10］吴旭东.税收管理［M］.北京：中国人民大学出版社,2016.

［11］邓昌平.特别纳税调整实务指南［M］.北京：中国市场出版社,2018.

［12］企业所得税纳税申报表丛书编写组.企业所得税汇算清缴实务之年度纳税申 报表项目解析与填报实务(2018年版)［M］.上海：立信会计出版社,2018.